internate.de
DIE INTERNATSBERATUNG

Bildung gehört in gute Hände!

Eltern wünschen sich für ihre Kinder das Beste. Eine Internatserziehung kann dazugehören. Gute Internate halten Chancen, Erfahrungen und Ermutigungen bereit, die sich so weder in herkömmlichen Schulen noch innerhalb der Familie gewinnen lassen.

Wie aber findet man in der Vielfalt der Angebote das passende Internat, also das beste?

INTERNATE.DE stellt Ihnen in Zusammenarbeit mit zahlreichen Internaten eine aus Erfahrung, Sorgfalt und breiten Kenntnissen gewachsene Expertise zur Verfügung.

Beratung auch!

So erreichen Sie uns:
www.internate.de / 0 75 51 - 947 51 32 / info@internate.de

eine Initiative der Schule Schloss Salem

Impressum

Dies ist eine Original-Ausgabe der Unterwegs Verlags GmbH,
78224 Singen (Hohentwiel)

Alle Rechte für Konzept, Aufbau und Inhalt, auch der Verwendung in elektronischen Medien und dem Internet, liegen beim Verlag. Die Internate stellen uns Ihre Anzeigen im Buch und Portal frei von Rechten Dritter zur Verfügung. Nachdruck, auch auszugsweise, verboten. Kein Teil dieses Werkes darf ohne schriftliche Einwilligung des Verlages in irgendeiner Form reproduziert oder unter Verwendung elektronischer Systeme verarbeitet, vervielfältigt oder
verbreitet werden.

Alle Rechte vorbehalten.
© Unterwegs Verlag GmbH, 2017/2018
ISBN 978-3-86112-336-1

Text/Redaktion: Silke Mäder
Gestaltung/Layout: Miriam Jäger
Titelfoto: www.shutterstock.de
Druck: Kessler Druck + Medien GmbH & Co. KG, D-86399 Bobingen

Verlag und Redaktion bemühen sich, ein vollständiges, aktuelles und richtiges Verzeichnis zu bieten. Weder Verlag, Herausgeber noch Redaktion übernehmen Verantwortung für Druck- und Satzfehler oder Unrichtigkeiten, die durch Fehldeutungen entstanden sind. Schadensersatz- oder Regressansprüche gegen den Verlag und seine Mitarbeiter sind ausgeschlossen, auch wenn Namen-, Titel-, Marken- oder Urheberrechte verletzt wurden.

Verlagsanschrift:
Unterwegs Verlag GmbH, Werner-von-Siemens-Str. 22, 78224 Singen
Tel. +49(0)7731 838-0, Fax +49(0)7731 838-19
E-Mail: info@internate-online.de

www.internate-portal.de

Bibliografische Information der Deutschen Nationalbibliothek

Die Deutsche Nationalbibliothek verzeichnet diese Publikation in der Deutschen Nationalbibliografie; detaillierte bibliografische Daten sind im Internet über http://dnb.d-nb.de abrufbar.

Der große
INTERNATE-FÜHRER

Das Internate-Handbuch für Eltern und Schüler

beinhaltet ein vollständiges Adressverzeichnis aller Internate
in Deutschland, eine Gesamtliste von Internaten in der Schweiz,
ausgewählten Internaten in Österreich,
in den Niederlanden, in Großbritannien und in den USA.
Mit über 300 Adressen
und 150 ausführlichen Darstellungen von Internaten,
allen großen Internatsverbänden und Internatsberatungen.

Mit Beiträgen von

Silke Mäder, Psychotherapeutin für Kinder und Jugendliche,
Felix Fröhlich, ehemaliger Internatsschüler,
Prof. Dr. Volker Ladenthin,
Dr. Christopher Haep, Verband Katholischer Internate und Tagesinternate (V.K.I.T.),
Dr. Klaus Vogt, Präsident Verband Deutscher Privatschulverbände e.V. (VDP),
Eva-Maria Kemink, DIE INTERNATE VEREINIGUNG e.V.,
Urs Kaiser und Andreas Schreib, Christophorusinternate im
Christlichen Jugenddorfwerk Deutschlands (CJD),
Heidi Kong, Evangelische Internate Deutschland (EID),
Zweckverband Bayerische Landschulheime,
Verband Schweizerischer Privatschulen (VSP).

Abkürzungen

Sprachen:
A	Arabisch
Chin.	Chinesisch
D	Deutsch
E	Englisch
F	Französisch
Gr	Griechisch
Hebr.	Hebräisch
I	Italienisch
J	Japanisch
L	Latein
N	Niederländisch
P	Portugiesisch
Po	Polnisch
R	Russisch
Sp	Spanisch
wfr.	wahlfrei

Schulische Ausrichtung:
hum.	humanistisch
math.	mathematisch
mus.	musisch
naturw.	naturwissenschaftlich
altspr.	altsprachlich
ns.	neusprachlich

Geschlechter
m.	Jungen
w.	Mädchen

Konfessionen
ev.	evangelisch
kath.	katholisch
röm.-kath.	römisch-katholisch
alle Bek.	alle Bekenntnisse
konf.	konfessionell

Schularten
BG:	Berufliches Gymnasium
BOS	Berufsoberschule
FOS	Fachoberschule
HS	Hauptschule
RS	Realschule
GYM	Gymnasium
HG	hum. GYM
MNG	math.-naturw. GYM
MuG	musisches GYM
NG	neusprachl. GYM
SG	Sozialgymnasium
SWG	sozialwiss. GYM
WG	Wirtschaftsgymnasium
WS	Wirtschaftsschule
WWG	wirtschaftswiss. GYM

staatl., öffentl.: staatliche Schule, öffentliche Schule:
Schulträger staatlicher Schulen sind die Bundesländer, Schulträger öffentlicher Schulen Kommunen, Kommunalverbände oder Körperschaften des öffentlichen Rechts. Staatliche und öffentliche Schulen sind in der Bundesrepublik die Regel und gelten als Norm, nach der sich auch private Schulen richten müssen.

Anerk.: staatlich anerkannte Privatschule:
Anerkannte Privatschulen haben Befugnisse öffentlicher Schulen, insbesondere das Recht, nach den allgemeinen für staatliche und öffentliche Schulen geltenden Vorschriften Prüfungen abzuhalten und Zeugnisse zu erteilen. Das bedeutet u.a., dass die Schüler und Schülerinnen ohne Aufnahmeprüfung in die entsprechende Klassen- bzw. Jahrgangsstufe einer staatlichen oder öffentlichen Schule übergehen können. Die als Vollanstalten anerkannten Privatgymnasien sind berechtigt, Abiturprüfungen abzuhalten und das Abiturzeugnis zu erteilen.

Gen.: staatlich genehmigte Privatschule:
Genehmigte Privatschulen besitzen die angeführten Rechte anerkannter Schulen nicht oder noch nicht; ist eine genehmigte Privatschule Ersatzschule, darf sie schulpflichtige Kinder aufnehmen.

Ers.: Ersatzschule:
Je nachdem, ob eine Privatschule einer vergleichbaren öffentlichen Schule entspricht oder nicht, handelt es sich um eine Ersatz- oder um eine Ergänzungsschule. An einer Ersatzschule kann die Schulpflicht erfüllt werden, an einer Ergänzungsschule nicht. In Nordrhein-Westfalen wird nicht zwischen staatlich genehmigten und staatlich anerkannten Ersatzschulen unterschieden. Dort gibt es lediglich die genehmigte Ersatzschule, die in Bezug auf den Schulstatus den anerkannten Ersatzschulen in den anderen deutschen Bundesländern entspricht. Wenn einzelne nordrhein-westfälische Privatschulen ihren Schulstatus als „staatlich anerkannt" aufführen, stehen sie damit nicht im inhaltlichen Widerspruch zum bundesdeutschen Schulrecht.

W.: Waldorfschule:
Wegen ihres besonderen Aufbaus, Lehrplans und Versetzungsverfahrens sind die Waldorfschulen keine anerkannten Schulen im oben genannten Sinne. Ihre Absolventen können sich modifizierten Prüfungen als Nichtschüler unterziehen.

AG: Aufbaugymnasium:
Aufbaugymnasien sind zum Abitur führende Schulen für geeignete Schüler und Schülerinnen, die vorher eine Haupt- oder Realschule besucht haben.

GS: Grundschule:
Sie umfasst das 1. bis 4. Schuljahr.

HS: Hauptschule:
Sie umfasst normalerweise das 5. bis 9., teilweise auch das 10. Schuljahr. Beim Vorhandensein von Orientierungs- oder Förderstufen beginnt sie mit Klasse 7.

G: Gymnasium:
Diese Bezeichnung tragen Schulen, die am Ende der Klasse bzw. Jahrgangsstufe 12 bzw. 13 zur fachgebundenen oder allgemeinen Berechtigung zum Hochschulstudium (Abitur) führen. Sie kann durch einen Zusatz ergänzt werden, der den Schultyp angibt und damit auf die fachliche Ausrichtung hinweist. In der Normalform beginnt das Gymnasium mit Klasse 5 und endet mit Jahrgangsstufe 12 bzw. 13.

So finden Sie Ihr Internat:

Die Internate sind alphabetisch geordnet: zuerst nach Bundesländern und innerhalb dieser nach Ortsnamen. Die alphabetische Reihenfolge bei den Standardeinträgen konnte weitgehendst eingehalten werden.
Bitte benutzen Sie zur schnellen Orientierung das Inhaltsverzeichnis.

Inhalt

I. Impressum/Legende 2, 4

II. Internate 11–271
a) **zusätzliche Präsentationen** 1, 11–36
b) **nach Bundesländern und dort nach Ortsnamen von A–Z sortiert** 85–248
c) **Internate im Ausland** 249–271

a) **zusätzliche Präsentationen** 1, 11–36
- F+U Internat, Heidelberg .... Umschlagseite 2
- Töchter und Söhne Internatsberatung, Wiesbaden/Darmstadt... Umschlagseite 3, 280
- internate.de – Die Internatsberatung, Salem 1
- Lietz-Internat Schloss Bieberstein, Hofbieber........................... 11
- My Education Service International 12–13
- Hermann Lietz-Schule Spiekeroog, Spiekeroog 14–15
- Landschulheim Schloss Heessen, Hamm 16–17
- Schule Marienau, Dahlem-Marienau 18–19
- nsi Nordsee-Internat, St. Peter-Ording 20–21
- Schloss Neubeuern, Neubeuern 22–23
- Humboldt-Institut Bad Schussenried und Lindenberg 24–25
- Lietz-Internat Hohenwehrda, Haunetal................................ 26
- Lietz-Internat Haubinda, Haubinda 27
- Bischöfliches Internat Maria Hilf, Bad Mergentheim 28
- Schule Birklehof, Hinterzarten 29
- Studienseminar St. Michael, Traunstein 30
- Stiftung Landheim Schondorf am Ammersee 31
- Landschulheim Grovesmühle, Veckenstedt 32
- Krüger Internat und Schulen, Lotte................................... 33
- Humboldt-Internat, Lindenberg 34
- Gymnasium Kloster & Internat Disentis, Disentis (Schweiz) 35
- Internat des Max-Reger-Gymnasiums, Amberg........................ 36

III. Vorwort – Beiträge 37–45
- Silke Mäder, Das ABC der Internate: Ausgezeichnete Bildung, Beschützender Rahmen, Club of best friends 37
- Felix Fröhlich – Das Internatsleben erfüllte alle Erwartungen................. 43
- Prof. Dr. Volker Ladenthin – Sinn für's Leben 44

IV. Internatsverbände........................ 46–76
- **Internatsverbände stellen sich vor**........................... 46–74
- **Adresseinträge aller Internatsverbände** 75–76

- Verband Katholischer Internate und Tagesinternate (V.K.I.T.) 46
- Internate im Verband Deutscher Privatschulverbände e.V. (VDP) 52

Fortsetzung Internatsverbände
- Die Internate Vereinigung e.V. 57
- Christophorusinternate im Christlichen Jugenddorfwerk Deutschlands (CJD) 61
- Evangelische Internate Deutschlands (EID) 66
- Zweckverband Bayerische Landschulheime 70
- Der Verband Schweizerischer Privatschulen (VSP) 73

V. Internatsberatungen 77–84
- **Adresseinträge aller Internatsberatungen** **78–80**
- **ausführliche Präsentationen** **1, 81–84**

- Töchter und Söhne Internatsberatung, Wiesbaden/Darmstadt . . . Umschlagseite 3, 280
- internate.de – Die Internatsberatung, Salem 1
- Verband Katholischer Internate und Tagesinternate (V.K.I.T.) 81
- international Experience e. V. 82
- edufinder.com 83
- Ulrich Kindscher, Internats- und Bildungsberatung 84

VI. Internate in Deutschland
b) nach Bundesländern und dort nach Ortsnamen von A–Z sortiert 85–248

Baden-Württemberg 85–118
- **Adresseinträge aller Internate** **86–90**
- **ausführliche Präsentationen** **91–118**

- Bischöfliches Internat Maria Hilf, Bad Mergentheim 28, 91
- Pädagogium Baden-Baden, Baden-Baden 92–93
- Humboldt-Institut Bad Schussenried 24–25, 94
- Kurpfalz-Internat, Bammental 95
- Kolleg St. Josef, Ehingen (Donau) 96
- St. Landolin, Ettenheim 97
- Schule Birklehof, Hinterzarten 29, 98–99
- Heidelberg College, Heidelberg 100
- F+U Internat, Heidelberg . . . . Umschlagseite 2, 101
- Schloss-Schule Kirchberg, Kirchberg/Jagst 102
- Zinzendorfschulen, Königsfeld 103
- Ev. Seminar Maulbronn/Gymnasium mit Internat, Maulbronn 104
- Ev. Seminar im Kloster Blaubeuren, Blaubeuren 105
- Ev. Schulzentrum Michelbach, Michelbach an der Bilz 106
- SRH Stephen-Hawking-Schule, Neckargemünd 107
- Musisches Internat Martinihaus, Rottenburg 108–109
- Konvikt Rottweil, humanistisch-musisches Internat, Rottweil 110–111
- Schule Schloss Salem, Salem 112–113
- Landesgymnasium für Hochbegabte, Schwäbisch Gmünd 114
- Urspringschule, Schelklingen 115
- Kolleg St. Blasien, St. Blasien 116
- Merz-Internat (VDP-Europaschule), Stuttgart 117
- Kloster Wald – Gymnasium und Internat, Wald 118

Bayern 119–153
- **Adresseinträge aller Internate** **120–126**
- **ausführliche Präsentationen** **127–153**
  - Internat des Max-Reger-Gymnasiums, Amberg 36, 127
  - Landschulheim Kempfenhausen, Berg 128
  - Landschulheim Schloss Ising, Chieming 129
  - Franken-Landschulheim Schloss Gaibach, Volkach am Main 130
  - Steigerwald-Landschulheim Wiesentheid, Wiesentheid 131
  - Institut Schloss Brannenburg, Brannenburg 132
  - Comenius-Gymnasium, Deggendorf 133
  - Gabrieli-Gymnasium, Eichstätt 134
  - Ettal – Gymnasium und Internat der Benediktiner, Ettal 135
  - Humboldt-Institut Lindenberg 24–25, 136
  - Gymnasium Lindenberg mit Humboldt-Internat 34, 137
  - Spätberufenenseminar St. Josef Fockenfeld, Konnersreuth 138
  - Gymnasium Marktoberdorf, Marktoberdorf/Allgäu 139
  - Schloss Neubeuern, Neubeuern 22–23, 140
  - Internat des Gymnasiums Pegnitz, Pegnitz 141
  - Max-Rill-Gymnasium Schloss Reichersbeuern, Reichersbeuern 142–143
  - Internat und Tagesheim der Abtei Schäftlarn, Kloster Schäftlarn 144
  - Gymnasium mit Internat Hohenschwangau, Schwangau 145
  - Internat Schloss Schwarzenberg, Scheinfeld 146–147
  - Stiftung Landheim Schondorf am Ammersee 31, 148–149
  - Schule Schloss Stein, Stein an der Traun 150
  - Studienseminar St. Michael, Traunstein 30, 151
  - Christian-von-Bomhard Internatsschule, Uffenheim 152
  - Internat des Matthias-Grünewald-Gymnasiums, Würzburg 153

Berlin 155–158
- **Adresseinträge aller Internate** **156**
- **ausführliche Präsentation** **158**
  - Königin-Luise-Stiftung Schulen und Internat, Berlin (Dahlem) 157
  - BBIS Berlin Brandenburg International School, Kleinmachnow (Berlin/Potsdam) ... 158

Brandenburg 159–165
- **Adresseinträge aller Internate** **160**
- **ausführliche Präsentationen** **161–165**
  - Leonardo-da-Vinci-Campus Nauen, Nauen 161
  - Internat des Evangelischen Gymnasiums Hermannswerder, Potsdam . 162–163
  - Internat im Campus im Stift Neuzelle, Neuzelle 164
  - Seeschule Rangsdorf, Rangsdorf 165

Hessen 167–176
- **Adresseinträge aller Internate** **168–169**
- **ausführliche Präsentationen** **170–176**
  - Internatsschule Institut Lucius, Echzell 170–171
  - Lietz-Internat Hohenwehrda, Haunetal 26, 172
  - Lietz-Internat Schloss Bieberstein, Hofbieber 11, 173
  - Internatsschule Steinmühle, Marburg 174–175
  - Schulzentrum Marienhöhe, Darmstadt 176

Mecklenburg-Vorpommern 177–179
- **Adresseinträge aller Internate** **178**
- **ausführliche Präsentation** **179**
  - Internat Schloss Torgelow, Torgelow am See 179

Niedersachsen 181–191
- **Adresseinträge aller Internate** **182–183**
- **ausführliche Präsentationen** **184–191**
  - Burgberg Gymnasium, Bad Harzburg 184
  - Internatsgymnasium Pädagogium Bad Sachsa, Bad Sachsa 185
  - CJD Braunschweig und Salzgitter, Braunschweig 186
  - Schule Marienau, Dahlem-Marienau 18–19, 187
  - CJD Elze, Elze 188
  - Internat Solling, Holzminden 189
  - Hermann Lietz-Schule Spiekeroog, Spiekeroog/Nordsee 14–15, 190–191

Nordrhein-Westfalen 193–217
- **Adresseinträge aller Internate** **194–197**
- **ausführliche Präsentationen** **198–217**
  - Schloss Hagerhof – Gymnasium und Realschule, Bad Honnef 198–199
  - Institut Schloß Wittgenstein, Bad Laasphe 200–201
  - Aloisiuskolleg, Bonn 202
  - Privates Ernst-Kalkuhl-Gymnasium, Bonn 203
  - Internat Gut Böddeken, Büren-Wewelsburg 204
  - Internat Schloss Buldern, Dülmen-Buldern 205
  - Bischof-Hermann-Kunst-Schulen Privatschul-Internat, Espelkamp 206
  - Collegium Augustinianum Gaesdonck, Goch 207
  - Landschulheim Schloss Heessen, Hamm 16–17, 208–209
  - Privates Aufbaugymnasium Iserlohn, Iserlohn 210
  - Internat Schloss Varenholz, Kalletal-Varenholz 211
  - Internationale Friedensschule Köln/Cologne International School, Köln 212
  - KRÜGER Internat und Schulen, Lotte 33, 213
  - Internat Alzen, Morsbach-Alzen 214–215
  - Die Loburg Collegium Johanneum, Ostbevern 216
  - CJD Versmold, Versmold 217

Rheinland-Pfalz 219–223
- **Adresseinträge aller Internate** 220
- **ausführliche Präsentationen** 221–223
    - Carpe Diem, Bad Neuenahr-Ahrweiler 221
    - Internat Gymnasium Weierhof, Bolanden 222
    - Heinrich-Heine-Gymnasium, Kaiserslautern 223

Sachsen 225–230
- **Adresseinträge aller Internate** 226–227
- **ausführliche Präsentationen** 228–230
    - Sächsisches Landesgymnasium für Musik, Dresden 228
    - Sächsisches Landesgymnasium St. Afra – Hochbegabtenförderung, Meißen 229
    - Europäisches Gymnasium Waldenburg/Meerane 230

Sachsen-Anhalt 231–237
- **Adresseinträge aller Internate** 232
- **ausführliche Präsentationen** 233–237
    - CJD Christophorusschule Droyßig, Droyßig 233
    - Internatsschule Hadmersleben, Oschersleben-Hadmersleben 234
    - Landesschule Pforta, Naumburg/Schulpforte 235
    - Landschulheim Grovesmühle, Veckenstedt 32, 236–237

Schleswig-Holstein 239–243
- **Adresseinträge aller Internate** 240
- **ausführliche Präsentationen** 241–243
    - Stiftung Louisenlund, Güby 241
    - Internat Schloss Rohlstorf, Rohlstorf 242
    - nsi Nordsee-Internat, St. Peter-Ording 20–21, 243

Thüringen 245–248
- **Adresseinträge aller Internate** 246
- **ausführliche Präsentationen** 247–248
    - Internatsdorf Haubinda, Haubinda 27, 247
    - Klosterschule Roßleben, Roßleben 248

VII. Internate im Ausland

c) Internate im Ausland 249–271

Internate in der Schweiz 250–253
- Adresseinträge aller Internate 250–253
- ausführliche Präsentationen 254–262
  - Gymnasium und Internat St. Antonius, Appenzell 254
  - Theresianum Ingenbohl Schule und Internat, Brunnen 255
  - Stiftsschule Engelberg, Engelberg 256
  - Gymnasium & Internat Kloster Disentis, Disentis/Mustér 35, 257
  - Hochalpines Institut Ftan, Ftan 258–259
  - Ecole d'Humanité, Hasliberg Goldern 260
  - Institut auf dem Rosenberg, St. Gallen 261
  - Institut Montana Zugerberg, Zug 262

Internate in Großbritannien 264–266
- EF Academy Oxford, Oxford 265
- EF Academy Torbay, Torquay 266

Internat in den USA 267–268
- EF Academy New York, Thornwood, NY 268

Internate in Österreich 269
- Adresseinträge 269

Internat in den Niederlanden 270
- International School Eerde, PJ Ommen 270

Internat in Tschechien 271
- Carlsbad International School, Karlovy Vary 271

VIII. Ausgewählte Hochschulen 272–278
- Adresseinträge ausgewählter Hochschulen 274–275
- ausführliche Präsentationen 276–278
  - EU Business School, München 276–278

Das Lietz-Internat

SCHLOSS BIEBERSTEIN

Bildung leben – Perspektiven schaffen!
Seit mehr als 100 Jahren

- Tradition und Moderne erfahren
- Soziale Kompetenzen stärken
- Internationalität erleben
- Leistungskurse Wirtschaftswissenschaften & Kunst

www.internat-schloss-bieberstein.de

Siehe ausführliche Angaben auf Seite 173! (Hessen)

Die chinesischen Schüler, die wir mit über 15-jähriger Erfahrung an deutsche Internatsschulen vermitteln, sind vor allem

GUT VORBEREITET

An chinesischen Schwerpunktschulen mit Internat lernen die Schüler in einem Jahr Deutsch von A1 bis B2-Niveau (mit Goethe-Zertifikat) bei deutschen Muttersprachlern. Hinzu haben sie Unterricht in deutscher Kultur und Geschichte (in Deutsch) wie auch in anderen Fächern wie Englisch und Mathematik etc. (in Chinesisch).

VORSICHTIG AUSGEWÄHLT

Das Aufnahmeverfahren zur Deutsch-Klasse in China ist streng. Um sich bewerben zu können, muss ein sehr hoher Durchschnitt bei der Mittelschulprüfung erreicht werden. Daran schließen sich schulinterne Tests in Englisch und Mathematik an. Die interessierten Schüler müssen sich, wie auch ihre Eltern, persönlich vorstellen und über ihre Motivation, nach Deutschland zu wechseln, berichten. Wichtig ist dabei ihr **akademischer Leistungswille.**

GEEIGNET ODER NICHT?

Durch diese Deutsch-Klassen in China lernen wir über ein Jahr hinweg jeden einzelnen Schüler mit seinen Stärken, Schwächen und seiner Persönlichkeit kennen und können so auch seine weitere schulische Entwicklung besser einschätzen, was wichtig für die ihn aufnehmende Internatsschule ist.

MY Education Service International / Dr. Yihong Mao / www.my-education-service.com

Mit unseren Büros: BERLIN – NANJING – SHANGHAI

Unsere Tätigkeit ist nicht nur auf eine formale Vermittlung beschränkt, sondern beinhaltet eine intensive Vorbereitung, Kontakte und Betreuung im **Vorher** und **Nachher**.

VORHER:

- Einrichtung der Deutschklassen vor Ort in China
- Information der Eltern über das deutsche Schulsystem und die Internatsschulen
- Beratung von Eltern und Schülern über die akademische und kulturelle Herausforderung

NACHHER:

- Organisation des Elternklubs in China, vier Elternversammlungen pro Schuljahr vor Ort
- Ständiger Ansprechpartner bei Problemen mit Schülern
- Zweimaliger Besuch der Internate im Jahr zu Gesprächen mit Schülern, Lehrern und Erziehern, rasches Feedback an die Eltern
- Übersetzung von Zeugnissen und Mitteilungen
- Begleitung von deutschen Schulleitern nach China, Organisation dort von Treffen und Gesprächen mit Eltern und Schülern
- Beratung und Unterstützung der Schüler bei ihrer Bewerbung an Hochschulen

E-Mail: info@my-boarding-schools.com / Tel. +49 (0)30 7960465

HERMANN LIETZ SCHULE SPIEKEROOG

START PROFIL AKTUELLES LEBEN AUF LIETZ LERNEN AUF LIETZ

PROFIL › MEHR
Seit fast 90 Jahren ist die Hermann-Lietz-Schule Spiekeroog ein staatlich anerkanntes Internatsgymnasium in freier Trägerschaft.

LEITBILD › MEHR

Persönlichkeitsbildung, Freude am Lernen, Aufbruch in Beruf und Gesellschaft. Das sind die Kernthemen, die unsere Arbeit bestimmen.

LERNEN AUF LIETZ › MEHR

Ideale Lernbedingungen in kleinen Lerngruppen und vertrauensvoller Lernatmosphäre. Ganztägige individuelle Betreuung und Förderung.

LEBEN AUF LIETZ › MEHR

Eine starke Gemeinschaft, in der jeder einzelne seinen Platz findet. Zusammen leben, lernen, arbeiten, entspannen – und natürlich auch feiern.

NORDLICHTER / KLASSE 5-7 › MEHR
Die ganz jungen Internatsschüler der Klassen 5 bis 7 lernen jahrgangsübergreifend und zusammen mit Kindern aus dem Dorf in der Inselschule. Sie leben auf dem Internatsgelände besonders behütet in ihrem eigenen Reich: dem „Haus Albatros".

HIGH SEAS HIGH SCHOOL › MEHR
Jedes Jahr stechen bis zu 30 SchülerInnen für 7 Monate mit einem traditionellen Großsegler in See. Über den Atlantik, in die Karibik, nach Panama, Costa Rica und Kuba und wieder zurück nach Hamburg. Während des Segeltörns: gymnasialer Unterricht an Bord · Navigation, Segelführung und Wetterkunde erlernen · Landaufenthalte in Mittelamerika · Leben in Gastfamilien · Exkursionen im Regenwald.

Siehe ausführliche Angaben auf Seite 190–191! (Niedersachsen)

info@lietz-spiekeroog.de

HIGH SEAS HIGH SCHOOL   **NATIONALPARK-HAUS WITTBÜLTEN**   **NETZWERK**

Hermann Lietz-Schule Spiekeroog

GILDEN — MEHR

Lernen mit Kopf, Herz und Hand: Nicht nur kognitive Fähigkeiten werden gefördert, sondern auch handwerkliche, musische und organisatorische.

1 Woche Internat zur Probe
Unverbindlich ausprobieren. Jetzt!
mehr

SPORT & SEGELN — MEHR

Großes Sportangebot in der Halle und in der Natur. Segeln als sportlicher Schwerpunkt - im Schulalltag oder auf der High Seas High School.

FAMILIENGRUPPEN — MEHR

Familiäre Gruppen geben den Schülern Geborgenheit und Rückhalt und stehen als Ansprechpartner für schulische und persönliche Fragen jederzeit zur Verfügung.

NATIONALPARK-HAUS WITTBÜLTEN — MEHR

Leben im UNESCO Weltnaturerbe Wattenmeer: Umweltbildungsarbeit & Umweltforschung im schuleigenen „Nationalpark-Haus Wittbülten" mit Schülern und Wissenschaftlern. In Kooperation mit der Uni Oldenburg (Inst. für Chemie & Biologie des Meeres).

MEERESFORSCHUNG / INSEL-UNI — MEHR

Sommer-Insel-Uni vom 09.07. bis 15.07.2017 Meeresforschung mitten im Wattenmeer für SchülerInnen von 10-14 Jahren (auch für externe) im ‚Nationalpark-Haus Wittbülten': Touren zu Land und Wasser sowie spannende Experimente im Labor.

WWW.LIETZ-SPIEKEROOG.DE

Landschulheim Schloss Heessen
Leben und Lernen an einer familiären Privatschule mit internationaler Prägung

Das Landschulheim Schloss Heessen ist seit 1957 ein staatlich anerkanntes Gymnasium und Internat in Hamm. Von dem im Schnitt 300 Schülerinnen und Schüler des LSH leben ca. 1/3 im Internat. Die individuelle und persönliche Betreuung auf der Basis kleiner Klassen und Kurse gehörte von Anfang an zum pädagogischen Kernkonzept unseres Hauses.

Der Aufbau und die Festigung eines fundierten Grundwissens in den Fächern Mathematik, Deutsch und Englisch dient u.a. der intensiven Vorbereitung der zentralen Lernstandserhebungen und Abschlussprüfungen, bei allen Fremdsprachen auch dem Ablegen von externen Prüfungen im Rahmen europäischer Sprachzertifikate.

Das schulische Angebot wird ergänzt u.a. durch zusätzliche Angebote der verschiedenen Fachkonferenzen, durch Rhetorikseminare und unsere genossenschaftlich organisierte Schülerfirma ECR eSG.

Mit Blick auf den weiteren beruflichen Werdegang unserer Schülerinnen und Schüler pflegen wir intensive Kontakte zu in- und ausländischen Schulen und Universitäten.

Durch eine persönliche Ansprache und individuelle Betreuung ist so unsere gezielte, fachgerechte Lernförderung möglich. Der Lernstand der einzelnen Schülerinnen und Schüler wird konkret festgestellt, methodische oder inhaltliche Defizite werden erkannt und gezielt abgebaut.

Siehe ausführliche Angaben auf Seite 208–209! (Nordrhein-Westfalen)

Die Wohngruppen bestehen aus maximal 25 Kindern und Jugendlichen, die in altersgleichen Gruppen nach Jungen und Mädchen getrennt untergebracht sind.

Je Wohngruppe steht ein festes Team von vier qualifizierten pädagogischen Fachkräften zur Verfügung.

Unsere Mitarbeiter pflegen ein vertrauensvolles Verhältnis zu den Internatsschülerinnen und –schülern auf der Basis einer humanistsichen Erziehung. Die Vermittlung von Werten wie gegenseitige Rücksichtnahme und respektvoller Umgang in der Gemeinschaft bilden darin die Eckpunkte. Im Zusammenleben werden soziale Kompetenzen trainiert und die Persönlichkeit der / des Einzelnen gestärkt.

Die schulische Entwicklung wird von unseren Erziehern eng begleitet. Dabei spielt sowohl die intensive Kommunikation mit den Lehrern als auch der persönliche Austausch mit den Eltern eine grundlegende Rolle. Außerhalb des schulischen Angebots können so auch abends im Internat Fördermaßnahmen umgesetzt werden.

Die zahlreichen AGs, welche speziell für den Internatsbereich angeboten werden, ermöglichen den Schülerinnen und Schülern eine Weiterentwicklung ihrer musischen, sportlichen und kreativen Fähigkeiten. Durch die Kooperation mit ortsansässigen Vereinen können Interessensgebiete und Hobbies weiter gepflegt werden.

Jedes Wochenende bietet das Internat eine Betreuung mit attraktiven Freizeitangeboten an.

Die Resonanz unserer Ehemaligen, deren nachhaltiger Kontakt über ein Alumninetzwerk geschieht, und die vielen Besuche sind für die Arbeit unserer Schule und unseres Internats die schönste Bestätigung.

Unsere hauseigene Frischküche sorgt für die komplette Verpflegung in Schule und Internat.

Seit 2013 erweitert das neu erbaute Oberstufenzentrum als moderner Schulneubau die Lern-, Arbeits- und Wohnmöglichkeiten an unserer Schule in erheblichem Maße.

Damit bieten wir insgesamt eine qualitativ hochwertige Schulausbildung mit einem maximalen Maß an individueller Betreuung und der Förderung von Begabungen und Interessen. Motivierte Schülerinnen und Schüler können so in Zusammenarbeit mit dem Elternhaus beste Leistungen erzielen, ihre Persönlichkeit entwickeln und ihre sozialen Kompetenzen weiter ausbauen – und damit ihr Potential voll ausschöpfen.

Wenn wir Ihr Interesse geweckt haben, freuen wir uns über einen Besuch, bei dem wir Sie gerne auch individuell weiter beraten.

Landschulheim Schloss Heessen e.V.
Staatlich anerkanntes privates Tagesgymnasium und Internat

Schlossstraße 1
59073 Hamm
Tel +49 (0) 2381-685-0
Fax +49 (0) 2381-685-155
Email info@lsh-heessen.de
Internet www.lsh-heessen.de
Facebook www.facebook.de/lshheessen

Traditionen entdecken. Begeisterung erleben. Zukunft entwickeln.

Herzlich willkommen in Marienau

Profil:

Die Schule Marienau ist ein staatlich anerkanntes Gymnasium und Internat in freier Trägerschaft. Träger der Schule ist ein gemeinnütziger Verein.

Marienau liegt in herrlicher Natur am Rand der Lüneburger Heide, eingebettet in ca. 80 Hektar Wald- und Heidegelände. Die Schüler wachsen in einer gesunden Umgebung auf, die Teil des pädagogischen Konzeptes ist.

Die unverwechselbar aufgeschlossene Atmosphäre in Marienau trägt maßgeblich dazu bei, dass sich Kinder und Jugendliche wohlfühlen und positiv entwickeln können.

Lernen:

Auf die Vermittlung eines soliden Grundlagenwissens legen wir großen Wert, entwickeln darüber hinaus Fähigkeiten wie Flexibilität, „Lernen lernen", Handlungskompetenz, Eigeninitiative, Verantwortungsbewusstsein und Teamgeist, um unsere Schüler auf die Herausforderungen einer sich rasant verändernden Welt vorzubereiten.

Tradition:

Die von Max und Gertrud Bondy gegründete Schule Marienau steht in der Tradition der Reformpädagogik. Nach dem Motto „Lernen mit Kopf, Herz und Hand" ist es unser Ziel, die Kinder und Jugendlichen ganzheitlich zu erziehen, sowohl im Hinblick auf ihre Persönlichkeitsentwicklung als auch im Umgang mit Menschen und Natur.

In Marienau wird Lehren und Erziehen als eine Einheit verstanden, in der Lehrer und Schüler sich nicht nur im Unterricht, sondern auch im Wohn- und Freizeitbereich begegnen.

Als UNESCO-Projektschule hat sich Marienau den kulturellen Austausch auf die Fahne geschrieben. Unter anderem pflegt Marienau enge Kontakte zu Schulen im Ausland und ermöglicht den Schülern einen spannenden Blick über den Tellerrand.

Wir sind:

- Unesco-Projektschule
- Umweltschule in Europa

Arbeitsgemeinschaften:

In Marienau regen wir die Kinder und Jugendlichen dazu an, Aktivitäten aus unterschiedlichen Bereichen auszuwählen, z.B. eine handwerkliche, eine sportliche und eine musisch/künstlerische Arbeitsgemeinschaft.

Oft bekommen die Kinder und Jugendlichen durch Erfolge in diesem Bereich so viel Selbstbestätigung, dass sich dies bald positiv auf den Unterricht auswirkt.

Einen großen Raum nimmt der Sport im Marienau ein. Das Angebot im Unterricht und im AG-Bereich ist vielfältig. Sporttheater, Schwimmen oder Bogenschießen gehören ebenso dazu wie Badminton, Tennis, Geräteturnen, Reiten oder Tanzen.

Unsere Außenanlagen in einem weitläufigen Gelände beinhalten neben einem Tennisplatz einen modernen Sportplatz mit Kunstrasen und allen Vorrichtungen, die für Ballsportarten, Mannschaftsspiele und Leichtathletik nötig sind. Zu den nahe gelegenen Golfplätzen fahren unsere Golflehrer jede Woche mit ihrer Arbeitsgemeinschaft und bereiten die Schüler erfolgreich auf Turniere vor.

Leben in der Gemeinschaft:

Die Schüler sollen zu verantwortungsbewussten jungen Menschen erzogen werden, sowohl im Hinblick auf Mitschüler und die Schulgemeinschaft als auch allgemein auf Gesellschaft, Kultur, Wirtschaft und Umwelt bezogen. Die Verantwortung manifestiert sich in ganz konkreten, altersangepassten Aufgaben, gegenseitigen Hilfen und Pflichten innerhalb des alltäglichen Zusammenlebens.

Schule Marienau
21368 Dahlem (Kreis Lüneburg)
Tel.   05851 941-0
Fax   05851 941-30
sekretariat@marienau.de
www.marienau.de

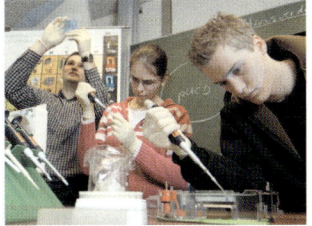

Siehe ausführliche Angaben auf Seite 187! (Niedersachsen)

Willkommen im *LernZuhause*

Lebendiges lernen und gesundes Leben in vertrauensvoller Umgebung und angenehm normaler Atmosphäre. Mitten in St. Peter-Ording. Direkt an der Nordsee. Das ist das Nordsee-Internat.

Wir unterstützen Ihr Kind beim Lernen, Lernen lernen und bereiten es nachhaltig auf das Leben vor. Schule und Internat sind bei uns bewusst eigenständig - für ein besonders vertrauensvolles, aber unabhängiges Verhältnis zwischen Schülern und Pädagogen.

Außerdem können wir so alle erreichbaren Schulformen und -abschlüsse anbieten – von der ersten bis zur letzten Klasse. Für das Abitur haben unsere Schüler sogar neun Jahre Zeit. Und der Erfolg gibt uns Recht: 98 % Prozent unserer Schüler erreichen mindestens den angestrebten Schulabschluss und jeder Dritte sogar den nächst Höheren.

Dazwischen gibt es jede Menge Freizeitmöglichkeiten an der gesunden Seeluft, wie Strandsegeln, Kitebuggyfahren, Kitesurfen oder Strandausritte und viele verschiedene Gemeinschaftsveranstaltungen.

Außerdem kommen, in Zusammenarbeit mit dem renommierten Goethe-Institut, regelmäßig Jugendliche aus aller Welt auf den Campus-Nordsee, um Deutsch zu lernen. Eine gute Vorbereitung, um selber andere Länder und Kulturen kennenzulernen, zum Beispiel bei einer Klassenfahrt nach Großbritannien, Frankreich oder Italien oder bei einem mehrmonatigen Auslandsaufenthalt in Neuseeland.

Abitur nach Klasse 13 G9

www.Nordsee-Internat.de
Tel.: 04863 / 4711-0
Für ausführliche Angaben siehe Seite 243 (Schleswig Holstein)

Gute Argumente

▶ **Vertrauensvolles Verhältnis**
Schule und Internatsleben sind bewusst eigenständig

▶ **Alle Schulformen**
Von der Grundschule bis zum G9-Gymnasium

▶ **Ganzheitliche Unterstützung**
Rund um die Uhr und mit speziellen Betreuungsangeboten, auch für Jugendliche mit Typ 1 Diabetes

▶ **98% erreichen den angestrebten Schulabschluss**
Das Ergebnis eines guten Konzepts

▶ **Therapeutisch wirkendes Klima**
Das hilft besonders chronisch kranken Kindern

Nordsee-Internat

Siehe ausführliche Angaben auf Seite 140! (Bayern)

SCHLOSS NEUBEUERN
Fit für die Zukunft

Schloss Neubeuern ist ein staatlich anerkanntes Internatsgymnasium mit naturwissenschaftlich-technologischem und wirtschaftswissenschaftlichem Profil und der zusätzlichen Möglichkeit, Spanisch als dritte Fremdsprache zu erlernen. Unsere 220 Schüler leben in einer familiären Gemeinschaft von Internatsschüler und Tagesschülern, deren emotionale Verbundenheit oft ein Leben lang hält.

Als ehemalige MODUS 21–Modellschule zielen wir auf die Vermittlung von zukunftsorientiertem Wissen. So arbeiten unsere Schüler der Klassen 5–9 im Rahmen von Zusatzstunden in leistungsdifferenzierten Kleingruppen von 5–10 Kindern unter Aufsicht eines Fachlehrers – und werden so entsprechend ihres jeweiligen Leistungsvermögens individuell und gezielt gefördert. Wenn es dann später auf das Abitur zugeht, unterstützen wir unsere Schüler mit zusätzlichen Abiturstunden, in denen schon ab der 10. Klasse der Ernstfall geprobt wird.

Alle Klassenzimmer sind mit Datenprojektor (teilweise 3D) und Laptop ausgestattet, um fachbezogen schrittweise die heute notwendigen IT-Kenntnisse zu vermitteln. In den Klassen 5–8 sammeln unsere Schüler erste IT-Erfahrungen auf dem ihrem persönlichen iPad, der sie im Unterricht und in der Lernzeit, aber auch in der Freizeit begleitet. Ab der 9. Klasse stellen wir den Unterricht dann komplett auf „Digitale Tinte" um – der Tablet-PC ersetzt ab diesem Zeitpunkt Heft und Ordner und erlaubt die strukturierte und fächerübergreifende Ablage von vier Jahren schulischen Wissens. Es entsteht eine interaktive Lernumgebung, die die Abkehr vom klassischen Frontalunterricht bedeutet und neue didaktische Möglichkeiten eröffnet. Die Schüler lernen rasch, Abläufe, Prozesse und Korrespondenzen digital zu planen und abzuwickeln sowie der Informationsflut durch systematisches Ordnen und Organisieren zu begegnen.

In unserem wöchentlichen Horizonte Angebot fördern wir Kreativität und Eigeninitiative und bieten alternative Formen des Lernens außerhalb des üblichen schulischen Stundenrhythmus an.

Unser Berufsweltbezug mit einem Schwerpunkt in der 10. Klasse und hochkarätigen Praktika bei unseren Altschülern, Vorträgen aus der Arbeitswelt und Videokonferenzen mit Firmen öffnet unseren Schülern den Blick für die Welt von morgen. Selbst unsere „Kleinsten" haben bereits ein Schulfach „Entrepreneurship", in dem sie spielerisch auf die Anforderungen der Zukunft vorbereitet werden. Durch weltweiten Schüleraustausch und die Integration von zahlreichen internationalen Schülern ist unsere Schule auch sehr stark international ausgerichtet, weil Kulturbegegnung und kulturelle Intelligenz zur zentralen Herausforderung einer globalisierten Welt geworden sind.

Teamsportangebote mit Schulmannschaften im Tennis, Klettern, Golf, Mountainbike, Fußball und Basketball schaffen ein besonderes Gemeinschaftsgefühl. Künstlerisch-musische, handwerkliche und soziale Freizeit- und Wochenendangebote sorgen für Abwechslung und Entspannung, aber auch für wertvolle Erfahrungen und Kenntnisse für das spätere Leben.

Schloss Neubeuern
Internatsschule
für Mädchen und Jungen

D-83115 Neubeuern/Inn
Ruf +49(0)8035 / 9062-0
Fax +49(0)8035 / 9062-30
www.schloss-neubeuern.de
info@schloss-neubeuern.de

Humboldt-Institut
Verein für Deutsch als Fremdsprache e.V.

Lindenberg und Bad Schussenried –
Die **besten Adressen** für Deutsch als Fremdsprache

Seit über 40 Jahren ist das gemeinnützige Humboldt-Institut auf die Vermittlung fundierter Deutschkenntnisse an Schüler aus der ganzen Welt spezialisiert.

Die Schulen

In Bad Schussenried (Baden-Württemberg) und Lindenberg im Allgäu (Bayern) betreibt das Humboldt-Institut zwei Internatsschulen für Deutsch als Fremdsprache. Junge Schüler zwischen 10-13 und 14-17 Jahren lernen und leben hier ganzjährig in einer deutschsprachigen Umgebung.

Neben reinen Deutschkursen bietet das Humboldt-Institut auch Schulvorbereitungskurse und eine Schulberatung für den anschließenden Besuch einer deutschen Internatsschule an.

Unsere Deutschkurse

In intensiven Deutschkursen mit 30 Unterrichtsstunden wöchentlich lernen Schüler aus über

Bad Schussenried

Humboldt-Institut e.V. · Schloss Ratzenried · 88260 Argenbühl
Telefon 07522 988-0 · Fax 07522 988-988 · info@humboldt-institut.org

www.humboldt-institut.org

160 Ländern bei uns die deutsche Sprache. Ein sorgfältiger Test am ersten Kurstag garantiert die niveaugerechte Einstufung.

Unabhängig davon, ob unsere Teilnehmer bereits Vorkenntnisse haben oder nicht: Wir bieten für jeden Schüler die richtige Klasse!

Der Wechsel ans Gymnasium

Bereits nach dem erfolgreichen Abschluss der Niveaustufe B2 können unsere Schüler an eine Internatsschule wechseln, oder sie besuchen einen zusätzlichen 5-wöchigen Kurs zur fachspezifischen Vorbereitung auf den Schuleintritt.

Lindenberg

Das Internatsleben

Unsere Schüler sind in modernen Ein- und Zweibettzimmern mit Dusche und WC untergebracht. Beide Kursorte liegen in einer wunderschönen Umgebung und bieten die für die Altersgruppe notwendige Sicherheit.

Die Häuser verfügen über eine hervorragende Infrastruktur mit Sportplätzen, Schwimmbad, Kletterwand, Sauna, Internet, Fernsehraum, großzügigen Außenanlagen und vielfältigen Freizeitmöglichkeiten. Kulinarisch verwöhnt werden die Schüler mit ausgewogenen Mahlzeiten, zubereitet von unseren erfahrenen Küchenchefs.

In den Kursgebühren sind nicht nur die Kosten für den Unterricht, sondern auch für Unterkunft, Verpflegung (Vollpension), Unterrichtsmaterial, Freizeitprogramm, Ausflüge, Eintrittsgelder und eine zuverlässige Rund-um-die-Uhr-Betreuung enthalten.

Wir garantieren raschen Lernerfolg durch:

- Kleine Klassen mit ca. 10 Schülern
- Intensiven Unterricht mit 30 UE/Woche
- Regelmäßige Leistungskontrollen
- Tägliche Hausaufgaben- und Lernzeiten
- Hervorragend ausgebildete Lehrkräfte
- Gemeinsames Leben im Internat mit abwechslungsreichem Freizeit-, Kultur- und Ausflugsprogramm
- Permanente deutschsprachige Umgebung

Für ausführliche Angaben siehe Seite 94 (Baden-Württemberg) und Seite 136 (Bayern)

Das Lietz-Internat

HOHENWEHRDA

Kreativ zum Schulerfolg
Tasten, Töne und Theater

- Instrumentalunterricht
- Gesangsausbildung
- Chor & Instrumentalensemble
- Darstellendes Spiel
- Lernen mit allen Sinnen

www.internat-hohenwehrda.de

Siehe ausführliche Angaben auf Seite 172! (Hessen)

Das Lietz-Internat

HAUBINDA
Das Internatsdorf
Einzigartig im deutschen Bildungswesen

- Gemeinschaft erleben
- Geborgenheit spüren
- Im Einklang mit der Natur
- Leistungsstärke entfalten
- Bodenständigkeit erfahren

www.internatsdorf.de

Siehe ausführliche Angaben auf Seite 247! (Thüringen)

Siehe ausführliche Angaben auf Seite 91! (Baden-Württemberg)

Schülerinnen und Schüler bewegt durch das Jahr begleiten

„Kästler sein –
    Unterstützung
       im Lernen erfahren,
            Talente entdecken und entfalten,
Spaß an Bewegung und Sport erleben,
            im Alltag unserem Glauben begegnen,
       Gemeinschaft spüren,
    zusammen erwachsen werden
       und Lebensfreude weitergeben."

Bischöfliches Internat Maria Hilf
Marienstr. 3
97980 Bad Mergentheim
Telefon: 0 79 31/90 05-0

BIRKLEHOF
Privates Internat & Gymnasium

**Geborgenheit.
Entfaltung.
Persönlicher
Erfolg.**

Geborgenheit
x engagierte Pädagogik
= Internat ^{2}

Am Birklehof geht die Gleichung vom Leben und Lernen in einer Atmosphäre auf, in der sich alle wohlfühlen können, weil sie von gegenseitigem Respekt und Wertschätzung getragen wird. Das wird gleich beim Betreten des Schulcampus klar. Dabei ist die Lage des Internats mindestens so einmalig wie das pädagogische Konzept, dessen hohe Qualität sich weit über den Hochschwarzwald hinaus einen Namen gemacht hat. Am besten, Sie machen sich Ihr eigenes Bild.

Schule Birklehof e. V.
Privates Internat & Gymnasium, staatlich anerkannt · Birklehof 1 · 79856 Hinterzarten
Tel. 07652 122-22 · Fax 07652 122-23 · info@birklehof.de · www.birklehof.de

Ausführlichere Informationen zur Schule Birklehof finden Sie in diesem Buch auf Seite 98–99.

Siehe ausführliche Angaben auf Seite 151! (Bayern)

STUDIENSEMINAR ST. MICHAEL

... MIT Herz, Hirn & Hand!

DAS JUNGENINTERNAT IN TRAUNSTEIN

GUT ZUM LEBEN, GUT ZUM LERNEN

Das Studienseminar St. Michael ist auf Jungenpädagogik spezialisiert. Die Betreuung erfolgt bei uns in kleinen Gruppen. Wir sind an keine Schule angegliedert, somit können die Jungen aus 3 Schulen ihren Weg zum erfolgreichen Abitur wählen: Chiemgau Gymnasium, Reiffenstuel-Realschule, Fach-und Berufsoberschule.
In dieser Form ist unser Internat einzigartig.

Im Studienseminar bieten wir einen geregelten Tagesablauf mit gemeinsamen Essens- und Lernzeiten sowie Freizeitangeboten, die dem Lebensgefühl und dem Geschmack junger Menschen entsprechen. Unsere geschulten Pädagogen begleiten das Lernen mit dem Ziel, alle unsere Jungen zum jeweiligen Schulabschluss zu führen.

Das Studienseminar liegt auf der Wartberghöhe in der oberbayerischen Stadt Traunstein, mit freiem Blick auf die nahen Chiemgauer Berge. Wir sind ein katholisch geführtes Haus, das als kirchliche Stiftung des öffentlichen Rechtes eingerichtet wurde. Neben einer fundierten Hausaufgaben- und Lernbetreuung gehört es deshalb zu unseren besonderen Aufgaben, jungen Menschen ein zeitgemäßes christliches Gottes- und Menschenbild zu vermitteln. Dieses soll sie darin bestärken, ihr individuelles Leben positiv zu gestalten sowie in Familie, Beruf und Gesellschaft tragfähige Beziehungen aufzubauen.
Liebe Eltern, liebe Jungen, ich hoffe, dass ich Ihr und Euer Interesse wecken konnte. Über einen Besuch würde ich mich freuen. Selbstverständlich stehe ich auch telefonisch oder per E-Mail zur Verfügung.

Seminardirektor
Wolfgang Dinglreiter

Studienseminar St. Michael
Internat des Erzbistums München und Freising
Kardinal-Faulhaber-Straße 6 • 83278 Traunstein
Telefon 0861 - 166 82-0 • Fax 0861 - 166 82-20
info@seminar-traunstein.de • www.studienseminar-stmichael.de

Siehe ausführliche Angaben auf Seite 148–149! (Bayern)

LANDHEIM SCHONDORF
INTERNATSSCHULEN AM AMMERSEE | SEIT 1905

08.07.–22.07.2017
International
Summer School 2017
12–17 Jahre

29.07.–13.08.2017
International
Summer Camp 2017
8–14 Jahre

INTERNAT UND TAGESHEIM
VON KLASSE 1 BIS 12

✔ Grundschule und zwei Gymnasien

✔ Individuelle Hinführung zum bayerischen Abitur

✔ Außerschulisches Werkstattangebot in Sport/Handwerk/Theater/Musik&Kunst

✔ Einzigartiger Campus direkt am Ammersee

✔ Internationalität und Tradition – seit 111 Jahren

ROUND SQUARE — Global Member of Round Square International

Kontaktieren Sie uns, besuchen Sie uns an den Tagen der offenen Tür am 11.02, 01.04. bzw. 20.05.2017 oder vereinbaren Sie einen individuellen Beratungstermin unter
Tel.: 08192/809-214 | aufnahme@landheim-schondorf.de

www.landheim-schondorf.de

Siehe ausführliche Angaben auf Seite 236–237! (Sachsen-Anhalt)

Ihr Internat im Harz

Talente und Begabungen
entdecken und entfalten!

- **Kleine Klassen mit individueller Förderung**
- **Ausleben sportlicher, musischer und künstlerischer Fähigkeiten in unseren Gilden**
- **Leben und Lernen in einer einmaligen Atmosphäre**
- **Wechsel auch im laufenden Schuljahr möglich**
- **Probewohnen zum Kennenlernen möglich**

Realschule – Gymnasium – Fachoberschule

Ihr Kontakt für Internatsanfragen
Telefon: 039451 608 - 0
E-Mail: info@grovesmuehle.eu

Landschulheim Grovesmühle
Grovesmühle 1, 38871 Nordharz / OT Veckenstedt

Siehe ausführliche Angaben auf Seite 213! (Nordrhein-Westfalen)

Gemeinsam lernen, erfolgreich sein und Freunde fürs Leben finden

Starke Internatsschulen

Individuelle Bildungswege vom Hauptschulabschluss bis zum Abitur

KRÜGER INTERNAT UND SCHULEN
49504 Lotte (NRW) bei Osnabrück

Fon 05404 9627-0
www.internat-krueger.de

Humboldt-Internat
Internat & Gymnasium Lindenberg

LERNEN VERBINDET

HUMBOLDT-INTERNAT & GYMNASIUM LINDENBERG

»Bei Humboldt kann man nicht nur Deutsch lernen, sondern auch viel über sich selbst!«
Megan, 17

»Humboldt ist für mich wie eine neue Familie – der Beginn eines neuen Lebensabschnitts.«
Hossein, 17

www.internat-lindenberg.de
Für ausführliche Angaben siehe Seite 137 (Bayern)

Siehe ausführliche Angaben auf Seite 257! (Schweiz)

GYMNASIUM & INTERNAT KLOSTER DISENTIS

«Das beste Internats-Gymnasium der Schweiz.»
Die Weltwoche

Via Disentis – an die besten Universitäten.

Kluge Köpfe kommen aus Disentis. Das ist seit rund 1400 Jahren so. Denn so lange besteht das Kloster Disentis und damit im Prinzip unsere Schule.

Kluge Köpfe kommen aus der ganzen Schweiz und aus anderen Ländern und Kontinenten nach Disentis – bevor sie mit der Matura (Abitur) prüfungsfrei an die besten Universitäten und Hochschulen gehen. Wobei die Erfolgsquote für die Matura und das Studium nachweislich hoch ist.

Wann kommen Sie mit Ihrem Kind zu einem Rundgang nach Disentis? Oder besuchen uns auf www.der-weg-nach-oben.ch?

Gymnasium & Internat Kloster Disentis, CH-7180 Disentis/Mustér
eMail   matura@gymnasium-kloster-disentis.ch
Telefon +41 (0)81 929 68 68
Fax   +41 (0)81 929 68 01
Internet www.der-weg-nach-oben.ch

Siehe ausführliche Angaben auf Seite 127! (Bayern)

„Uns verbindet mehr als Schule!"

Lernen lernen – Verantwortung übernehmen – den Übertritt erleichtern
Chancen entdecken – Gemeinschaft erleben – Freizeit sinnvoll gestalten

✓ Staatliches Internat für alle weiterführenden Schulen Bayerns
✓ Individuelle Lernförderung in kleinen Gruppen
✓ Förderung musischer, künstlerischer und sportlicher Talente

Staatliches Internat Max Reger
Max-Reger-Gymnasium
Kaiser-Wilhelm-Ring 7
92224 Amberg/Opf.
0 96 21/47 18-51
www.internat-amberg.de
info@internat-amberg.de

Das ABC der Internate

- **A**usgezeichnete Bildung   • **B**eschützender Rahmen   • **C**lub of best friends

Ein Beitrag von Silke Mäder, Psychotherapeutin für Kinder und Jugendliche

Silke Mäder

Der Begriff „Helikopter Eltern" ist ein Modewort geworden. Gemeint sind damit Eltern, die über ihrem Kind, ihren Kindern schweben, alles beobachten, beurteilen und steuern möchten, was das Leben des Kindes angeht. Ist das bedenklich? Eigentlich nein, denn alle Eltern sollten die Verantwortung für ihren Nachwuchs übernehmen. Verantwortung übernehmen bedeutet schon immer, den Kindern auch die besten Möglichkeiten einer Ausbildung und Bildung zu geben. Und gleichzeitig ihnen eine Freizeit zu ermöglichen, die Sport, Freundschaft, Erlebnis, Diskurs mit Gleichaltrigen erlaubt. Vor allem, die es unterstützt, dass das Kind in allen seinen Möglichkeiten gesehen wird.
Ich denke, dass gerade Eltern, die „über" ihren Kindern schweben, erkennen werden, dass sie bei der Bildung für ihren Nachwuchs nichts Besseres finden, als ihrem Kind eine Schulzeit in einem Internat zu schenken. Gut geführte Internate, und das sind die bei uns vorgestellten, fördern und fordern ihre Schüler zielgenau, schaffen für Kinder/Jugendliche soziale Kompetenz, die Fähigkeit zur Kommunikation, das Interesse für und – in geschützten Räumen – auch Bereitschaft zur Auseinandersetzung und zum täglichen Neuen.

Doch wie können Eltern wissen, wieviel Förderung ihr Kind braucht?

Mit Schuleintritt ist es Kindern wichtig, im Klassenverband integriert und anerkannt zu werden, einen „guten Platz" in der Klasse zu haben. Mit zunehmendem Alter bekommen Freunde einen sehr hohen Stellenwert, denn die meisten Freundschaften entstehen an den Schulen. Von ihren Eltern möchten sie Interesse spüren, möchten „gesehen werden" und doch auch klare Strukturen, Grenzen, konsequente und gerechte Folgen erfahren. Wie und wo können nun die Wünsche und Bedürfnisse sowohl von den Kindern/Jugendlichen als auch von den Eltern „erfüllt" werden? Meine Antwort lautet: Im Internat!

Immer mehr Jugendliche verstehen und schätzen die Sinnhaftigkeit einer umfassenden Bildung im Internat. Junge Leute informieren sich oft eigenständig über Zugangsvoraussetzungen, Schwerpunkte und Besonderheiten der verschiedenen Einrichtungen. Wenn wir die Fragen analysieren, die über das Internate-Handbuch oder das internate-portal.de an den Verlag herangetragen werden, so stellen wir gerade in den letzten Jahren fest, dass fast die Hälfte der Anfragen inzwischen von den Jugendlichen selbst kommen. Jugendliche wissen sehr genau, dass sie heute eine gute Ausbildung und ein gutes Netzwerk benötigen. Und das ermöglicht im Besonderen das Leben im Internat.

Die Zeiten scheinen vorbei zu sein, in denen ein Internatsbesuch negativ besetzt gewesen ist. Die Jugendlichen wissen um diese Chance, um dieses besondere Privileg. Im angelsächsischen Raum kann sich eine verantwortliche Familie kaum vorstellen, dass ihre Kinder nicht in den Genuss einer Internatsausbildung kommen sollen.

Und wie schaut das Leben im Internat aus?
Durch die vielfältigen Freizeit- und Fördermöglichkeiten, die in den meisten Internaten geboten werden, bleibt wenig Raum für Langeweile. Beschäftigungen wie Computerspiele und TV-Berieselung kommen nur in ausgewählten Zeiten vor und werden auch von den Kindern und Jugendlichen selbst als sekundär betrachtet.

Schule und Hausaufgaben sind eng mit dem Internatsleben verknüpft, so dass in vielen Internaten eine gute Betreuung und Unterstützung gewährleistet sind. Auch die kleineren Klassen, die besser ausgestatteten Klassenzimmer und das größere Angebot von pädagogischen Konzepten lassen Schule in einem sehr interessanten Licht erscheinen.

Das Thema „Freunde" nimmt auch bei den Internatsschülern mit den wichtigsten Stellenwert ein. Im Internat lebt man mit Gleichaltrigen in einer Gemeinschaft zusammen. Es wird zusammen gelacht, geteilt, gelernt und bei alldem werden wichtige Erfahrungen gesammelt und lebenslange Freundschaften geschlossen.

Gleichzeitig stelle ich immer wieder fest, wie stark und eng doch die Verbindung zum Elternhaus ist. Die Beziehung zu den Eltern ist durch das Ausbleiben der täglichen Streitpunkte oft entspannter. Eltern müssen nicht mehr ständig auf die konsequente Umsetzung von Regeln achten und können das Leben ihrer Kinder im Internat positiv begleiten. Deshalb ist es wichtig, dass Internate nicht als „letzte Instanz" gesehen werden, sondern als „besonderer Glanzpunkt" einer guten Erziehung und Bildung. Machen Sie sich zusammen mit Ihrem Kind auf die Suche nach einem guten Internat! Ein Internat, in dem Ihr Kind in den unterschiedlichsten Bereichen gefördert wird und in dem sich Ihr Kind unter Gleichaltrigen wohl fühlt. Gerade für Jugendliche hat die Peergroup einen ganz besonderen Einfluss. Um so wichtiger, das Leben in der Clique im Blick zu behalten und sich zusammen mit den Jugendlichen außerhalb der Schule auseinanderzusetzen, Werte zu vermitteln, Positionen zu beziehen und standzuhalten. Solch ein intensiver Austausch kann in dieser Form nur in einem Internat stattfinden.

Es ist den vielen sich ausführlich darstellenden Internaten zu verdanken, dass dieses Buch bei der Auswahl nach ideellen und pädagogischen Schwerpunkten für Sie eine gute Hilfe sein wird. Aber auch der Überblick über mehr als 300 deutsche Internatsadressen (alle uns bekannt gewordenen Internate wurden in diesem Buch kostenlos aufgenommen) und die 45 Internate in der Schweiz ermöglicht eine wirkliche Bestandsaufnahme der Heimerziehung.

Es liegt in der Verantwortung der Eltern, sofern sie sich für diesen Weg entschieden haben, die richtige Auswahl für ihr Kind zu treffen. Nehmen Sie sich Zeit. Denken Sie daran, dass das nahe gelegenste Internat nicht unbedingt das beste ist.

Im Gegenteil. Eine zu große Nähe muss sogar von Nachteil sein. Das Kind kann gewohnte Strukturen verlassen und sich ganz in die pädagogischen Notwendigkeiten in der neuen Umgebung einfügen können. So fällt es Pädagogen vor Ort wesentlich leichter, die Fähigkeiten der Heranwachsenden zu optimieren.

Mein Rat an Sie: Schmökern Sie in diesem Buch. Gehen Sie vorurteilsfrei an die Internate in unterschiedlicher Trägerschaft heran. Lassen Sie sich durch konfessionelle oder finanzielle Aspekte etc. nicht abhalten, die einzelnen Schulen im Sinne Ihres Kindes zu prüfen. Es bleibt festzuhalten, dass auch im Bereich der Pädagogik genau verglichen werden sollte. Schauen Sie zuerst nach dem Angebot und dann nach dem Preis. Ich möchte an dieser Stelle ausdrücklich erwähnen, dass einige Internate Stipendien vergeben. Bitte erkundigen Sie sich bei den von Ihnen ausgewählten Internaten. Auch möchte ich Sie darauf hinweisen, dass sich unter bestimmten Voraussetzungen Jugendämter an den Kosten beteiligen oder sie gar ganz übernehmen. Informieren Sie sich beim Finanzamt über die steuerlichen Vorteile eines Internatsbesuchs.

Treffen Sie anhand des Buches eine erste Vorauswahl und besorgen Sie sich dann ausführliche Informationsmaterialien über www.internate-portal.de. Die Internate stellen sich auch über ihre Homepage im Internet vor. Vereinbaren Sie bei den von Ihnen ausgewählten

Internaten einen Termin vor Ort. Lassen Sie sich in Ruhe alles zeigen. Fragen Sie, ob sich Ihr Kind allein mit anderen Internatsschülern unterhalten kann. Einige Internate bieten „Schnuppertage" oder Sommercamps an. In Gesprächen mit Verantwortlichen von Schulen und Verbänden haben sich folgende Fragen für eine qualifizierte Entscheidung ergeben:

Im schulischen Bereich:
- Welche Schulabschlüsse sind möglich?
- Ist nach dem Internatsbesuch in einem anderen Bundesland für das Kind ein Wiedereinstieg in eine Schule im Heimatbundesland möglich?
- Gibt es Patenschaften für die Neuankömmlinge?
- Gibt es Leistungskurse?
- Wie ist das Lernen organisiert?
- Gibt es betreute Räume für die Hausaufgaben oder lernt jeder allein auf seinem Zimmer?
- Sind während dieser Zeit ein Lehrer oder Erzieher anwesend/erreichbar?
- Lernt das Kind, selbstständig zu lernen?
- Gibt es einen geregelten Alltag?
- Findet eine Zusammenarbeit zwischen Schule und Internat statt?
- Werden Erzieher/Mentoren bei Lehrerkonferenzen mit einbezogen?
- Wie viele Lehrer und Erzieher sind für die Kinder da – wie ist der Lehrerschlüssel?
- Wie ist das Zahlenverhältnis von internen und externen Schülern?

Freizeitangebot:
- Wie sieht das Freizeitangebot aus?
- Kosten die Freizeitangebote extra?
- Von wem werden die Freizeitangebote betreut?
- Gibt es einen handwerklich-künstlerischen, sportlichen, sozialen Bereich?
- Welche Konsequenzen hat eine Nichteinhaltung der Hausordnung?
- Wie sieht der Ausgang am Wochenende aus?

Allgemeine Fragen:
- Wie sieht der Speiseplan aus?
- Gibt es vegetarisches/veganes Essen?
- Wie lernen die Kinder, Verantwortung zu übernehmen?
- Wird das Thema Drogen angesprochen? Gibt es ein Drogenkonzept?
- Steht für Krisensituationen ein Psychologe zur Verfügung?

Spätestens wenn eine Vorauswahl von 2–3 Internaten gefallen ist, sollten die Kinder in den Prozess einbezogen werden. Alle die Gründe, die aus Ihrer Sicht für ein Leben im Internat sprechen, werden dargelegt. Ein Internatsaufenthalt sollte vom Kind nie als Strafmaßnahme empfunden werden. Einige familientherapeutische Hilfen möchte ich Ihnen für die Vorbereitung auf die neue Schule mitgeben:
- Fragen Sie Ihr Kind nach seinen Ängsten und Sorgen in Bezug auf ein Internat.
- Besprechen Sie, wie sich Ihr Kind während des Aufenthalts Kontakt mit

Ihnen – und seinen Geschwistern – wünscht.
- Wie sehen die Wochenendheimfahrten aus?
- Was könnten die anderen Familienmitglieder tun, dass sich Ihr Kind von Anfang an in seiner neuen Umgebung wohl fühlt?
- Wie hält Ihr Kind Kontakt zu seiner heimatlichen Clique, zu seinen bisherigen Bekannten und Freunden?

Besondere Beachtung sollten die ersten Wochen in einem Internat finden. In dieser Zeit werden die Weichen für die Nutzung dieses Angebotes gestellt. Es kann sein, dass Neue im Internat zunächst mit bestimmten „Aufnahmeprüfungen" von Mitschülern konfrontiert werden. Dies können Hilfsdienste beim Essen, Einführungsprozedere zur Gruppenaufnahme etc. sein. Sie können – wenn möglich – telefonisch beratend zur Seite stehen. Stärken Sie Ihrem Kind den Rücken. Es wird sich danach sehr bald in die Gemeinschaft integriert fühlen (und sich in der Regel in gleicher Weise an der Tradition gegenüber Neuankömmlingen beteiligen).

Wenn Ihr Kind sehr starkes Heimweh bekommt, vereinbaren Sie eine Mindestaufenthaltsdauer von ca. 3–4 Monaten, während der sich in der Regel das natürliche Heimwehgefühl in ein Gefühl des Wohlbehagens umwandelt. Sollte nach der vereinbarten Zeit immer noch der Wunsch des Kindes vorhanden sein, das Internat verlassen zu wollen, ist ein gemeinsames Gespräch zwischen Eltern, Kind und Internatsleitern ratsam. Vielleicht können durch praktische Veränderungen – etwa ein neuer Zimmerkollege oder eine neue Klasse – die Schwierigkeiten ausgeräumt werden. In seltenen Fällen ist es auch vorstellbar, dass ein Internatswechsel angebracht ist und dadurch den Bedürfnissen des Kindes mehr entsprochen wird. So kann z.B. ein introvertiertes Kind ein Internat mit starker familiärer Atmosphäre, weniger Schülern etc. bevorzugen. Die bisher gemachten Internatserfahrungen können dann auf das neue Internat übertragen werden. Das Leben im Internat führt erfahrungsgemäß zu lebenslangen Bindungen und Freundschaften. Gerade dieser interkommunikative Aspekt kann für das spätere Leben des Kindes von unschätzbarem Vorteil sein und öffnet Ihrem Kind das „Tor zur Welt".

In Deutschland sind die meisten Internate in verschiedenen Internatsverbänden und -vereinigungen zusammengeschlossen, die sich jedoch in den Zielsetzungen und Schwerpunkten unterscheiden. Jedoch für alle Internate gilt: Für das Kind immer das Beste im Blick.

Im Anschluss stellen sich alle Verbände/Vereinigungen selbst vor. Vergleichen Sie dabei die unterschiedlichen Ausrichtungen.

Unser Internate-Führer versteht sich als Bindeglied zwischen Eltern, Schülern und dem breiten Angebot der Internate/Schulen. Wir möchten Sie mit unserem

Buch „rund um das Thema Internate" informieren. Sie bekommen hier sowohl Informationen über die verschiedenen Internate (die wir innerhalb der Bundesländer nach dem Ortsalphabet geordnet haben) wie auch über die verschiedenen Verbände und über die Internatsberatungen. Da Bildung über das Abitur hinaus geht, haben wir auch ausgewählte Hochschulen aufgenommen.

Das Buch entstand nach gründlicher Recherche und wir hoffen damit einen Beitrag zum Bildungs-/Ausbildungswesen zu leisten. Das Buch wird als Standardwerk jährlich überarbeitet.

Silke Mäder

Silke Mäder
Psychotherapeutin für
Kinder und Jugendliche,
Systemische Familientherapeutin

Das Internatsleben erfüllte alle Erwartungen

Ein Beitrag von Felix Fröhlich

Ende der zehnten Klasse fasste ich den Entschluss, ins Internat zu gehen. Ich hatte den Drang nach neuen Begegnungen und neuen Erfahrungen. Ich wollte aus dem gewohnten Umfeld raus, nicht aus Unzufriedenheit, sondern vielmehr aus Neugier, was es noch alles zu entdecken gab.

Meine Erwartungen waren hoch, an die Schule wie auch an mich selbst. Vor allem erwartete ich eine gute Gemeinschaft, eine Vielzahl von AGs sowie eine angenehme Lernatmosphäre, soweit man sich das als Schüler wünschen kann. All diesen Ansprüchen wurde das Internat mehr als gerecht. Aus Erzählungen von Freunden wusste ich, dass es strenger und gesitteter zugehen würde, als ich es gewohnt war. Doch so extrem hatte ich es mir niemals ausgemalt, doch das soll nicht negativ gemeint sein, ganz im Gegenteil. Der ganze Tag ist durch einen vorbestimmten Ablauf geprägt, in dem man wenig Zeit für sich selber findet, weil immer was geht. Aber diese Abläufe lassen einen auch disziplinierter werden, weil, wie ich finde, man als Jugendlicher mit klaren Regeln und Aufgaben besser zurecht kommt als mit zu vielen Freiheiten. Das hat mich in meinem Lernverhalten und auch im Umgang mit meinen Mitmenschen sehr viel weiter gebracht. Anfangs viel es mir schwer, mit einem Fremden mein Zimmer zu teilen, es gab viele Probleme und Streitigkeiten. Doch die positiven Aspekte überwogen bei weitem. Wo es anfangs wegen Kleinigkeiten zum Streit kam, entwickelte sich eine Normalität.

Da man sich Tag und Nacht sieht, muss man lernen, miteinander auszukommen, wenn man den Punkt einmal überschritten hat. Es folgen Freundschaften, die extrem persönlich sind und, wie man oftmals sagt, ein Leben lang halten. Mein Horizont hat sich auch enorm erweitert durch die Menschen aus verschiedenen Bundesländern und zum Teil aus anderen Staaten dieser Erde. Man lernt neue Gewohnheiten kennen, zudem bekommt man ein Gefühl der Internationalität. Dies verändert den Blick auf viele Dinge wesentlich und man lernt vor allem sehr viel über andere Sitten und Gewohnheiten. Somit hat mich die Schulzeit für meinen weiteren Werdegang wesentlich geprägt und zum Positiven entwickelt.

Felix Fröhlich

Felix Fröhlich
ehemaliger Internatsschüler

Sinn für's Leben

Ein Beitrag von Prof. Dr. Volker Ladenthin

Die Pädagogen des 18. Jahrhunderts, allen voran Jean-Jacques Rousseau, machten eine große Entdeckung, eine der wichtigsten in der Menschheitsgeschichte: Sie konnten nachweisen, dass jedes Lebensalter einen eigenen Sinn hat. Alles hat seine Zeit. Wenn man sie nicht richtig lebt, hat man sie für immer verpasst. Man kann sie nicht nachholen.

Von nun an konnte man sich den Menschen so zuwenden, wie es ihrem Alter entsprach. Das war besonders für Kinder und Jugendliche lebenswichtig. Plötzlich gab es Kinderärzte. Die Kinder- und Jugendsterblichkeit ging massiv zurück. Kinder und Jugendliche konnten nun erstmals in der Geschichte angemessen verstanden und gefördert werden. Passgenau. Es entstanden Kindergärten. Pfiffige Ingenieure erfanden lehrreiches Kinderspielzeug, vom Puppenhaus bis zur elektrischen Eisenbahn. Kreative Autoren erdachten sich originelle Kinder- und Jugendbücher über den Trapper Lederstrumpf oder Pippi Langstrumpf. Man richtete Schulen für alle ein und überlegte sich, wie man auf Abenteuerspielplätzen und in Freizeitanlagen einen passenden Aktionsraum für Kinder und Jugendliche schaffen könnte.

Man erkannte: Der Sinn von Kindheit und Jugend liegt nicht in der Zurichtung für's Erwachsenenleben oder die Berufswelt. Wenn man unsere PISA-Studien liest, ist aber genau dies das heutige Verständnis von Kindheit und Jugend: Kinder sind unser Kapital! Was Hänschen nicht lernt, ... Lernchancen sehen, Zeitfenster nutzen. Vorbereitung aufs Leben ...

Und dann? Dann ist die Kindheit vorbei und man hat sie verpasst. Man komprimiert die Schulzeit zu noch mehr Lernzeit – und dann ist die Jugend vorbei und man hat auch sie verpasst.

Ist es nicht erstaunlich, dass sich seit der „Durchschulung" der Gesellschaft immer wieder Jugendbewegungen lautstark zu Wort melden und anklagen, dass man ihnen die Jugend geraubt habe? Das reicht vom „Jugendstil" – von dem nur noch einige Fassaden übrig geblieben sind – bis zum „Punk" oder zum „HipHop" die nun zur Werbemasche, zum „Great Rock'n'Roll-Swindle" verkümmert sind! Das ist seit Jahrzehnten so. Schon nach dem ersten Weltkrieg bezeichneten sich die um ihre Jugend betrogenen jungen Erwachsenen als „lost Generation", und Ernest Hemingway war einer ihrer Sprecher. Sein Kollege F. Scott Fitzgerald schrieb, seine Generation sei herangewachsen, nur um „alle Götter tot, alle Kriege gekämpft, jeden Glauben in die Menschheit zerstört" vorzufinden. Das trifft es genau. Denn hier ist zusammengefasst, was Jugend ausmachen könnte: die Suche nach gültigen Konzepten, nach Bewährung im Alltag und nach Sinn für's Leben.

Es ist die Chance der Internate, diesen Befund ernst zu nehmen … und der Jugend ihre Jugend zurückzugeben. Das Internat kann die Institution sein, in der Kinder und Jugendliche gemäß ihres Alters lernen. Eine Institution, die Räume schafft, in die Jungen und Mädchen hineinpassen, ohne sich klein zu machen. Die Freiräume schafft, in denen sie sich erproben können. In denen sie herausfinden, „was in ihnen steckt". Zeiten, in denen sie sich konzentrieren und Freizeiten, in denen sie sich entfalten können. Eine Institution, in der die Jugendlichen sich selbst und die Mitmenschen erkunden. In der sie Gott und die Welt kennenlernen. Das wäre heute fast ein Alleinstellungsmerkmal in der Schullandschaft.

Prof. Dr. Volker Ladenthin
Lehrstuhl für Historische und Systematische Erziehungswissenschaften an der Universität Bonn

Das Internat: Struktur und Zukunft.
Ein Handbuch
Herausgeber: u.a. Volker Ladenthin
Ergon Verlag

Der Verband Katholischer Internate und Tagesinternate

Ein Beitrag von Dr. Christopher Haep

40 Einrichtungen aus Deutschland, Österreich und der Schweiz sind derzeit im Verband Katholischer Internate und Tagesinternate (V.K.I.T.) zusammengeschlossen, die von insgesamt etwa 3.500 Kindern, Jugendlichen und jungen Erwachsenen besucht werden. Dabei umfasst der V.K.I.T. bei weitem nicht alle katholischen Internate und Tagesinternate in Deutschland: Über 100 Einrichtungen zählen wir insgesamt – von sogenannten Ganzjahresinternaten, in denen die Heranwachsenden nur in den Schulferien nach Hause fahren, über die Wocheninternate, in denen Heranwachsende etwa alle 14 Tage nach Hause fahren, bis zu den Tagesinternaten, deren Betreuungsangebote bis in den Nachmittag oder Abend reichen.

Beeindruckend ist die Vielfarbigkeit der Profile und die Vielfalt der Angebote: Da finden sich traditionsreiche Internate in der Trägerschaft der Orden oder der Bistümer neben Internaten wieder, die beispielsweise speziell Berufsfachschülerinnen begleiten; da finden sich große Internatsschulen, die in der Regel von Gymnasiasten oder Realschülern besucht werden; da gibt es spezielle Einrichtungen für Kinder und Jugendliche mit Migrationshintergrund und Internate, die sich der Förderung besonderer Begabungen, z.B. im musischen Bereich, verschrieben haben; da gibt es Tagesinternate, die an ihrem kommunalen Standort mit mehreren Schulformen (Gymnasien, Real- und Hauptschulen, Gesamtschulen und Berufskollegien) kooperieren und auf diese Weise Heranwachsenden mit unterschiedlichsten Bildungsverläufen Begleitung und Förderung anbieten können.

Bei aller Vielfalt eint die katholischen Internate und Tagesinternate der gemeinsame Bildungs- und Erziehungsgedanke. Unsere Vision ist es, Kindern, Jugendlichen und jungen Erwachsenen zu einem selbstbestimmten und gelin-

Siehe auch Seite 81

genden Leben zu verhelfen. Das wird möglich, wenn sie sich ihrer selbst und ihrer Begabungen, ihrer Freiheit und ihrer Verantwortung bewusst werden. Katholische Internate und Tagesinternate gestalten ihre Bildungs- und Erziehungsarbeit deshalb so, dass sie Kindern, Jugendlichen und jungen Erwachsenen bestmöglich hilft,
- ihre Begabungen kennen zu lernen und ganzheitlich zu entfalten,
- der Wirklichkeit mit Neugier, Offenheit und kritischem Selbstbewusstsein zu begegnen,
- die Fähigkeit und Bereitschaft zu entwickeln, für sich selbst und für andere, für Welt und Gesellschaft Verantwortung zu übernehmen,
- die Frage nach Gott wachzuhalten und den Glauben als sinnerfüllende Orientierungs- und Entscheidungshilfe zu erfahren.

Internate und Tagesinternate sind besondere Lern- und Sozialorte. In der Gemeinschaft mit anderen Gleichaltrigen wird dem Einzelnen Raum gegeben für eine exzellente Schulausbildung, emotionales und soziales Lernen, Wertorientierung auf dem Grund des christlichen Glaubens und ein großes Angebot an außerschulischen Aktivitäten. Wir muten den Heranwachsenden viel zu – nämlich ihr Leben selbstbestimmt und verantwortlich in die Hand zu nehmen. Dafür stärken wir den Einzelnen durch Herausforderungen und Hilfestellungen und begleiten ihn individuell in seiner Persönlichkeitsentwicklung.

Der V.K.I.T. ist kein Dach- oder Trägerverband, sondern versteht sich als Fachverband und Interessenvertretung seiner Mitglieder in Kirche, Politik, Wissenschaft und Gesellschaft. Der Verband investiert in die Qualitätsentwicklungsprozesse seiner Mitgliedseinrichtungen und stellt Ressourcen bereit, die die Qualität des pädagogischen Arbeitens in den Internaten und Tagesinternaten stärken. Regelmäßige Fortbildungen, Fachtage und Kongresse ermöglichen den fachlichen Austausch der Pädagoginnen und Pädagogen. Seit 2009 existiert ein zweijähriger Aus- und Weiterbildungslehrgang zur Pädagogin bzw. zum Pädagogen an Internaten und Tagesinternaten, das sogenannte Edukanat. Die Qualitätskriterien für katholische Internate und Tagesinternate, die im Verband entwickelt werden, liefern eine Rahmenordnung für das pädagogische Handeln in den Einrichtungen. Die Geschäftsstelle des V.K.I.T. bietet eine Internatsberatung für Familien an, die sich auf der Suche nach einem Internat oder Tagesinternat befinden.

Wir laden Sie herzlich ein, sich über unsere Geschäftsstelle oder unsere Homepage eingehend über die Bildungs- und Erziehungsarbeit katholischer Internate und Tagesinternate zu informieren. Gerne stehen Ihnen der Vorstand und die Geschäftsstelle für weitere Auskünfte zur Verfügung.

Dr. Christopher Haep
V.K.I.T.-Vorsitzender

Verband Katholischer Internate und Tagesinternate (V.K.I.T.) e.V.
Kaiserstraße 161
53113 Bonn
Homepage: www.vkit.de
oder: www.katholische-internate.de

Katholische Internatsberatung
Dipl.-Soziologin
Marie-Theres Pütz-Böckem
Gerhardstr. 36, 53229 Bonn
Tel. 02 28/62 09 29 36
Fax 02 28/62 09 29 37
E-Mail: info@katholische-internate.de

Siehe auch Seite 81

Mitgliedsinternate „Auf einen Blick"

Weitere Informationen zu den Internaten und Tagesinternaten finden Sie unter den jeweiligen Bundesländern

Katholische Internate in Baden-Württemberg:
Bischöfliches Internat Maria Hilf
Marienstraße 3
97980 Bad Mergentheim
Telefon 0 79 31/90 05-0
Internet: www.bimh.net

Kolleg St. Josef
Müllerstraße 8
89584 Ehingen
Telefon 0 73 91/77 02-0
Internet: www.kollegstjosef.de

Heimschule St. Landolin
Prälat-Schofer-Straße 1
77955 Ettenheim
Telefon 0 78 22/89 28-400
Internet: www.hsl.schule

Musisches Internat Martinihaus
Sprollstraße 27, 72108 Rottenburg
Telefon 0 74 72/98 41-0
Internet: www.martinihaus.de

Konvikt Rottweil
humanistisch-musisches Internat
Johannsergasse 1, 78628 Rottweil
Telefon 07 41/53 27-0
Internet: www.konvikt-rottweil.de

Siehe auch Seite 81

Kolleg St. Blasien e.V.
Fürstabt-Gerbert-Str. 14, 79837 St. Blasien
Telefon 0 76 72/27-0
Internet: www.kolleg-st-blasien.de

Internat Kloster Wald
Von-Weckenstein-Straße 2, 88639 Wald
Telefon +49 (0) 75 78/1 88-0
Internet: www.heimschule-kloster-wald.de

Katholische Internate in Bayern:
Angela-Fraundorfer-Internat
Schulgasse 9, 94330 Aiterhofen
Telefon 0 94 21/55 17-48
Internet: www.kloster-aiterhofen.de

Studienseminar AUFSEESIANUM
Aufseßstraße 2, 96049 Bamberg
Telefon 09 51/5 19 26-0
Internet: www.aufseesianum.de

Internat der Abtei Schäftlarn
82067 Ebenhausen
Telefon 0 81 78/79 20 od. -25
Internet: www.abtei-schaeftlarn.de

Internat der Benediktiner
Kaiser-Ludwig-Platz 1, 82488 Ettal
Telefon 0 88 22/74 66 10
Internet: www.ettal-internat.de

Internat und Nachmittagsbetreuung
an der Theodosius-Florentini-Schule
Kreuzstraße 3
97737 Gemünden a. Main
Telefon 0 93 51/8 05-230
Internet: www.kreuzschwestern.de

Internat St. Maria Kaufbeuren
Kemnater Straße 23, 87600 Kaufbeuren
Telefon 0 83 41/90 75 12
Internet: www.crescentiakloster.de

Gymnasium & Seminar St. Josef
Fockenfeld 1, 95692 Konnersreuth
Telefon 0 96 32/5 02-0
Internet: www.fockenfeld.de

Pädagogisches Zentrum Schloß
Niedernfels
Schlossstraße 39, 83250 Marquartstein
Telefon 0 86 41/97 40-22
Internet: www.niedernfels.de

Internat der Benediktinerabtei Metten
Abteistraße 3, 94526 Metten
Telefon 09 91/91 08-122
Internet: www.kloster-metten.de

Studienseminar Albertinum – Tagesinternat
Westendstraße 300, 81377 München
Telefon 0 89/7 10 46 13
Internet: www.albertinum-online.de

Internat der Beruflichen Schulen
Haus St. Marien gGmbH
Badstraße 88, 92318 Neumarkt
Telefon 0 91 81/4 73-0
Internet: www.st-marien-neumarkt.de

Tagesheim der Erzabtei St. Ottilien
St. Ottilien 31
86941 St. Ottilien
Telefon 0 81 93/71-560
Internet: www.tagesheim.ottilien.de

Siehe auch Seite 81

Institut der Ursulinen – Offene Ganztags-
schule in der Form der Tagesbetreuung
Burggasse 40, 94315 Straubing
Telefon 0 94 21/99 23-0 od. 99 23-57
Internet: www.ursulinen-straubing.de

Studienseminar St. Michael: Internat des
Erzbistums München und Freising
Kardinal-Faulhaber-Straße 6
83278 Traunstein
Telefon 08 61/1 66 82-0
Internet: www.seminar-traunstein.de

Erzbischöfliches Spätberufenenseminar
St. Matthias mit Gymnasium und Kolleg
Seminarplatz 3, 82515 Wolfratshausen
Telefon 0 81 71/9 98-0
Internet: www.sankt-matthias.de

Katholische Internate in Hessen:
Musisches Internat
der Limburger Domsingknaben
Bernardusweg 6, 65589 Hadamar
Telefon 0 64 33/8 87-0
Int.: www.limburger-domsingknaben.de
Tagesinternat für Jungen ab Klasse 1–13

Tagesheim St. Ursula
Ahornstraße 33
63071 Offenbach/M.
Telefon 0 69/85 10 81
Internet: www.marienschule-offenbach.de

**Katholische Internate in
Niedersachsen:**
Mädcheninternat im St. Marienstift
Kellinghausen 1
49584 Fürstenau-Schwagstorf
Telefon 0 59 01/3 09-0
Int.: www.marienschule-schwagstorf.de

Jungeninternat Thuine
Mühlenstraße 1, 49832 Thuine
Telefon 0 59 02/5 01-312
Internet: www.jungeninternat-thuine.de,
www.antoniusschule-thuine.de

**Katholische Internate in
Nordrhein-Westfalen:**
Erzbischöfliches Internat für Jungen
Collegium Bernardinum
Nordwall 26, 57439 Attendorn
Telefon 0 27 22/63 48 86-0
Internet: www.collegium-bernardinum.de

Aloisiuskolleg – Internat und Tagesinternat
Elisabethstraße 18, 53177 Bonn
Telefon 02 28/8 20 03-201
Internet: www.aloisiuskolleg.de

Collegium Josephinum Bonn – PM
Kölnstraße 413, 53117 Bonn
Telefon 02 28/5 55 85-310
Internet: www.cojobo.de

Collegium Augustinianum Gaesdonck
Gaesdoncker Straße 220, 47574 Goch
Telefon 0 28 23/9 61-0
Internet: www.gaesdonck.de

Siehe auch Seite 81

Die Loburg
Collegium Johanneum
Loburg 15, 48346 Ostbevern
Telefon 0 25 32/8 71 93
Internet: www.die-loburg.de

Apostolische Schule der
Legionäre Christi e.V.
Linnerijstr. 25
53902 Bad Münstereifel
Telefon 0 22 53/54 69 20
Internet: www.apostolischeschule.de

Internat St.-Nikolaus-Stift
Brüsseler Str. 68
53909 Zülpich-Füssenich
Telefon 0 22 52/9 43 60
Internet: www.st-nikolaus-stift.de

Katholische Internate in Rheinland-Pfalz:
Ganztagsschule Maria Ward Schule
Cornichonstraße 1
76829 Landau
Telefon 0 63 41/92 30 18
Internet: www.mws-landau.de

Katholische Internate in Sachsen:
Kapellknabeninstitut der Kathedrale
Ss. Trinitatis
Wittenberger Straße 88
01277 Dresden
Telefon 03 51/3 10 00 60
Internet: www.kapellknaben.de

Katholische Internate in Österreich:
Bischöfliches Internat Graz
Lange Gasse 2
A-8010 Graz
Telefon +43-316/8 03 19-90
Internet: www.bischoefliches-seminar.at

Katholische Internate in der Schweiz:
Stiftsschule Engelberg
CH-6390 Engelberg
Telefon +41 (0)41/639 62 11
www.stiftsschule-engelberg.ch

Impulsschule Wurmsbach
CH-8715 Bollingen
Telefon +41 (0)55/225 49 00
Internet: www.impulsschule.ch

Verband V.K.I.T.

Internate im Verband Deutscher Privatschulverbände VDP

VDP
VERBAND DEUTSCHER
PRIVATSCHULVERBÄNDE e.V.
BILDUNGSEINRICHTUNGEN IN
FREIER TRÄGERSCHAFT

Ein Beitrag von Dr. Klaus Vogt, Präsident des VDP

Internate im deutschen Bildungssystem

Internate haben traditionell eine besondere Stellung in der deutschen Schullandschaft. Obwohl ihre Zahl im Vergleich zur Gesamtzahl allgemeinbildender Schulen relativ klein ist, genießen sie in der Öffentlichkeit hohe Aufmerksamkeit und hohes Ansehen.

Wie Schulen in freier Trägerschaft insgesamt bereichern auch die im Verband Deutscher Privatschulverbände e.V. (VDP) organisierten Internatsschulen die Bildungslandschaft: Sie setzen wichtige pädagogische Impulse und sind mit ihren innovativen Konzepten geeignete Antworten auf die Bildungsanforderungen einer zunehmend internationalisierten und globalisierten Welt. Sie sind einer ganzheitlichen Bildung verpflichtet, die kognitives Fachwissen mit Sozial- und Kulturkompetenzen verbindet. Um diese Bildungsziele zu erreichen, sind, neben dem individuellen Unterricht, zahlreiche zusätzliche Angebote und Leistungen wie z.B. Mannschaftssport, Spiel- und Kreativangebote, Studienfahrten und Arbeit in Sozialprojekten wichtig.

Leben im Internat – Chance und Herausforderung

Das Leben im Internat ist nicht mit dem Leben in der eigenen Familie vergleichbar. Das Internat kann und will das Elternhaus nicht ersetzen. Im Internat gelten andere Regeln, es bietet gleichzeitig jedoch viele Chancen für die individuelle Entwicklung der Kinder und Jugendlichen. Intensive gemeinsame Erlebnisse und gruppendynamische Prozesse stärken wirksam Selbstbewusstsein, Eigenständigkeit, Durchsetzungsvermögen und Hilfsbereitschaft. Kinder und Jugendliche lernen, sich in die Gemeinschaft einzuordnen, aber auch ihren Standpunkt zu vertreten und Kompromisse auszuhandeln.

In VDP-Internatsschulen kommen Kinder und Jugendliche aus vielen Landesteilen mit verschiedenen sozialen Hintergründen und Nationen zusammen. Das stärkt die Sozialkompetenzen und lässt enge Freundschaften entstehen. Darüber hinaus spielt eine lebendige und altersgerechte Erziehung eine große Rolle für die positive Entwicklung der Kinder und Jugendlichen. Dazu gehört es auch, sie bei ihren entwicklungsbedingten Krisen aktiv und kompetent zu begleiten.

Einbindung der Eltern

Die Erfolge des Zusammenlebens im Internat werden erst dann richtig wirksam, wenn ständiger Kontakt zum Elternhaus die Erziehungsarbeit der Internate unterstützt. Neben einer kontinuierlichen, persönlichen Kommunikation ist den VDP-Internatsschulen die enge Zusammenarbeit mit den Eltern sehr wichtig. Die Eltern sollen immer über ihre Kinder informiert sein und auch aus der Ferne an den Erlebnissen ihrer Kinder teilhaben können. Zudem nehmen die VDP-Internate gerne Anregungen der Eltern für ihre Erziehungsarbeit auf.

Auch bedingt durch eine nur unzureichende staatliche Finanzhilfe zum Unterrichtsbetrieb müssen Internate Schulgeld und Kosten für die Unterbringung erheben. Für viele Familien stellt dies eine hohe Belastung dar. Deshalb gewähren viele Internate finanzielle Hilfen in Form von Ermäßigungen, Förderplätzen und Stipendien.

Gemeinsame Ziele, vielfältige Angebote

Alle VDP-Internate haben zahlreiche gemeinsame Qualitäts- und Zielvorstellungen. Dies kommt auch durch ihre Mitgliedschaft im VDP zum Ausdruck. Dennoch sind alle VDP-Internatsschulen sehr individuell, kein Internat ist wie das andere. Auf den folgenden Seiten finden Sie Kurzprofile der einzelnen VDP-Internate mit den jeweiligen Schwerpunkten und Besonderheiten. Bei weitergehendem Interesse ist es zu empfehlen, das persönliche Gespräch mit dem Schul- oder Internatsleiter bzw. der Schul- oder Internatsleiterin zu suchen. Bei einem Besuch der Internatsschulen können alle Fragen ausführlich erörtert und die Einrichtungen vor Ort kennengelernt werden.

Über den VDP

Der Verband Deutscher Privatschulverbände e.V. vertritt freie Bildungseinrichtungen im allgemeinbildenden und berufsbildenden Schulbereich sowie in der Erwachsenenbildung und im Hochschulbereich. Als 1901 gegründeter Verband binden wir unsere Mitglieder weder weltanschaulich noch konfessionell oder parteilich. Zusammen mit den beiden konfessionellen Privatschulverbänden, dem Bund der Freien Waldorfschulen und der Internate Vereinigung bilden wir die Arbeitsgemeinschaft Freier Schulen.

Dr. Klaus Vogt
Präsident des VDP

Verband Deutscher Privatschulverbände e.V. (VDP – gegründet 1901)
Bildungseinrichtungen in freier Trägerschaft
Bundesgeschäftsstelle
Reinhardtstraße 18, 10117 Berlin
Tel.: 0 30/28 44 50 88-0
Fax: 0 30/28 44 50 88-9
www.privatschulen.de
vdp@privatschulen.de

Alle VDP Mitgliedsinternate „Auf einen Blick"

Weitere Informationen zu den Internaten finden Sie unter den jeweiligen Bundesländern

Internate in Baden-Württemberg:

Pädagogium Baden-Baden
Burgstraße 2, 76530 Baden-Baden
Telefon 07221/3559-0
Internet: www.paeda.net

Heidelberg College
Neuenheimer Landstraße 16
69120 Heidelberg
Telefon 06221/436217
Internet: www.heidelberg-college.de

SRH Schulen GmbH
Leonardo da Vinci Gymnasium
Friedrich-Ebert-Straße 65
69151 Neckargemünd
Telefon 06223/81-5000
Internet: www.ldvg.de

SRH Schulen GmbH
Stephen-Hawking-Schule
Im Spitzerfeld 25
69151 Neckargemünd
Telefon 06223/81-3005
Internet: www.srh.de/shs

Merz-Internat Schule und Internat
Albrecht-Leo-Merz-Weg 2
70184 Stuttgart
Telefon 0711/21034-0
Internet: www.merz-schule.de

Schulwerk Collegium Musicum e.V.
Stiegstraße 115
79774 Albbruck-Unteralpfen
Telefon 07755/93945-0
Internet: www.s-cm.eu

Schule Schloss Salem
88682 Salem
Telefon 07553/919-352
Internet: www.salem-net.de

Internat in Bayern:

Private Schulen Pindl
Dr.-Johann-Maier-Straße 2
93049 Regensburg
Telefon 07755/9394510
Internet: www.schulen-pindl.de

Internate in Brandenburg:

Angermünder Bildungswerk e.V.
Puschkinallee 12
16278 Angermünde
Tel. 03331/2605-44
Internet: www.bsa-ang.de

Gymnasium und Internat im Stift Neuzelle
Stiftsplatz 7
15898 Neuzelle
Telefon 033652/8258-250
Internet www.internat-neuzelle.de

Seeschule Rangsdorf
Stauffenbergallee 6
15834 Rangsdorf
Telefon 033708/44947
Internet: www.seeschule.de

Internate in Hessen:

Internatsgymnasium Institut Lucius
Forsthaus 1
61209 Echzell
Telefon 06008/232
Internet: www.internat-lucius.de

Privates Litauisches Gymnasium
Lorscher Straße 1
68623 Lampertheim-Hüttenfeld
Telefon 06256/322
Internet: www.litauischesgymnasium.de

Landschulheim Steinmühle
Steinmühlenweg 21
35043 Marburg-Cappel
Telefon 06421/408-20
Internet: www.steinmuehle.de

Privatgymnasium Königshofen
Niederseelbacher Straße 64
65527 Niedernhausen-Königshofen
Telefon 06127/5734

Internat in Mecklenburg-Vorpommern:
IT-College Putbus gGmbH
Circus 16
18581 Putbus/Rügen
Postanschrift:
Dorfstraße 49, 18581 Kasnevitz/Rügen
Telefon 038301/8852-0
Telefax 038301/8852-13
Internet: www.itc-putbus.de

ecolea | Internationale Schule Schwerin
Schelfstraße 1
19055 Schwerin
Telefon 0385/480690
Internet: www.ecolea.de

Internate in Niedersachsen:
Internatsgymnasium Pädagogium
Bad Sachsa
Ostertal 1–5
37441 Bad Sachsa
Telefon 05523/3001-0
Internet: www.internats-gymnasium.de

Gutshof Hudemühlen gGmbH
Sonderschule für geistig Behinderte
Gutsweg 1, 29693 Hodenhagen/Aller
Telefon 05164/971171

Internate in Nordrhein-Westfalen:
Gymnasium und Realschule
Schloss Hagerhof
Menzenberg 13
53604 Bad Honnef
Telefon 02224/9325-0
Internet: www.hagerhof.de

Institut Schloss Wittgenstein
Schloss Wittgenstein
57334 Bad Laasphe
Telefon 02752/4743-0
Internet: www.wittgenstein.de

Privates Ernst-Kalkuhl-Gymnasium
Königswinterer Str. 534
53227 Bonn
Telefon 0228/970900
Internet: www.ernst-kalkuhl-internat.de

Internat Schloss Buldern
Dorfbauerschaft 22
48249 Dülmen-Buldern
Telefon 02590/99-0
Internet: www.schloss-buldern.com

Staatlich anerkanntes privates Aufbau-
gymnasium Seilersee
Bismarckstraße 4
58636 Iserlohn
Telefon 02371/9043-0
Internet: www.internatsschule-am-seilersee.de

Schloss Varenholz Privatschulinternat
32689 Kalletal-Varenholz
Telefon 05755/9620
Internet: www.schlossinternat.de

St. George's School
Husarenstr. 20
50997 Köln
Telefon 02233/80887-0
Internet: www.stgeorgesschool.de

KRÜGER Internat und Schulen
Westerkappelner Straße 66
49504 Lotte
Telefon 05404/9627-0
Internet: www.internat-krueger.de

Internat Alzen
Stockshöher Weg 1
51597 Morsbach
Telefon 02294/7119
Internet: www.internat-alzen.de

Internat und private Wohngrundschule
Gut Böddeken
33142 Büren-Wewelsburg
Telefon 02955/6625
Internet: www.gut-boeddeken.de

Heinrich-Corsten-Schule und Internat
Engelbleckerstraße 55/59
41006 Mönchengladbach
Telefon 02161/6807-0
Internet: www.heinrich-corsten-schule.de

HEBO Privatschule Bonn & Internat
Am Büchel 100
53173 Bonn
Telefon 0228/748990
Internet: www.hebo-schule.de

WIHOGA – Wirtschaftsschulen und Berufsfachschule für Hotellerie und Gastronomie
Am Rombergpark 38–40
44225 Dortmund
Telefon 0231/7922070
Internet: www.wihoga.de

Internate in Sachsen-Anhalt:
Internatsschule Hadmersleben
Planstraße 36
39387 Hadmersleben
Telefon 039408/93100
Internet: www.privatgymnasium.de

Landschulheim Grovesmühle
Grovesmühle 1
38871 Veckenstedt/Nordharz
Telefon 039451/608-0
Internet: www.grovesmuehle.com

Internat in Schleswig-Holstein:
Internat Schloss Rohlstorf
Am Gut 3
23821 Rohlstorf
Telefon 04559/1056
Internet: www.schloss-rohlstorf.de

Internat in Thüringen:
Hermann-Lietz-Schule Haubinda
Stiftung 01
98663 Haubinda
Telefon 036875/671-0
Internet: www.lietz-schule.de

Stiftung Klosterschule Roßleben
Klosterschule 5
06571 Roßleben
Telefon 034672/98200
Internet: www.klosterschule.de

DIE INTERNATE VEREINIGUNG e.V.

Ein Beitrag von Eva-Maria Kemink

Die Internatsschulen der DIE INTERNATE VEREINIGUNG bieten internationale Bildungs- und Lebensräume, die Mädchen und Jungen wertvolle und vielfältige Erfahrungen ermöglichen, um sie stark für ihre Zukunft zu machen. Persönlichkeitsbildung wird verbunden mit einer sorgfältigen, an aktuellsten pädagogischen Standards orientierten Schulausbildung.

Unsere vierzehn Internate in Deutschland und der Schweiz eröffnen jeder Schülerin, jedem Schüler die Chance auf eine breit gefächerte Bildung und Erziehung in einer ganz besonderen geographischen Umgebung – von der Nordsee bis ins Gebirge. In einer Atmosphäre der Achtsamkeit werden individuelle Begabungen gefördert und soziale Kompetenzen gestärkt.

Die Internate Vereinigung

Die Internate der Vereinigung verbindet eine intensive Zusammenarbeit, in deren Zentrum eine kontinuierliche, progressive Qualitätsentwicklung und Qualitätssicherung steht.

Die konsequente Umsetzung und Weiterentwicklung des 2014 veröffentlichten Rahmenkonzepts für das Qualitätsmanagement in Internatsschulen ist für unsere Mitglieder wichtiger Bezugspunkt für eine kritisch reflektierte pädagogische Arbeit. Die Internate lassen sich regelmäßig in- und extern evaluieren, kooperieren mit Forschungseinrichtungen und Hochschulen und legen einen großen Wert auf die Qualifizierung ihrer Mitarbeiterinnen und Mitarbeiter.

DIE INTERNATE VEREINIGUNG unterstützt sie in ihrer pädagogischen Entwicklung, berät sie in allen Fragen der Qualitätsentwicklung und erarbeitet gemeinsam mit den Internatsschulen pädagogische Konzepte und Programme. Der Austausch in Tagungen, Arbeitskreisen, Fachgruppen, Projekten und im Bereich der Fortbildung trägt wesentlich zur Professionalisierung der Arbeit in den Mitgliedsinternaten bei. Die Vereinigung vertritt die Interessen ihrer Internatsschulen in Medien, Politik, Ämtern, Forschung und Fachorganisationen. Sie kommuniziert die Aktivitäten und Konzepte nach Außen und Innen und sorgt für eine Atmosphäre des kritischen Dialogs.

Jedes einzelne Internat hat sein ganz eigenes pädagogisches Profil, das sich in den jeweiligen Lebens-, Internats- und Schulräumen spiegelt. Unsere Internate sind konfessionell nicht gebunden, sie stehen für Weltoffenheit und Toleranz. Schulrechtlich sind die Internate anerkannte Ersatzschulen, das heißt unter anderem, dass die an ihnen erworbenen Zeugnisse unter den gleichen Bedingungen erteilt werden und die gleichen Berechtigungen verleihen wie die Zeugnisse staatlicher Schulen. Dies gilt für nationale und internationale Abschlüsse.

Pädagogisches Profil

Unsere Internatsschulen arbeiten eng mit den Familien zum Wohle ihrer Kinder zusammen. Gerade in der Kindheit mit der beginnenden Pubertät und in der Jugend stehen Mädchen und Jungen vor wichtigen Entwicklungsaufgaben. Insbesondere die Neugestaltung sozialer Beziehungen, der Aufbau eigener sozialer Netzwerke, die Übernahme sozialer Verantwortung, wie auch das Entwickeln neuer Lernmotivationen und -strategien bei der Bewältigung schulischer und außerschulischer Anforderungen sind zentrale Herausforderungen. Der sehr strukturierte Alltag in unseren Internatsschulen, die kontrollierten pädagogischen Settings, der intensive Kontakt mit den Peers und das Finden des eigenen Platzes in der Internatsgemeinschaft bieten dabei eine große Unterstützung. Die Schülerinnen und Schüler, wie auch alle Mitarbeiterinnen und Mitarbeiter, leben und arbeiten in einer Kultur der Achtsamkeit und Fürsorge.

Die gemeinsamen Bildungsziele unserer Internatsschulen spiegeln sich in gemeinsamen pädagogischen Prämissen:

- **Individuelles, soziales und emotionales Lernen**
  Lernen in den Internaten ist individuell und sozial. Jede Schülerin, jeder Schüler wird als einzigartige Persönlichkeit wahrgenommen, respektiert und gefördert. Im Vordergrund stehen die Stärken der Kinder und Jugendlichen. Die unterschiedlichen Lernweisen, Lernstände, Interessen und Begabungen werden (an)erkannt und in spezifischen Lehr-Lernarrangements weiter entwickelt.

- **Kulturen des Sprechens und Zuhörens**
Kinder und Jugendliche haben das Recht auf die freie Entfaltung ihrer Persönlichkeiten, Ermutigung und fördernde Unterstützung. Sie haben das Recht auf Achtung ihrer persönlichen Grenzen und Anspruch auf Hilfe und Schutz.

- **Kooperation und Selbstverantwortung**
Verantwortung innerhalb und außerhalb der Internatsgemeinschaft zu übernehmen, Werte nicht nur zu diskutieren, sondern so zu leben, dass sie im täglichen Umgang miteinander, in gegenseitigem Respekt wirksam werden, ist unser Anspruch an alle Internatsbeteiligte.

- **Partizipation und Selbstwirksamkeit**
Die Schülerinnen und Schüler nehmen aktiv an den Gestaltungs- und Entscheidungsprozessen ihrer Internatsschule teil. Sie erleben ein Gefühl von Selbstwirksamkeit, erfahren, dass sie wichtig sind, dass sie gebraucht werden. Dabei werden individuelle, kognitive und soziale Kompetenzen gleichermaßen gefördert.

- **Interkulturelle Kommunikation**
Unsere Internatsschulen sind konzipiert als internationale Bildungsräume. Sie fördern und fordern interkulturelle Kompetenzen, die heute wesentlich für die gesamte Bildungs- und Berufsbiographie sind.

Die Internate der Vereinigung haben zum Ziel, ihre Schülerinnen und Schüler auf ein Leben über Grenzen hinaus vorzubereiten. Es gilt, nicht nur Wissen zu vermitteln, sondern Verstehen möglich zu machen.

Orientierung bei der Suche nach dem passenden Internat

Um Familien bei der Suche nach dem passenden Internat zu unterstützen, bietet DIE INTERNATE VEREINIGUNG auf www.die-internate.de eine erste Orientierung: In einem Vergleichsportal können sich Interessierte einen schnellen, aber doch detaillierten Überblick über die verschiedenen pädagogischen Profile, schulischen und außerschulischen Schwerpunkte unserer Mitgliedsinternate verschaffen. Sie können eigene Wünsche und Kriterien angeben und bekommen eine Auswahl der für ihre Kinder in Frage kommenden Internate.

Um den Bildungsweg ihres Kindes dann sorgfältig und individuell zu planen, stehen den Familien direkt die Ansprechpersonen in den Internatsschulen zur Verfügung. Dort werden

Fortsetzung auf folgenden Seiten

sie kompetent beraten und können Besichtigungstermine vereinbaren, um die so wichtigen eigenen Eindrücke zu sammeln.

Eva-Maria Kemink

Eva-Maria Kemink	Geschäftsstelle:
Pädagogische Referentin	Postfach 15 41
DIE INTERNATE VEREINIGUNG e.V.	61405 Oberursel (Taunus)
	Telefon 0 61 72/9 08 11 41
Vereinssitz:	Mobil 01 76/20 20 05 89
c/o Internat Solling	sekretariat@die-internate.de
Einbecker Straße 1	www.die-internate-vereinigung.de
37603 Holzminden	www.die-internate.de

Die Mitgliedsinternate:

- **Ecole d'Humanité** (siehe Seite 260)
- **Hermann-Lietz-Schule Spiekeroog** (siehe Seite 14–15 und Seite 190–191)
- **Internat Solling** (siehe Seite 189)
- **Internatsdorf Haubinda** (siehe Seite 27 und Seite 247)
- **Lietz-Internat Hohenwehrda** (siehe Seite 26 und Seite 172)
- **Lietz-Internat Schloss Bieberstein** (siehe Seite 11 und Seite 173)
- **Landschulheim Grovesmühle** (siehe Seite 32 und 236–237)
- **Landschulheim Steinmühle** (siehe Seite 174–175)
- **Schloss-Schule Kirchberg** (siehe Seite 102)
- **Schule Birklehof** (siehe Seite 29 und Seite 98–99)
- **Schule Marienau** (siehe Seite 18–19 und 187)
- **Landheim Schondorf am Ammersee** (siehe Seite 31 und 148–149)
- **Urspringschule Schelklingen** (siehe Seite 115)
- **Zinzendorfschulen** (siehe Seite 103)

Christophorusinternate im Christlichen Jugenddorfwerk Deutschlands e.V. (CJD – Die Chancengeber)
Lebensorte für ganzheitliche Bildung und Erziehung

Ein Beitrag von Urs Kaiser (Abteilung Kinder-, Jugend-, und Familienhilfe) und Andreas Schreib (Abteilung schulische Bildung)

Urs Kaiser   *Andreas Schreib*

Die CJD Christophorusinternate verstehen sich als Chancengeber für alle Kinder und Jugendliche. Wir gestalten **Leben** und **Lernen** unter einem Dach, fördern individuelle Begabung und unterstützen eine erfolgreiche Schullaufbahn.

Wir bieten am christlichen Menschenbild orientierte Beziehungen und Begleitung. Neue Wege erschließen sich immer in Begegnung mit anderen Menschen, den gleichaltrigen Mitschülern und unseren pädagogischen Mitarbeitenden. Sie schätzen jeden einzelnen Schüler in seiner Besonderheit und als Mitgestalter der Gemeinschaft wert. Gemeinsam machen Leben und Lernen erst richtig Freude und Sinn!

Das Christliche Jugenddorfwerk Deutschlands e.V. bietet jährlich 155.000 jungen und erwachsenen Menschen Orientierung und Zukunftschancen und betreibt über 50 Schulen in freier Trägerschaft. Mit bundesweit acht inklusiv ausgerichteten CJD Christophorusinternaten sind wir einer der größten Anbieter von Internatserziehung in Deutschland. Wir betreuen über 1.000 Internatsschülerinnen und Schüler in enger Kooperation mit verschiedenen Schulformen vor Ort: den CJD Christophorusschulen. Wir erschließen in der Erziehungspartnerschaft mit den Eltern wie auch in der Bildungspartnerschaft mit den Schulen passgenaue Entwicklungs- und Bildungschancen: Das ist unser Anspruch. Wir halten alle Schulformen bereit, von der Grundschule bis hin zur International School, die zum International Baccalaureate (IB) führt. „Living diversity – in Vielfalt leben" ist unsere Antwort auf die Bildungsanforderungen dieser Zeit.

Unterricht und Betreuung folgen einem ganzheitlichen Erziehungs- und Bildungsanspruch, der unserem

Gründer, Prof. Arnold Dannenmann, schon 1951 zu Beginn unserer Internatsarbeit ein Anliegen war. Körper, Geist und Seele werden insbesondere gefördert durch die Lernfelder: Sport- und Gesundheitspädagogik, Musische Bildung, Politische Bildung mit dem Ziel, zu demokratischem und verantwortungsbewusstem Handeln zu erziehen, sowie Religionspädagogik. Neben den Freizeitangeboten vor Ort tragen wir bundesweite Veranstaltungen aus, die Kinder und Jugendliche aus ganz Deutschland zusammenführen: Ob im Kanu bei den bundesweit organisierten Erlebnissporttagen, in einer Band auf den musischen Festtagen, bei unseren politischen Projekttagen oder Workshops zu Sinn- und Glaubensfragen – mit Freude wollen Erwachsene und Jugendliche gemeinsam das Geschenk des Lebens erkunden.

Ausgehend von unserem Bildungsverständnis bedeutet dies für unsere Internatsarbeit ganz konkret:

Wir fördern Neugierde.
Die CJD Christophorusinternate nehmen junge Menschen in ihrer Einzigartigkeit wahr und wecken die Begeisterung für die Erforschung der Welt und der eigenen Identität.

Wir öffnen Wege.
Jeder junge Mensch ist unterwegs und bringt eigene Fähigkeiten und Herausforderungen in unsere Gemeinschaft ein. Gemeinsam bauen wir Lebens- und Lernorte, die den uns anvertrauten Menschen entsprechen. Lernen und Leben in der Schule und im Internat ergänzen sich dabei immer neu.

Wir achten Freiheit.
Unsere Internate sind Orte des Respekts und der Wertschätzung. Sie gebührt jedem jungen Menschen, unseren Mitarbeitenden und unserem Haus und ist eine Zusage an jeden Gast. Wir schützen und genießen unseren gemeinsamen Ort, an dem jeder seinen Platz haben darf.

Wir gestalten Gemeinschaft.
CJD Christophorusinternate sind Orte der Vielfalt und der Individualität. Wir lernen jeden Tag eine Kultur zu bauen, die uns alle trägt und in der unsere Buntheit zum Reichtum aller werden kann; das ist anstrengend und das ist es wert!
Unsere Mitarbeitenden sind dem christlichen Menschenbild verpflichtet. Es ist Anker unser Arbeit und Bildungsinhalt in der Gestaltung unseres Alltags.

Jedes unserer Internate hat zudem eigene Schwerpunkte und bietet beispielsweise Lern- und Lebensorte für

- **hochbegabte junge Menschen**, die eine spezielle kognitive und sozial-

emotionale Förderung erhalten;
- **junge Leistungssportler**, die eine besondere schulische Förderung und als Elitesportler einen auf Trainingspläne und Wettkämpfe abgestimmten Schulablauf benötigen;
- **Kinder- und Jugendliche mit sogenannten Teilleistungsschwächen** wie Legasthenie, Dyskalkulie oder ADHS, die besonderer Ansprache, Ermutigung und Förderung bedürfen;
- **asthmakranke Kinder und Jugendliche**, die nur in bestimmten klimatischen Bedingungen Linderung erfahren und therapeutische Hilfe im Alltag brauchen;
- **musikalisch und künstlerisch Hochbegabte**, die eine entsprechende Förderung erfahren;
- **schulmüde Kinder und Jugendliche und Underachiever**, die neue ermutigende Lernorte benötigen;
- **Schülerinnen und Schüler mit sozialen Anpassungsschwierigkeiten**, für die ein Milieuwechsel zur Entwicklung ihrer Begabungen hilfreich ist.

„Chancengeber" zu sein bedeutet für uns, dass wir darüber hinaus nach individuell geeigneten Lebens- und Lernorten suchen.

Als Qualitätsanbieter sind wir fachlich gut vernetzt und entwickeln mit Beteiligung unserer jungen Menschen unsere Internate weiter. Als Anbieter vielfältigster Maßnahmen halten wir bei Bedarf eine breite Expertise und spezialisierte Hilfen in unserem bundesweiten Netzwerk bereit.

CJD Christophorusinternate gestalten gute Orte, an denen junge Menschen positive Lern- und Entwicklungserfahrungen in einer tragenden Gemeinschaft machen und prägende Impulse für ihr weiteres Leben erhalten.

Die Internatszeit wird so zu einzigartiger und wertvoller Lebens- und Erlebenszeit in der Biographie unserer jungen Menschen.

Weitere Auskünfte:
CJD Zentrale
Teckstr. 23, 73061 Ebersbach
Telefon 0 71 63/93 01 74
Fax 0 71 63/93 01 74
www.cjd.de

Fortsetzung CJD-Verband auf folgenden Seiten

Internate im CJD

Weitere Informationen zu den Internaten finden Sie unter den jeweiligen Bundesländern.
An folgenden Standorten unterhält das CJD Internate und CJD Christophorusschulen:

Bayern
CJD Asthmazentrum Berchtesgaden
Buchenhöhe 46
83471 Berchtesgaden
Tel. 0 86 52/60 00-0
Internet: www.cjd-asthmazentrum.de

CJD Christophorusschulen
Berchtesgaden
mit Leistungssportförderung
Am Dürreck 4
83471 Schönau am Königssee
Tel. 0 86 52/6 04-0
Internet: www.cjd-christophorusschulen-berchtesgaden.de

Hessen
CJD Jugenddorf-Christophorusschule
Oberurff
mit Legastheniezentrum
Bergfreiheiter Str. 19
34596 Bad Zwesten
Tel. 0 56 26/99 84-0
Internet: www.cjd-oberurff.de

Mecklenburg-Vorpommern
CJD Christophorusschule Rostock
mit Leistungssportförderung und
Hochbegabtenförderung
Groß Schwaßer Weg 11
18057 Rostock
Tel. 03 81/80 71-0
Internet: www.cjd-rostock.de

Niedersachsen
CJD Jugenddorf-Christophorusschule
Braunschweig
– Individuelle Begabungsförderung und
Hochbegabtenförderung –
Georg-Westermann-Allee 76
38104 Braunschweig
Tel. 05 31/70 78-0
Internet: www.cjd-braunschweig.de

CJD International School
Braunschweig-Wolfsburg
– All-English International School with
internationally accepted Cambridge
certified education diplomas: IGCSE
(International General Certificate
of Secondary Education) and Ib
(International Baccalaureate Diploma) –
Helmstedter Str. 27
38126 Braunschweig
Tel. 05 31/70 78-0
Internet: www.is.cjd-braunschweig.de

CJD Jugenddorf-Christophorusschule
Elze
Dr.-Martin-Freytag-Str. 1
31008 Elze
Tel. 0 50 68/4 66-0
Internet: www.cjd-elze.de

Nordrhein-Westfalen
CJD Jugenddorf-Christophorusschule
Königswinter
mit Hochbegabtenförderung
Cleethorpeser Platz 12
53639 Königswinter
Tel. 0 22 23/92 22-0
Internet: www.cjd-koenigswinter.de

CJD Jugenddorf-Christophorusschule
Versmold
Sekundarschule, Grundschule,
Realschule mit Musischem Schwerpunkt
Ravensberger Str. 33
33775 Versmold
Tel. 0 54 23/2 09-0
Internet: www.cjd-versmold.de

Sachsen-Anhalt
CJD Christophorusschule Droyßig
mit Hochbegabtenförderung
Zeitzer Str. 3
06722 Droyßig
Tel. 03 44 25/2 14 86
Internet: www.cjd-droyssig.de

Weitere Informationen unter
www.cjd.de/internate

Das CJD bietet jährlich 155.000 jungen und erwachsenen Menschen Orientierung und Zukunftschancen. Sie werden von 9.500 Mitarbeitenden an über 150 Standorten gefördert, begleitet und ausgebildet. Grundlage ist das christliche Menschenbild mit der Vision „Keiner darf verloren gehen!"

Weitere Informationen unter
www.die-chancengeber.de

Evangelische Internate
Ein Beitrag von Heidi Kong

Internatsleben ist eine Lebensform, die vergleichbar heutiger Lebensformen ungewohnt ist. Leben in der Gemeinschaft ist eine Herausforderung und Leistung zugleich. Das Zusammenwohnen mit anderen Menschen, mit der ständigen Möglichkeit von Begegnungen, der Notwendigkeit zu reagieren und das Aushalten Anderer erfordert und lehrt zugleich sich selbst kennen zu lernen, durchzusetzen und auszuhalten.

Die **Gemeinschaftsfähigkeit** ist für das spätere Leben der Kinder/ Jugendlichen in unserer Gesellschaft von großer Bedeutung, wenn sie erfolgreich im Beruf sein wollen, gelingende Partnerschaften und Freundschaften pflegen wollen und um sich im Alltag möglichst angst- konfliktfrei bewegen können.

Erziehenden (Familien) fehlt heute nicht selten Unterstützung durch Angehörige oder Nachbarn, die unterstützen und möglicherweise auch helfen können. Das Zusammensein von Großeltern, Tanten, Onkel, Cousinen/Cousins findet meist nur in geringerem Maß statt; Nachbarn „mischen sich nicht ein".

Die Schule ist der erste soziale Ort, den alle Kinder außerhalb der Familie kennen lernen. Auch wenn sie in der Kita waren, ist die Schule der Ort, der mit hohen Erwartungen besucht wird: Jedes Kind will in Schule erfolgreich sein!

Hier ist die Verknüpfung, die Internate in unserer Zeit bedeutsam macht:
Mit Blick auf eine erfolgreiche Schulausbildung die Persönlichkeitsentwicklung der Kinder und Jugendlichen nachhaltig zu unterstützen und zu fördern.

Die Erziehung in den Evangelischen Internaten basiert auf den **christlichen Werten** unserer Kirche. Auch Kinder/Jugendliche anderer Glaubensrichtungen finden Aufnahme in unseren Internaten. Dies führt zu sehr anregenden Gesprächen über die Religionen, so dass Wissen, Verständnis und Toleranz geschult und erlebt werden. Eine Erfahrung, die in unserer globalisierten Lebenswelt, zunehmend hilfreich ist. Ein klares **Wertebewusstsein** ist aus unserer Sicht eine notwendige Grundlage für eine selbstbewusste und in sich ruhende Persönlichkeit.

Der Blick auf eine **erfolgreiche Schulausbildung** ist ein wesentlicher Bestandteil der Internatsbetreuung und unterscheidet sie wesentlich von den anderen außerfamiliären Betreuungsformen. Internaten sind meistens trägereigene Schulen angeschlossen, manchmal arbeiten sie auch mit örtlichen öffentlichen Schulen eng zusammen. In den Evangelischen Internaten erfolgt ein reger Austausch über die Entwicklung der Kinder und Jugendlichen. Die Qualität der Zusammenarbeit wird immer wieder hinterfragt und in gemeinsamen Gremien/Sitzungen optimiert. Einerseits kann das Kind/der Jugendliche im Internat zielgerichtet unterstützt werden, sowohl durch fachliche Förderung im Lernbereich als auch durch zugewandte Auseinandersetzung mit seinem Sozialverhalten.

Um in einer Gemeinschaft gut zu leben, ist die Fähigkeit grundlegend, sich seiner **Selbstwirksamkeit** bewusst zu sein und diese steuern zu können. Betreuende in Evangelischen Internaten werden daher immer Zeit haben, sich mit Kindern/Jugendlichen in Gesprächen zusammenzusetzen, um mit ihnen über die Wirkung ihres Auftretens und ihren Wünschen nach Wahrnehmung ihrer Person. Sie beraten sie und bieten ihnen „Trainingsmöglichkeiten" an, ihr Verhalten mit ihren Wünschen in Einklang zu bringen. Gespräche finden sowohl mit dem Kind/Jugendlichen allein als auch in kleinen (vertrauten) Gruppen statt.

Annahme und Wertschätzung als Grundlage der Erziehung in Evangelischen Internaten heißt auch die Individualität des einzelnen Kindes/Jugendlichen zu fördern. Das Leben in der Gemeinschaft bietet jungen Menschen gute Möglichkeiten Stärken einzubringen, Verantwortung zu übernehmen und soziale Kompetenzen auszubilden. Sie bereichern das Zusammenleben mit außerordentlichen musischen, künstlerischen, sportlichen, handwerklichen oder sozialen Fähigkeiten. Viele entdecken Talente, die ihnen auch später berufliche Perspektiven eröffnen.

Zuverlässigkeit und Pflichtbewusstsein ist für ein gelingendes Gemeinschaftsleben unerlässlich. Den Kindern/Jugendlichen werden entsprechend ihren Fähigkeiten Aufgaben übertragen, die sie für die Internatsgemeinschaft übernehmen.

Für das Leben in der Gemeinschaft ist eine **Strukturierung des Tages** eine Notwendigkeit. Essenzeiten, Aufstehen, Nachtruhe, Arbeitsstunden, Kurs/Projektteilnahme und Freizeit sind festgelegt und einzuhalten. Kinder/Jugendliche fällt es in der großen Gruppe leichter, sich daran zu halten – die Notwendigkeit ist offensichtlich. Das Jahr ist ritualisiert durch schulische Termine wie Zeugnistagen und Ferien und durch das Internat durch interne Feste, in Evangelischen Internaten die Feste unserer Kirche. Immer wieder hören wir von Ehemaligen, dass diese Strukturierung ihnen auch im späteren Leben hilfreich war.

Um den Anforderungen der Internatserziehung gerecht zu werden, führen die Evangelischen Internate jährlich Fortbildungen durch für die Betreuenden. Außerdem nehmen sie in der Regel an weiteren Fort- und Weiterbildungen anderer Anbieter teil. In den meisten Internaten gibt es interne Fortbildungen zu aktuellen Themen. Die InternatsleiterInnen der Evangelischen Internate treffen sich jährlich. Sie gestalten tauschen Erfahrungen aus und informieren sich mit namhaften Referenten über aktuelle Themen.

Alle Evangelischen Internate haben **Beteiligungsgremien** für Kinder/Jugendliche, in denen diese ihre Wünsche, Vorstellungen und Klagen zum Internatsleben einbringen können. Es gibt **Schutzkonzepte** (oder sind in der Erarbeitung), die das Wohlergehen der Kinder/Jugendlichen möglichst umfassend gewährleisten sollen.

Die Angebote der Evangelischen Internate sind vielfältig, teilweise mit besonderen Schwerpunkten: Internate, die besondere Begabungen fördern, Internate die Kinder und Jugendliche mit besonderen Krankheiten/Behinderungen fördern, Internate, die Kinder/Jugendliche mit Schulschwierigkeiten fördern. Alle Internate nehmen alle Kinder/Jugendlichen auf, auch wenn diese an dem Schwerpunkt nicht interessiert sind, der Bedarf nicht erforderlich ist.

Evangelischen Internaten ist es wichtig **Gemeinschaft in Vielfalt zu erleben und zu leben** – dies ermöglicht, dass unsere Kinder und Jugendlichen ihr Leben in unserer Gesellschaft mit Selbstbewusstsein und Selbstvertrauen und in sich ruhend gestalten können.

Heidi Kong

**Info und Beratung
Evangelische Internate:**
Tel. 01 52/05 24 25 79
www.evangelische-internate.info
info@evangelische-internate.com

Evangelische Internate in Baden-Württemberg:
- Evangelisches Schulzentrum Michelbach
- Evangelisches Seminar Kloster Blaubeuren
- Evangelisches Seminar Maulbronn
- Firstwald Internat Mössingen
- Martinshaus Kleintobel
- Urspringschule Schelklingen
- Zinzendorfschulen Königsfeld

Evangelische Internate in Bayern:
- Annakolleg Augsburg
- Christian-von-Bomhard-Schule Uffenheim
- Christliches Jugenddorf Berchtesgaden
- Evangelische Realschule Ortenburg
- Internat Schloss Schwarzenberg
- Landschulheim Elkhofen
- Windsbacher Knabenchor

Evangelische Internate in Berlin-Brandenburg:
- Internat des Ev. Gymnasiums Hermannswerder
- Königin-Luise-Stiftung Berlin

Evangelische Internate in Hessen:
- Christliches Jugenddorf Christophorusschule Oberurff
- Laubach-Kolleg der Ev. Kirche von Hessen-Nassau

Evangelisches Internat in Mecklenburg-Vorpommern:
- Jugenddorf Christophorusschule Rostock

Evangelische Internate in Niedersachsen:
- Christliches Jugenddorf Braunschweig
- Christliches Jugenddorf Elze
- Evangelisches Internat Dassel

Evangelische Internate in Nordrhein-Westfalen:
- Bischof-Hermann-Kunst-Schulen Espelkamp
- Christliches Jugenddorf Christophorusschule Königswinter
- Christliches Jugenddorf Versmold
- Theodor-Fliedner-Internat Düsseldorf

Evangelische Internate in Rheinland-Pfalz:
- Internat Weierhof Bolanden

Evangelisches Internat in Sachsen:
- Internat des Dresdner Kreuzchores

Evangelisches Internat in Sachsen-Anhalt:
- Christliches Jugenddorf Christophorusschule Droyßig

Verband EID

Zweckverband Bayerische Landschulheime

Die öffentlichen Internatsschulen des Zweckverbandes Bayerische Landschulheime

zeichnen sich insbesondere durch folgende gemeinsame Charakteristika aus:

- Schule und Internat bilden eine pädagogische Einheit. Ständiger Informationsaustausch zwischen Schule und Internat.
- Sie sind koedukativ geführt, d.h. Jungen und Mädchen werden gemeinsam erzogen.
- Sie sind öffentliche Schulen, d.h. die Lehrkräfte haben die uneingeschränkte Qualifikation für ihr Lehramt.
- Es wird nach den an allen öffentlichen Schulen gleichen Lehrplänen unterrichtet. Schulwechsel können somit problemlos erfolgen.
- Die Zeugnisse und Abschlussprüfungen (Abitur und Realschulabschluss) verleihen die gleichen Rechte wie die der anderen öffentlichen Schulen.
- Als öffentlicher Schulträger erhebt der Zweckverband Bayerische Landschulheime kein Schulgeld. Die Internatskosten des Zweckverbandes sind daher vergleichsweise niedrig.

Jederzeit besteht die Möglichkeit einer eingehenden unverbindlichen Beratung bei einem persönlichen Gespräch, wozu wir Sie herzlich einladen (bitte vorherige Terminabsprache an der Internatsschule).

Probewohnen zum Kennenlernen ist immer möglich, sofern im Internat Plätze frei sind.

Jede Schule pflegt Partnerschaften mit Schulen im Ausland, z.B. in Südafrika, Frankreich, Taiwan, Ungarn, Russland und Tschechien.

Leitbild und Ziele der Internatserziehung

Erwerben von Sachkompetenz

Hochschulen und Arbeitgeber erwarten überzeugende Sachkompetenz, die sich nicht in kurzfristiger Reproduktionsfähigkeit erschöpft, sondern eine konstruktive Wissensbasis und geschickte Arbeitstechniken sowie eine positive Grundeinstellung erfordert:

- Hausaufgabenbetreuung, Förderunterricht, spezielle Kurse zu Lern- und Arbeitstechniken und die Arbeit in Lerngruppen unterstützen im

Internat den Aufbau von Sachkompetenz.
- Die Betreuung durch Lehrkräfte orientiert sich am Grundsatz der Hilfe zur Selbsthilfe, macht Lernprozesse transparenter und ermuntert zu eigener Aktivität.
- Die Internatsschüler werden dazu angeregt, ihre Mitverantwortung im Lernprozess zu erkennen, aktiv zu bejahen und auszubauen.

Erwerben von Sozialkompetenz
Die moderne Welt ist mehr denn je auf intensive Kommunikation angewiesen und fordert mit Nachdruck eine umfangreiche Sozialkompetenz, die vor allem Teamfähigkeit, Leistungsbereitschaft, Respekt vor anderen und Verantwortungsfreude umfasst.

Erwerben sportlicher, handwerklicher und musischer Qualitäten
- Den Schülern werden ausreichend Freiraum und vielfältige Freizeitmöglichkeiten im sportlichen, spielerischen und gestaltenden Bereich geboten.
- Durch Begegnung mit Musik, Theater, Kunst und Literatur werden Anreize geschaffen, auch auf kulturellem Gebiet Interessen zu entwickeln.

Erwerben von Kern-Kompetenzen
Die Internatsschulen des Zweckverbandes Bayerische Landschulheime fördern und festigen:

- **soziale Veranlagungen**
wie Sensibilität, Kooperationsbereitschaft, Integrationsfähigkeit und Selbstkontrolle;

- **individuelle Verhaltensweisen**
wie Initiative, Ausdauer, Flexibilität, Durchsetzungsvermögen, Selbstbewusstsein;

- **soziale Verhaltensweisen**
wie Kooperationsfähigkeit, Kontaktfähigkeit, Kommunikationsfähigkeit, Teamgeist, Bereitschaft zum sozialen Konsens;

- **Arbeitsverhalten**
wie Exaktheit, Selbstständigkeit, Qualitätsbewusstsein, Zuverlässigkeit, Motivation, Terminbewusstsein;

- **sittliche Verhaltensweisen**
wie die Fähigkeit und Bereitschaft zur humanen Mitgestaltung des eigenen Lebens- und Arbeitsbereiches;

- **Denken und Handeln**
wie abstraktes und analytisches Denken, Konzentrationsvermögen, Denken in Zusammenhängen, Entscheidungsfreude, Planung und Kontrolle;

- **Ausdrucksvermögen**
in mündlicher und schriftlicher Formulierung und Überzeugungskraft.

Es ist eine Besonderheit in der „pädagogischen Landschaft", dass es im Freistaat Bayern öffentliche Internatsschulen gibt. Sie werden getragen vom Zweckverband Bayerische Landschulheime, einer Körperschaft des öffentlichen Rechts mit Sitz in München, oder vom Staat.

Zweckverband Bayerische Landschulheime
Körperschaft des öffentlichen Rechts
Elisabethstraße 25/II
80796 München
Postfach 402080
80720 München
Telefon 0 89/27 81 40-0
Fax 0 89/27 81 40-23
Internet: www.bayern-internate.com
E-Mail: info@zvbl.de

Die öffentlichen Internatsschulen des Zweckverbandes Bayerische Landschulheime:

- Landschulheim Kempfenhausen am Starnberger See (siehe Seite 128)
- Landschulheim Schloss Ising am Chiemsee (siehe Seite 129)
- Franken-Landschulheim Schloss Gaibach/Unterfranken (siehe Seite 130)
- Steigerwald-Landschulheim Wiesentheid/Unterfranken (siehe Seite 131)

Der Verband Schweizerischer Privatschulen (VSP)

Privatschulen in der Schweiz

Für die Schweiz mit ihren vier Landessprachen (Deutsch, Französisch, Italienisch und Rätoromanisch) war es schon immer ein Gebot, multikulturelle Bildung zu fördern. In den letzten Jahren wurde diese Entwicklung durch die Zunahme der internationalen Beziehungen, der weltweiten Mobilität und die wachsende Zahl der in der Schweiz niedergelassenen Ausländer bzw. internationalen Unternehmen begünstigt. Ihrer pädagogischen Tradition verpflichtet, leisten die Privatschulen einen wichtigen Beitrag für die multikulturelle Erziehung. Heute besuchen ungefähr 100.000 Studierende aus den verschiedenen Regionen unseres Landes und aus über 100 verschiedenen Nationen eine Privatschule des Verbandes Schweizerischer Privatschulen (VSP). Dieser wurde 1990 gegründet und zählt gegenwärtig 231 Mitgliedschulen, worunter sich die wichtigsten und ältesten (privaten) Bildungsinstitutionen des Landes befinden.

Heute erfüllen die privaten Aus- und Weiterbildungseinrichtungen eine wichtige Ergänzungsfunktion zum staatlichen Erziehungs- und Bildungswesen, welches nie einer Zentralgewalt anvertraut wurde. Dank den Privatschulen besteht in der Schweiz ein differenziertes und innovatives Bildungsangebot, welches u.a. auch der Mehrsprachigkeit und der damit verknüpften kulturellen Vielfalt dieses Landes gerecht wird.

Multikulturelles Zusammenleben in Privatschulen

Sowohl Internate als auch Externate bieten anspruchsvolle Ausbildungsprogramme zur Vorbereitung auf national und international anerkannte Diplome an. Diese sind Voraussetzung für ein Studium im In- und Ausland. Unter anderem werden die offiziellen schweizerischen, deutschen, amerikanischen, englischen, französischen und italienischen Mittelschulabschlüsse angeboten. Auch das international anerkannte Diplom „International Baccalaureat" kann auf Englisch, z.T. mit Option Französisch (bilingue), erlangt werden. Zudem haben sich in den letzten zehn Jahren zahlreiche Mitgliedschulen unseres Verbandes als eigentliche Bilingue-Schulen profiliert. In diesen Schulen wird ein Teil der Unterrichtsfächer in der Landessprache der Region erteilt, der andere Teil in einer Zweitsprache, z.B. Deutsch, Französisch, Englisch oder Italienisch. Dieser Immersionsunterricht hat sich sehr gut bewährt und ist geeignet, das Verständnis für andere Sprachen und Kulturen zu fördern.

Die Privatschulen sind bestrebt, auf die Schülerpersönlichkeit bezogene Ausbildungsprogramme und individuelle Betreuung anzubieten. Sie sind der Weltgemeinschaft gegenüber offen und fördern bei ihren Studierenden Toleranz für andere Kulturen. Die Internate des VSP haben sich in einer gemeinsamen Erklärung verpflichtet, hohen Ansprüchen sowohl in der Ausbildung als auch in der Betreuung der Studierenden zu genügen. Das multikulturelle Zusammenleben im Internat eröffnet die Möglichkeit, weltumspannende Freundschaften zu schließen sowie die Traditionen anderer Kulturen kennenzulernen und zu respektieren. Viele während der Ausbildung in der Schweiz geknüpften Kontakte entwickeln sich zu persönlichen Beziehungen, die sich ein Leben lang und über die nationalen Grenzen hinweg erhalten. Außerdem kann der Schulbesuch weitgehend losgelöst von internationalen Spannungen oder Unruhen in einem sicheren Umfeld erfolgen.

Schweizer Privatschulen: ein Qualitätsprodukt!

Der ausgezeichnete Ruf des schweizerischen Bildungswesens ist international bekannt. Qualität ist im Schweizer Privatschulwesen ein Schlüsselwort. Privatschulen stehen unter der Aufsicht der kantonalen Behörden. Maßgebend ist die jeweilige kantonale Schulgesetzgebung. Zudem hat der VSP auf seiner Mitgliederversammlung vom 08. Mai 2004 den für die Zukunft des im VSP organisierten Privatschulwesens richtungsweisenden und historischen Beschluss gefasst, dass sämtliche Verbandsschulen mit einem markterprobten und national bzw. international anerkannten Qualitätssystem zu zertifizieren sind. Mit diesem Schritt wurde die Vertrauenswürdigkeit unserer Mitgliedsschulen sowohl gegenüber Eltern und Schüler(inne)n als auch gegenüber den staatlichen Behörden massiv gesteigert. Im Weiteren hat der VSP eine Qualitätskommission geschaffen, die seine Schulen bzw. Eltern und Studierende bei Schwierigkeiten unterstützt.

So finden Sie die „richtige" Schule:

Wenn Sie eine bestimmte soziale Umgebung für Ihre Kinder suchen, eine hohe Ausbildungsqualität wünschen und Wert auf eine Förderung legen, die behutsam zu Eigenverantwortung und Unabhängigkeit führt, dann kann ein Schweizer Internat für Sie die richtige Wahl sein. Für mehr Informationen und eine erste Beratung über die zahlreichen Aus- und Weiterbildungsmöglichkeiten der Verbandsschulen können sich interessierte Personen an die VSP Informations- und Beratungsstelle wenden. Diese vom VSP geschaffene Beratungsstelle, der Service Scolaire, hat sich zum Ziel gesetzt, Personen mit einem Bildungsproblem kompetent und objektiv zu beraten. Trotz dieser Dienstleistung sollte sich der/die Interessent(in) auch ein eigenes Bild machen können. Der VSP und die verbandseigene Beratungsstelle empfehlen deshalb, vor der Wahl einer Schule die nachstehenden Punkte zu beachten:

• Prüfen Sie die Schulunterlagen genau. Die Vertragsbestimmungen sollten klar sein und Angaben über Aufnahmebedingungen, Fächer und Lehrstoffprogramm, Unterrichtsform und -zeiten, Beginn und Dauer der Ausbildung, Art des Abschlusses sowie Kosten enthalten.

• Suchen Sie das Gespräch mit der Schulleitung. So können Sie gegenseitige Vorstellungen abgleichen und Unklarheiten beseitigen. Die Schulleitung sollte auch bereit sein, auf die Anliegen der Eltern und Schüler(innen) einzugehen.

• Besuchen Sie – falls möglich – eine Schnupperlektion. Damit lernen Sie den Unterrichtsstil und das Lehrpersonal einer Schule besser kennen. Ehemalige Schüler(innen) oder andere Referenzpersonen können weitere Auskünfte geben.

Sollten Sie Interesse am Angebot unserer Verbandsschulen haben oder Unterlagen wünschen, können Sie sich unter folgender Adresse schriftlich oder telefonisch an uns wenden:

Informations- und Beratungsstelle des Verbandes Schweizerischer Privatschulen (VSP)
Hotelgasse 1 – Postfach
CH-3001 Bern

Telefon 0041/31/328 40 50
Fax 0041/31/328 40 55
E-Mail: info@swiss-schools.ch
Internet: http://www.swiss-schools.ch

Schweizer Internate finden Sie in diesem Buch ab Seite 249.

Adressen:

Internats- und Schulverbände in Deutschland

Verband Katholischer Internate und Tagesinternate (V.K.I.T.) e.V.
Kaiserstraße 161, 53113 Bonn
Tel. 02 28/62 09 29 36, Fax 02 28/62 09 29 37
- Ausführliche Angaben siehe Seite 46 und Seite 81

Verband Deutscher Privatschulverbände e.V.
Reinhardtstraße 18, 10117 Berlin
Tel. 0 30/28 44 50 88-0, Fax 0 30/28 44 50 88-9
- Ausführliche Angaben siehe Seite 52

Die Internate Vereinigung e.V.
Postfach 15 41, 61405 Oberursel (Taunus)
Tel. 0 61 72/9 08 11 41, Mobil: 01 76/20 20 05 89
- Ausführliche Angaben siehe Seite 57

CJD Zentrale
Teckstr. 23, 73061 Ebersbach (Fils)
Tel. 0 71 63/93 01 74, Fax 0 71 63/93 01 74
- Ausführliche Angaben siehe Seite 61

Evangelische Internate Deutschland EID
Tel. 01 52/05 24 25 79, Internet: www.evangelische-internate.info
- Ausführliche Angaben siehe Seite 66

Zweckverband Bayerische Landschulheime
Elisabethstr. 25/II, 80796 München
Tel. 0 89/27 81 40-0, Fax 0 89/27 81 40-23
- Ausführliche Angaben siehe Seite 70

Adressen:

Fortsetzung Internats- und Schulverbände in Deutschland

**Deutscher Olympischer Sportbund/
Geschäftsbereich Leistungssport**
Otto-Fleck-Schneise 12, 60528 Frankfurt am Main
Tel. 0 69/6 70 02 42, Fax 0 69/67 00 12 42

Bund der Freien Waldorfschulen
Wagenburgstr. 6, 70184 Stuttgart
Tel. 07 11/2 10 42-0

Internatsverband in der Schweiz

**Informations- und Beratungsstelle des Verbandes
Schweizerischer Privatschulen (VSP)**
Hotelgasse 1, Postfach, CH-3001 Bern
Tel. 00 41/31/328 40 50, Fax 00 41/31/328 40 55
■ Ausführliche Angaben siehe Seite 73

Internatsberatungen

Die große Auswahl an Internaten, die verschiedenen pädagogischen Konzepte, verbunden mit all den unterschiedlichen Schwerpunkten und ihren Besonderheiten, die ein Internat prägen, können bei Eltern zunächst eine Verunsicherung bzgl. der Frage auslösen: welches Internat das „ideale", das „geeignetste", das „richtige", das „beste" ist. Sollte dies der Fall sein, kann eine Internatsberatung sehr hilfreich sein.

Internatsberatungen lassen sich in drei Kategorien einteilen:

- Alle Internatsverbände bieten Internatsberatungen an. Dort erhalten Sie ausführliche Informationen über all die Internate, die sich im Verband zusammengeschlossen haben.
Die Verbandsberatungen werden von den Verbänden getragen und finanziert.

- Außerdem gibt es Internatsberatungen, die mit verschiedenen Internaten Verträge abgeschlossen haben. Wird ein Kind über diese Form der Internatsberatung vermittelt, bezahlen die Internate der Internatsberatung eine Provision.

- Und es gibt die Art von Internatsberatung, die weder Verträge mit Internaten abschließt noch auf die Finanzierung von Verbänden zurückgreifen möchte. Die Eltern bezahlen eine Beratungsgebühr. Dadurch soll eine stärkere Unabhängigkeit bei der Beratung gegeben sein.

Ganz gleich, für welche Form der Internatsberatung sich Eltern entscheiden, sobald sie sich nach den Auswahlkriterien und nach der Art der Abrechnung erkundigen, können sie die Internatsberatung den o.g. Kategorien zuordnen. Wichtig ist, dass sich die Internatsberatung Zeit für Eltern und Kind nimmt und auf all die Fragen eingeht, die sich stellen. Die endgültige Entscheidung, welches Internat das „richtige" ist, sollten letztendlich immer die Eltern zusammen mit ihrem Kind treffen, nachdem eine kleine Auswahl von 2–3 Internaten besucht wurde.

Auf den folgenden Seiten finden Sie zunächst einen Gesamtüberblick über die Internatsberatungen, im Anschluss daran stellen sich die verschiedenen Internatsberatungen ausführlich dar.

Die Reihenfolge ist rein zufällig und stellt keinerlei Präferenz dar.

Adressen:

Internatsberatungen

Internatsberatungen für Internate in Deutschland

internate.de – Die Internatsberatung
Tel. 0 75 51/9 47 51 32
E-Mail: info@internate.de, Internet: www.internate.de
eine Initiative der Schule Schloss Salem
- **Ausführliche Angaben siehe Seite 1**

V.K.I.T. Katholische Internatsberatungsstelle
Gerhardstr. 36, 53229 Bonn
Tel. 02 28/62 09 29 36, Fax 02 28/62 09 29 37
- **Ausführliche Angaben siehe Seite 46 und Seite 81**

Internatsberatung Evangelische Internate
Tel. 01 52/05 24 25 79
www.evangelische-internate.info
- **Ausführliche Angaben siehe Seite 66**

Adressen:

Internatsberatungen für Internate im In- und Ausland

Töchter und Söhne
Dr. Detlef Kulessa
- Abeggstraße 2, 65193 Wiesbaden
- Schleiermacherstraße 12, 64283 Darmstadt
Tel. 06 11/1 80 58 80, E-Mail: info@internate.org
■ Ausführliche Angaben siehe Seite 280 und Umschlagseite 3

international Experience e.V.
www.international-experience.net
■ Ausführliche Angaben siehe Seite 82

edufinder.com
www.edufinder.com, info@edufinder.com
■ Ausführliche Angaben siehe Seite 83

Ulrich Kindscher: Internats- und Bildungsberatung
Flurstraße 3, 82049 Pullach
Tel. 0 89/7 93 03 47, Fax 0 89/7 93 03 00
■ Ausführliche Angaben siehe Seite 84

SIB Schul- und Internats-Beratung
Landshuter Allee 8–10, 80637 München
Tel. 0 89/54 55 81 14, Fax 0 89/84 06 16 11

ssb Nottebohm Internatsberatung
Bergstraße 124, 69121 Heidelberg
Tel. 0 62 21/9 85 09-50, Fax 0 62 21/9 85 09-52

Carl Duisberg Centren – Internationale Schulprogramme
Hansaring 49–51, 50670 Köln
Tel. 02 21/16 26-201, Fax 02 21/16 26-217

Adressen:

Fortsetzung Internatsberatungen für Internate im In- und Ausland

Learning in Britain
Die Schule und Bildungsberatung der Agentur „Friends for Families"
Steinbacher Straße 10 a, 91166 Georgensgmünd, Tel. 0 91 72/68 41 01

Euro-Internatsberatung
Schackstraße 3, 80539 München
Tel. 0 89/45 55 55-0, E-Mail: info@internatsberatung.com

Better School! Internatsberatung GmbH
Dr. Juliane von Bülow
Lenzhalde 68, 70192 Stuttgart
Tel. 07 11/46 91 79 40, Fax 07 11/46 91 79 49

Petra Heinemann – Internationale Schulberatung
Alsterchaussee 5, 20149 Hamburg
Tel. 0 40/54 80 30 75, Fax 0 40/54 80 30 76

Riedenauer Education – Internationale Schulberatung
Isabellastraße 17, 80798 München
Tel. 0 89/28 67 35 61, Fax 0 89/28 67 35 62

Barbara Glasmacher – Internationale Schulberatungs GmbH
Herzogstr. 60, 80803 München
Tel. 0 89/3 84 05 40, Fax 0 89/38 40 54 20

INTEDU – International Education
Heidstraße 7, 42781 Haan
Tel. 0 21 29/3 45 66 54 oder 95 98 61, Fax 0 21 29/95 98 62

Unabhängige Internatsberatung/Peter Giersiepen
Im Baumgarten 11, 78343 Hemmenhofen
Tel. 0 77 35/93 81 20, Fax 0 77 35/44 02 50

Dr. Klaus Kampe – Internatsschulen-England
Office Berlin, Zelter Straße 6, 10439 Berlin
Tel. 0 30/28 04 58 39, Fax 0 30/97 00 47 53

Sie suchen ein geeignetes Internat oder Tagesinternat für Ihre Tochter, Ihren Sohn?

Dann melden Sie sich bei uns!

Katholische Internate und Tagesinternate sind Bildungs- und Sozialorte:

- vermitteln eine ganzheitliche Bildung
- fördern Verantwortungsbewusstsein
- stärken Gemeinschaftssinn
- geben Orientierungs- und Entscheidungshilfen

Internatsberatung

Verband Katholischer Internate und Tagesinternate (V.K.I.T.) e.V.
Telefon: (02 28) 62 09 29 36 • Fax: (02 28) 62 09 29 37
info@katholische-internate.de • www.katholische-internate.de

www.katholische-internate.de

High School Year:
imagine · develop · grow

Wir vermitteln auch Sprachreisen und Summer Camps.

iE international EXPERIENCE e.V.

Schulaufenthalte weltweit!
Nimm deine Leidenschaft mit in dein Auslandsschuljahr.
Mehr unter: www.international-experience.net

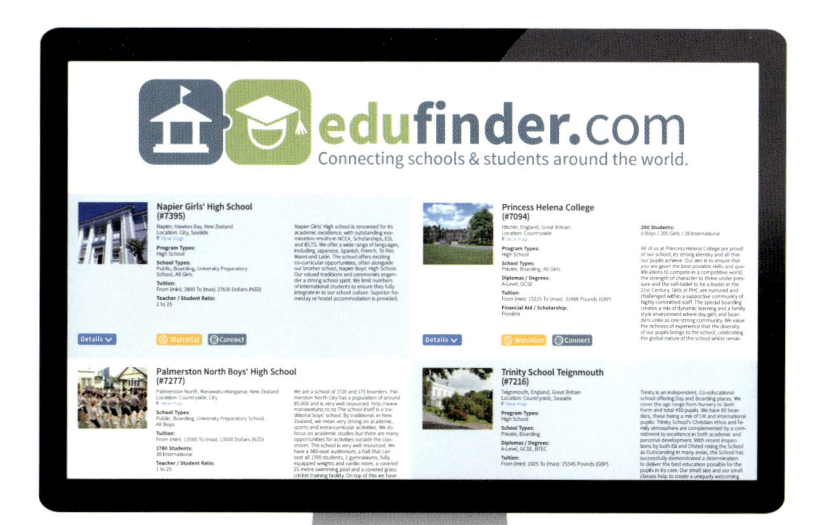

Deine VERMITTLUNGSPLATTFORM für HIGH SCHOOL-Aufenthalte weltweit

- ✓ Neutral, organisationsunabhängig und transparent
- ✓ Es wird keine Vermittlungsgebühr erhoben!
- ✓ EINE Bewerbung für ALLE Schulen
- ✓ Dein Profil sichtbar für alle teilnehmenden Schulen.
- ✓ Umfassende Schulprofile verfügbar.

- ✓ Suchfunktion: Finde die Schule, die am besten zu Dir passt.
- ✓ Matching: Schulen suchen Dich anhand Deiner Begabungen.
- ✓ Kommuniziere direkt mit den Schulen.
- ✓ Entscheide Dich für das beste Angebot.

nfos unter: www.edufinder.com

Schule macht Spaß -
wenn es die Richtige ist und Sie wissen, wo sie ist!

- Sie suchen für Ihr Kind eine schulische Alternative?
- Ihr Kind ist hochbegabt, aber unterfordert?
- Sie möchten für Ihr Kind mehr als eine Lehreinrichtung?
- Was folgt nach der Schule?

Diese und andere Fragen erörtere ich mit Ihnen in einem Beratungsgespräch. Gemeinsam erarbeiten wir einen individuellen Ausbildungsweg für Ihr Kind. Wir finden die optimale Lösung.

Beratungsschwerpunkte:
- Ausbildung und Studienberatung
- Internate in Deutschland und der Schweiz

Zusätzliche Leistungen:
Erstberatung zu Internationalen Abschlüssen (IB/A`Level)

Angebot für Oberschüler: Tagesseminar „Ausbildungs- und Studienberatung"
Ziel: Analyse persönlicher Stärken und Schwächen
Plus: Konkrete Ausbildungs- und Studienempfehlung

Sie suchen ein Internat, dann kontaktieren Sie mich.
Die Erstberatung ist kostenlos.

Ihr Ulrich Kindscher

Schulprobleme? - Wir schaffen das!

ULRICH · KINDSCHER
Internats- und Bildungsberatung

„Profitieren Sie von über 30 Jahren Erfahrung und lassen Sie sich direkt und persönlich beraten"

www.internatsberatung-kindscher.de   Telefon: +49-(0)89-7930347
uk@internatsberatung-kindscher.de

Internate in Baden-Württemberg

74740 Adelsheim
Eckenberg-Gymnasium Adelsheim
Eckenberg 1
Tel. 0 62 91/2 70

Gymnasium

79774 Albbruck-Unteralpfen
Collegium Musicum
Stiegstr. 115
Tel. 0 77 55/9 39 45-18

Private Europäische Musik-Realschule

97980 Bad Mergentheim
Bischöfliches Internat Maria Hilf
Marienstr. 3
Tel. 0 79 31/9 00 50

Internat
(Mitglied im V.K.I.T.)

■ **ausführliche Angaben:
Seite 91 und Seite 28**

76530 Baden-Baden
Pädagogium Baden-Baden
Burgstraße 2
Tel. 0 72 21/3 55 90

Grund-, Realschule, Gymnasium,
3- und 6-jähriges Wirtschaftsgymnasium,
3- und 6-jähriges Sozialwissenschaftliches
Gymnasium

■ **ausführliche Angaben:
Seite 92–93**

88427 Bad Schussenried
Humboldt-Institut Bad Schussenried
Zellerseeweg 11
Tel. 0 75 22/9 88-0

Institut für Deutsch als Fremdsprache

■ **ausführliche Angaben:
Seite 94 und Seite 24–25**

88255 Baindt
Schule für Blinde und
Sehbehinderte Baindt
Tel. 0 75 02/94 19-0

Grundschule, Heimsonderschule für Blinde
und mehrfach Behinderte

69245 Bammental
Kurpfalz-Internat
Diersteinstr. 1–7
Tel. 0 62 23/4 27 96 91

Realschule, Gymnasium

■ **ausführliche Angaben: Seite 95**

88276 Berg
Martinshaus Kleintobel
Martinstr. 41
Tel. 07 51/88 84-0

Einrichtung der Jugendhilfe

89143 Blaubeuren
Evangelisches Seminar im
Kloster Blaubeuren
Klosterhof 2
Tel. 0 73 44/96 26-12

Gymnasium

■ **ausführliche Angaben: Seite 105**

89584 Ehingen/Donau
Kolleg St. Josef
Müllerstr. 8
Tel. 0 73 91/7 70 20

Schülerheim, Berufsfachschule,
Gymnasium, Realschule, Aufbau-
gymnasium, Hauptschule
(Mitglied im V.K.I.T.)

■ **ausführliche Angaben: Seite 96**

Baden-Württemberg

77955 Ettenheim
St. Landolin
Prälat-Schofer-Str. 1
Tel. 0 78 22/89 28-400

Gymnasium, Realschule, Sozial- und Gesundheitswissenschaftliches Gymnasium, Wirtschaftswissenschaftliches Gymnasium, kaufm. Berufskolleg I
(Mitglied im V.K.I.T.)

■ **ausführliche Angaben: Seite 97**

70736 Fellbach
Bundesstützpunkt und Landesleistungszentrum (KSG)
Staffelweg 6/1
Tel. 07 11/51 31 92

Sportinternat

77723 Gengenbach
Fachschule für Sozialpädagogik
Parkweg 5
Tel. 0 78 03/93 36-0

Berufsfachschule mit Internat

69115 Heidelberg
F+U Internat
Kurfürsten-Anlage 70
Tel. 0 62 21/91 20 35

Realschule, Berufliches Gymnasium verschiedener Richtungen, Berufskollegs, Internationale Sprachschule

■ **ausführliche Angaben:
Seite 101 und Seite U2**

69120 Heidelberg
Heidelberg College
Neuenheimer Landstraße 16
Tel. 0 62 21/43 62 17 oder 40 77 19

Gymnasium

■ **ausführliche Angaben: Seite 100**

79856 Hinterzarten
Schule Birklehof
Tel. 0 76 52/1 22-22

Gymnasium und Internat

■ **ausführliche Angaben:
Seite 98–99 und Seite 29**

74592 Kirchberg/Jagst
Schloss-Schule Kirchberg
Schulstraße 4
Tel. 0 79 54/98 02-0

Gymnasium, Grundschule, Hauptschule, Realschule

■ **ausführliche Angaben: Seite 102**

78126 Königsfeld
Zinzendorfschulen
Mönchweilerstraße 5
Tel. 0 77 25/93 81 60

Allgemeinbildendes Gymnasium (8-jähriger Bildungsgang, 9-jähriger Bildungsgang), Realschule,
Sozialwissenschaftliches Gymnasium,
Wirtschaftsgymnasium,
2-jährige Berufsfachschule (Hauswirtschaft und Ernährung sowie Wirtschaft),
1-jähriges Berufskolleg für Sozialpädagogik,
Fachschule für Sozialpädagogik,
Fachschule für Sozialwesen

■ **ausführliche Angaben: Seite 103**

74653 Künzelsau
Schlossgymnasium Künzelsau
Schlossplatz 3
Tel. 0 79 40/9 15 80

Gymnasium, Aufbaugymnasium,
Sportprofil, Musikprofil, gebundene
Ganztagsschule

77933 Lahr/Schwarzwald
Clara-Schumann-Gymnasium Lahr
Christoph-Schmitt-Str. 3
Tel. 0 78 21/9 29 10

Aufbaugymnasium

71636 Ludwigsburg
Sport-Teilzeitinternat
Kaiserstr. 14
Tel. 0 71 41/2 98 47 61
Sport-Vollzeitinternat
Kaiserstr. 14
Tel. 01 77/8 52 07 07

Leistungssportinternate für
ausgewählte Sportarten

75433 Maulbronn
Evangelisches Seminar Maulbronn
Gymnasium mit Internat
Klosterhof 17
Tel. 0 70 43/95509-0

Gymnasium

■ ausführliche Angaben: Seite 104

88709 Meersburg
Droste-Hülshoff-Gymnasium Meersburg
Seminarstr. 8–10
Tel. 0 75 32/4 32 50

Aufbaugymnasium

79249 Merzhausen
Die Brücke
Freiburger Ergänzungsschule
Am Rohrgraben 1
Tel. 07 61/7 52 30

Private Realschule, Möglichkeit zum
Hauptschulabschluss

74544 Michelbach an der Bilz
Evangelisches Schulzentrum
Michelbach
Hagenhofweg 35
Tel. 07 91/93 01 60

Realschule, Gymnasium,
Aufbaugymnasium

■ ausführliche Angaben: Seite 106

72116 Mössingen
Evangelisches Firstwaldgymnasium
Firstwaldstr. 36–58
Tel. 0 74 73/70 02 80

Gymnasium

69151 Neckargemünd
SRH Stephen-Hawking-Schule
Im Spitzerfeld 25
Tel. 0 62 23/81-3005

Realschule, Werkrealschule, allgemeines
Gymnasium, Wirtschaftsgymnasium,
Sozialwissenschaftliches Gymnasium,
Wirtschaftsschule, Sonderberufsfachschule
Ernährung und Gesundheit

■ ausführliche Angaben: Seite 107

72108 Rottenburg
Musisches Internat
Martinihaus
Sprollstr. 27
Tel. 0 74 72/9 84 10

Schülerheim
(Mitglied im V.K.I.T.)

■ ausführliche Angaben:
Seite 108–109

72108 Rottenburg
Schülerinnenwohnheim der
Liebfrauenschule
Liebfrauenhöhe 7
Tel. 0 74 57/72-403(-441)

Schülerinnenheim
(Mitglied im V.K.I.T.)

78628 Rottweil
Konvikt Rottweil, humanistisch-
musisches Internat
Johannsergasse 1
Tel. 07 41/53 27-0

Schülerheim
(Mitglied im V.K.I.T.)

■ ausführliche Angaben:
Seite 110–111

88682 Salem
Schule Schloss Salem
Tel. 0 75 53/9 19-352

Gymnasium, International Baccalaureate

■ ausführliche Angaben:
Seite 112–113

89601 Schelklingen
Urspringschule
Ursprung 1
Tel. 0 73 94/2 46-11

Grundschule, Gymnasium

■ ausführliche Angaben: Seite 115

73525 Schwäbisch Gmünd
Landesgymnasium für Hochbegabte
Universitätspark 21
Tel. 0 71 71/10 43 81 00

Gymnasium

■ ausführliche Angaben: Seite 114

79837 St. Blasien
Kolleg St. Blasien
Fürstabt-Gerbert-Str. 14
Tel. 0 76 72/27-0

Gymnasium mit Aufbaugymnasium
(Mitglied im V.K.I.T.)

■ ausführliche Angaben: Seite 116

70184 Stuttgart
Merz Internat
(VDP-Europaschule)
Albrecht-Leo-Merz-Weg 2
Tel. 07 11/2 10 34-0

Kindergarten, Grundschule, Gymnasium,
Hort, Internat ab. 5. Kl.

■ ausführliche Angaben: Seite 117

Baden-Württemberg

70372 Stuttgart

Sportinternat im Haus
der Athleten
Mercedesstr. 83
Tel. 07 11/54 99 81 11

Olympiastützpunkt

97941 Tauberbischofsheim
„Modell Tauberbischofsheim"
„Haus der Athleten" – Berghof II
Pestalozziallee 12
Tel. 0 93 41/8 09-0

Sportinternat

88639 Wald
Kloster Wald – Gymnasium und Internat
Von-Weckenstein-Straße 2
Tel. 0 75 78/1 88-0

4. Klasse Grundschule
5.–12. Klasse Gymnasium (G8)
Internat ab 4. Klasse
Lehrwerkstätten
(Mitglied im V.K.I.T.)

■ **ausführliche Angaben: Seite 118**

Siehe auch Seite 28

Bischöfliches Internat Maria Hilf

Baden-Württemberg

Name und Anschrift:
Bischöfliches Internat Maria Hilf
Marienstr. 3, 97980 Bad Mergentheim
Tel. 0 79 31/9 00 50, Fax 0 79 31/90 05 20
www.bimh.net, mail@bimh.net

Name des Trägers:
Diözese Rottenburg-Stuttgart

Internatsleitung:
Diakon Andreas Reitzle, Rektor

Schularten: Internat mit Anschluss an die öffentlichen Schulen

Internatsplätze: w.: 35, m.: 35

Klassenstärke: ca. 15–20

Kosten/Monat: ab € 460,–
(abhängig von Einkommen und Anzahl der eigenen Kinder)

Schulische Ausrichtung:
Gymnasium, Realschule, Werkrealschule, Grundschule, weiterführende Schulen

Sprachenfolge:
entsprechend G8

Konfession: kath./ev.

Externe Schüler: 30

Nebenkosten/Monat: ca. € 65,–
(Schul- und Freizeitbedarf, Fahrkarten)

Pädagogische Schwerpunkte/Besonderheiten:
Grundlage der pädagogischen Arbeit im Internat Maria Hilf ist der Marchtaler Internatsplan. Es handelt sich hierbei um ein ganzheitliches Erziehungs- und Bildungskonzept, das junge Menschen unter Berücksichtigung entwicklungspsychologischer Gesichtspunkte in allen wesentlichen Dimensionen ihres Lebens fördern und auf ihrem Weg zum Erwachsen werden begleiten will. Neben der intensiven schulischen Begleitung und Förderung bietet das Internat den Kindern und Jugendlichen durch ein breites Spektrum von AGs und Aktivitäten vielfältige Entfaltungsmöglichkeiten.

Tag der offenen Tür: Schnupperwochenende 31.03–02.04.17 und 13.04.–15.04.18

Das Internat ist Mitglied im Verband Katholischer Internate und Tagesinternate (V.K.I.T.) e.V

Pädagogium Baden-Baden VDP

Name und Anschrift:
Pädagogium Baden-Baden, Burgstraße 2, 76530 Baden-Baden
Tel. 0 72 21/35 59-0, Fax 0 72 21/35 59-4 44
www.Paeda.net, Info@Paeda.net

Name des Trägers:
Schulstiftung Pädagogium Baden-Baden
Gemeinnützige Bildungsgesellschaft mbH

Internatsleitung:
Familie Büchler

Schulleitung:
Familie Büchler

Schularten:
Grund-, Realschule, Gymnasium,
3-jähriges Wirtschaftsgymnasium, 3-jähriges
Sozialwissenschaftliches Gymnasium

Schulische Ausrichtung:
naturwissenschaftliches und sprachliches
Profil, ganzheitliches Bildungsangebot,
individuelle Förderung

Schulstatus:
alle Schulen sind staatlich anerkannt

Internatsplätze:
w.: 48, m.: 100

Sprachenfolge:
Gymnasium: E, F, Spanisch oder Naturwissenschaften (NWT), Latein fakultativ ab Kl. 10.
Realschule: E (F/Technik/Mensch u. Umwelt).
Berufliches Gymnasium: E, Spanisch

Klassenstärke:
ca. 16–20

Externe Schüler:
540 Ganztagesschüler

Kosten/Monat:
€ 1.700,– (Klaus J. Büchler Leistungsstipendium und Sozialstipendien möglich)

Nebenkosten/Monat:
keine

Pädagogische Schwerpunkte/Besonderheiten: siehe nächste Seite

Tag der offenen Tür: 11. März 2017

Fortsetzung folgende Seite

Baden-Württemberg

MITEINANDER LEBEN, LERNEN UND LEHREN

Leben in der Gemeinschaft
Kleine und große Internatsschüler leben mit ihren Erziehern/innen direkt auf dem Schulcampus. Dort erfahren Sie Verständnis und Geborgenheit. Wir bieten ein strukturiertes und individualisiertes Lern- und Lebensumfeld für alle Altersstufen. Wir legen Wert auf eine vertrauensvolle Zusammenarbeit mit den Eltern unserer Schüler/innen.

Lehrer als Gastgeber
mit unserem *Unterrichtskonzept „Lehrer als Gastgeber"* bieten wir für jedes Fach speziell ausgestattete Räume, die gleichzeitig als Büro für den jeweiligen Lehrer dienen. Hierdurch verbessern wir die Rahmenbedingungen für einen optimalen Unterricht und schaffen eine positive Lernatmosphäre.

Tägliche Lernberatung und Hilfe bei Hausaufgaben
Fachlehrer stehen jeden Tag in der Zeit von 15:15 Uhr bis 17:00 Uhr für individuelle **Fragen oder Probleme** bei den Hausaufgaben, Fragen zum Unterrichtsstoff oder zur Vorbereitung auf Klassenarbeiten den Schülern zur Verfügung. In der Unterstufe werden die Hausaufgaben im Klassenverband in der Studierzeit angefertigt.

Freizeiten und Arbeitsgemeinschaften
Wir bieten jeden Tag eine Vielzahl an Freizeiten und Arbeitsgemeinschaften: die Freizeiten sind so aufgebaut, dass zwischen sportlichen, kreativen, musischen und sozialen Aktivitäten gewählt werden kann, aber es gibt auch Zeit zum Ausruhen, nichts tun, Musik hören…

Schule auf dem Campus
Mit unserem **Mensa- und Cafeteriabereich** mit Kiosk im Zentrum des Schulgeländes, **Aufenthalts-, Freizeit- und Lernräumen für unsere Schüler** schaffen wir vielfältige Möglichkeiten des Miteinanders.
Wir leben, lernen und lehren gemeinsam auf dem Schlossberg in Baden-Baden.

Humboldt-Institut Bad Schussenried

Siehe auch Seite 24–25

Name und Anschrift:
Humboldt-Institut Bad Schussenried, Zellerseeweg 11, 88427 Bad Schussenried
Tel. 0 75 22/9 88-0, Fax 0 75 22/9 88-9 88
www.humboldt-institut.org, info@humboldt-institut.org, FB: www.fb.com/humboldt.institut

Name des Trägers: Humboldt-Institut e.V.

Internatsleitung:
Anja Gebauer

Schulleitung:
Kathrin Kroker

Schularten:
Institut für Deutsch als Fremdsprache

Schulstatus: private Bildungseinrichtung für Deutsch als Fremdsprache

Schulische Ausrichtung:
sprachliche Vorbereitung von Schülern, die nicht Deutsch als Muttersprache sprechen

Sprachenfolge:
es wird ausschließlich Deutsch als Fremdsprache unterrichtet

Internatsplätze:
300

Konfession:
nicht gebunden

Klassenstärke:
ca. 10

Externe Schüler: –

Kosten/Monat:
€ 2.960,–

Nebenkosten/Monat:
keine

Pädagogische Schwerpunkte/Besonderheiten:
- intensiver Deutschunterricht für nicht-muttersprachliche Schüler zur Vorbereitung auf den Besuch deutscher Internatsschulen
- spezielle Vorbereitungskurse zur Vermittlung fachsprachlicher Kenntnisse zur leichteren Integration internationaler Schüler in deutsche Internatsschulen

Tag der offenen Tür:
bitte individuelle Besichtigungstermine vereinbaren

Kurpfalz-Internat

Name und Anschrift: Kurpfalz-Internat, Diersteinstraße 1–7, 69245 Bammental
Tel. 0 62 23/4 27 96 91, Fax 0 62 23/4 94 67,
sekretariat@kurpfalz-internat.de, www.kurpfalz-internat.de
Sie finden uns auf Facebook – www.facebook.com/kurpfalziinternat

Name des Trägers: Kurpfalz-Internat gemeinnützige BetriebsGmbH

Internatsleitung: Michael Homer

Schulleitung: Christine Bauer

Schularten: Realschule, Gymnasium

Schulstatus: staatl. anerk. Ersatzschule

Schulische Ausrichtung:
alle Züge

Sprachenfolge: E/F, E/L, E/F/Sp, E/L/Sp, Italienisch und Russisch bzw. abweichende Sprachenfolgen auf Wunsch möglich

Internatsplätze: w.: 60, m.: 120

Konfession: nicht gebunden

Klassenstärke:
höchstens 8 Schüler in der Klasse

Externe Schüler:
ca. 10 bis 15

Kosten/Monat:
Kl. 7–9: € 3.240,–
ab Kl. 10: € 3.340,–

Nebenkosten/Monat:
nach Verbrauch

Pädagogische Schwerpunkte/Besonderheiten: Das Kurpfalz-Internat fördert Schülerinnen und Schüler mit Potenzial, die dieses an ihrer Schule noch nicht voll ausschöpfen. Klassen mit höchstens 8 Schülerinnen und Schülern bieten eine optimale und individuelle Vorbereitung auf das Abitur oder den Realschulabschluss. Ergänzende Fördermaßnahmen wie Methodentraining, Individualcoaching, in den Stundenplan integrierte Nachhilfe und feste Hausaufgabenzeiten sind feste Bestandteile des Konzepts. Für Legastheniker werden individuelle Einzeltherapien angeboten. Mehr als 40 außerschulische Aktivitäten stehen jede Woche zur Wahl – z.B. Golf, Tennis, Basketball, Fitness, Fußball, Reiten, Fechten, Biking, Klettern, Theaterclub, Kochkurse, Patisserie, Malerei und vieles mehr. Im Sommer wird eine zweiwöchige Summer School in den Fächern Mathematik, Deutsch, Englisch, Französisch, Latein, Spanisch sowie ein intensives Training für Legastheniker angeboten.

Tag der offenen Tür: Eine individuelle Terminvereinbarung ist jederzeit möglich. Zusätzlich wird in jedem Monat ein Informationstag angeboten.
Die Termine finden Sie unter www.kurpfalz-internat.de.

Kolleg St. Josef

Name und Anschrift: Kolleg St. Josef, Müllerstr. 8, 89584 Ehingen (Donau)
Tel. 0 73 91/77 02-0, Fax 0 73 91/77 02-17
www.kollegstjosef.de, info@kollegstjosef.de

Name des Trägers: Diözese Rottenburg-Stuttgart

Internatsleitung: Direktor Johannes Krickl

Schularten: Öffentliche Schulen: Gymnasium allgemein, beruflich (WG, TG, SG); BK 1/BK 2; Realschule; Werkrealschule; BFS; Hauptschule. Staatl. anerkanntes Jungenrealschulheim Kolleg St. Josef (Jungenförderung/Marchtaler Plan). Staatl. anerkannte Mädchenrealschule Obermarchtal (Marchtaler Plan); Studienkolleg Obermarchtal (Marchtaler Plan/Aufbaugymnasium) ab Kl. 11.

Schulstatus: staatlich anerkannte Privatschule (Jungen- und Mädchenförderung) und öffentliche Schulen

Sprachenfolge: vielfältig

Internatsplätze:
w.: 30, m.: 30

Konfession (Internat):
katholisch, offen für andere Konfessionen

Kosten/Monat: ab € 540,–
(einkommens- und familienabhängig)

Externe Schüler:
Tagesinternat & Schülerhort (Kl. 1–13)

Pädagogische Schwerpunkte/Besonderheiten:
Ganzheitlich orientierter Marchtaler Internatsplan; geregelter Tagesablauf; individuelle Förderung der schulischen und persönlichen Entwicklung des Kindes; großzügiges Raumangebot: Turnhalle, Sportplätze, Freibad, Beachvolleyballplatz u.a.; Theaterprojekt; Band (musikalische Förderung); Internationales Projekt mit China und anderen Ländern machen Sprache und Kultur erlebbar; Jungenrealschule mit Jungenförderung.

Tag der offenen Tür: siehe Homepage.

Das Internat ist Mitglied im Verband Katholischer Internate und Tagesinternate (V.K.I.T.) e.V.

St. Landolin

Baden-Württemberg

Bild: Bernhard Tränkle

Name und Anschrift:
St. Landolin, Prälat-Schofer-Str. 1, 77955 Ettenheim
Tel. 0 78 22/89 28-400, Fax 0 78 22/89 28-480
www.hsl.schule, internat@hsl.schule

Name des Trägers: Schulstiftung der Erzdiözese Freiburg, Münzgasse 1, 79098 Freiburg

Internatsleitung:
Christiane Czarnetzki

Schulleitung: OStD Eberhard Pfister
RRin Ulrike Hugel (RS)

Schularten: Gymnasium, Realschule, Sozial- und Gesundheitswissenschaftliches Gymnasium – Profil Soziales, Wirtschaftswissenschaftliches Gymnasium – Profil Wirtschaft, kaufmännisches Berufskolleg I

Schulstatus:
staatlich anerkannte Privatschule

Schulische Ausrichtung:
Gymnasium mit sprachlichem und naturwissenschaftlichem Profil und Kunstprofil, Streicherklasse, Realschule mit Bläserklasse

Sprachenfolge: GYM: ab Kl. 5: E oder F als 1. Fremdsprache, ab Kl. 6: F, E oder L, ab Kl. 8: Sp oder L oder naturwissenschaftl. Profil und Kunstprofil. RS: E/F ab Klasse 6 oder E/MuM oder E/NuT ab Klasse 7

Internatsplätze: w.: 35, m.: 35

Externe Schüler: 1.700

Klassenstärke: ca. 28

Kosten/Monat: € 784,– Mehrbettzimmer, € 800,– Einzelzimmer (Stand Schuljahr 16/17)

Nebenkosten/Monat: € 40,– Schulgeld

Pädagogische Schwerpunkte/Besonderheiten: Mit einer christlich orientierten Erziehung wollen wir den jungen Menschen helfen, ihren eigenen Lebensweg zu finden, der sie auch befähigt, Verantwortung in Kirche und Gesellschaft zu übernehmen.

Das Internat ist Mitglied im Verband Katholischer Internate und Tagesinternate (V.K.I.T.) e.V.

Schule Birklehof

Siehe auch Seite 29

Name und Anschrift: Schule Birklehof e.V., 79856 Hinterzarten
Tel. +49 7652 122-22, Fax +49 7652 122-23
www.birklehof.de, info@birklehof.de

Name des Trägers: Schule Birklehof e.V. (gemeinnützig)

Ansprechpartnerin für Anfragen:
Nora Hegyi

Schulleiter:
Henrik Fass

Schulart: Gymnasium

Schulstatus: staatlich anerkannt

Schulische Ausrichtung:
musisch-künstlerisches (Musik), naturwissenschaftliches (NwT) und sprachliches Profil (Spanisch)

Sprachenfolge: Kl. 5: E, Kl. 6: L oder F, Profil in Kl. 8 bis 10: musisch-künstlerisch, naturwissenschaftlich oder sprachlich (mit E-L-Sp oder E-F-Sp)

Klassen-/Kursstärke: max. 19

Konfession: nicht gebunden

Internatsplätze: ca. 150

Externe Schüler/-innen: ca. 70

Kosten: (Schuljahr 2017/2018) Schule und Internat: € 2.860,–/Monat zzgl. Nebenkosten; umfangreiches Stipendienprogramm. Geschwisterrabatt: 2. Kind 50 %, jedes weitere 75 %

Pädagogische Schwerpunkte/Besonderheiten: Ganzheitliches Bildungskonzept, ausgeprägte Schülermitverantwortung, betreute Studienzeit bzw. begleitetes Silentium, Mentor/-in als persönliche Vertrauensperson, breites Angebot an Arbeitsgemeinschaften (v.a. Musik, Theater, Kunst, Debattieren und Rhetorik, (Outdoor-)Sport, Handwerk) und Diensten, erlebnispädagogisch gestaltete Unternehmungen mit Outward-Bound-Expedition als Abschluss, integrierte Cambridge-Kurse mit Zertifikatsprüfungen, ABRSM (international anerkannte Musikprüfung), Deutsch als Fremdsprache, Lese-Rechtschreib-Therapie, Deutsch-, Französisch- und Mathematik-Förderprogramm und Nachhilfe in den Kernfächern, Lerncoaching, Unterstützung bei Nachlernen, Sozialprojekte wie Sahelzone-Hilfsprojekt, Schullaufbahn-/Berufs- und Studienberatung, Schul- und Internatspsychologin, individualisiertes Studienkonzept, Teilnahme an Wettbewerben, aktives Schulnetzwerk, internat. Jugendprogramm „Duke of Edinburgh's International Award", Schüleraustausch mit über 150 Round-Square-Schulen weltweit.

Tag der offenen Tür: www.birklehof.de/aufnahme
Ganzjährig Vereinbarung eines persönlichen Termins unter +49 7652 122-22

Siehe auch Seite 29

Der BIRKLEHOF

Internat und Gymnasium mit ganzheitlichem Bildungskonzept

Das Internatsgymnasium Birklehof mit seinen ca. 150 internen und 70 externen Plätzen verknüpft anspruchsvolle schulische Ausbildung mit umfassender Erziehung und Bildung der ganzen Persönlichkeit. Der Birklehof zeichnet sich durch ein sehr persönliches Miteinander in Schule und Internat wie auch durch ein breit gefächertes schulisches, außerunterrichtliches und freizeitbezogenes Angebot mit zahlreichen AGs und Diensten aus. Das hochmotivierte Lehrerkollegium, Unterricht, der Begegnung und Beteiligung herausfordert, kleine Klassen und Kurse, ein Klima der Fairness und das ganzheitliche Erziehungsprogramm tragen zum erfolgreichen Lernen für Kinder und Jugendliche am Birklehof bei. Das private Gymnasium Schule Birklehof e. V. ist staatlich anerkannt und richtet sich nach den Bildungsplänen und der Versetzungsordnung des Landes Baden-Württemberg.

Die meisten Lehrerinnen und Lehrer wohnen am Birklehof, betreuen die Internatshäuser und sind für die Schülerinnen und Schüler auch außerhalb des Unterrichts ansprechbar. Jedem Kind und Jugendlichen steht ein selbst gewählter Mentor als Begleiter und Berater in schulischen wie persönlichen Belangen zur Seite. Lerncoachs unterstützen in den Klassen 8 bis 10 und wahlweise in der Kursstufe die Schülerinnen und Schüler, das eigene Lernen zu begreifen und zu optimieren. Die Unterrichtsplanung trägt den Bedürfnissen junger Menschen Rechnung: Schulstunden am Samstagvormittag entlasten den Wochenplan, Abwechslung in den Anforderungen wird über eine Fächerrhythmisierung erreicht und „Birklehofstunden" wie Schulversammlung, Spielstunde, Cambridge English, Instrumentalklasse, Schulchorus, IT-Unterricht oder Outdoorsport profilieren das Programm jeder Klassenstufe und lockern den Schulalltag auf.

Die Schule Birklehof bietet neben dem naturwissenschaftlichen und sprachlichen auch ein musisch-künstlerisches Profil an.

Breite Entfaltungsmöglichkeiten

Der Birklehof, eingebettet in die Natur des Hochschwarzwalds und umgeben von der internationalen Kultur des Dreiländerecks, liegt am Rande der heilklimatischen Kurorte und Wintersportzentren Hinterzarten und Breitnau auf 900 m ü. d. M. Er ist ein idealer Ausgangspunkt für Outdooraktivitäten wie Skifahren, Snowboarden, Klettern oder Mountainbiken, daneben stehen Ballsportarten, Golf, Badminton, Hockey oder Rugby zur Auswahl. Das 25 km entfernte Freiburg ist mit dem Zug gut zu erreichen.

Das weit gefächerte musisch-künstlerische Angebot umfasst u. a. Gesangs- und Instrumentalunterricht, Bigband, Orchester, Chor, Theater, Tanztheater, Drucktechniken oder Malerei. Das Birklehof-Musikhaus mit Übungsräumen und eigenem Konzertsaal wird für vielfältige Auftritte der Schülerinnen und Schüler genutzt. Die schuleigenen „Birklehof-Konzerte" präsentieren junge wie arrivierte Künstlerinnen und Künstler auch einem breiteren Publikum.

Handwerklich Interessierte finden in Fahrradwerkstatt, in Töpferei oder Schreinerei ihr Betätigungsfeld. In Arbeitsgemeinschaften wie Politik oder Debattieren und Rhetorik entfalten die Kinder und Jugendlichen ebenso ihre Fähigkeiten wie in Diensten, etwa im Bibliotheksteam oder im Schulversammlungskomitee.

Schüleraustausch mit 150 Round-Square-Schulen weltweit, kultur- und erlebnispädagogische Fahrten, Vorträge sowie die Teilnahme am Sahelprojekt „Schüler helfen Schülern" ermöglichen wertvolle Begegnungen und Erfahrungen. MINT-Exzellenz-Förderung.

Heidelberg College

Name und Anschrift: Heidelberg College, Neuenheimer Landstraße 16, 69120 Heidelberg
Tel. 0 62 21/43 62 17 oder 40 77 19, Fax 0 62 21/41 05 99
www.heidelberg-college.de, info@heidelberg-college.de

Name des Trägers: Dr. Holzberg und Sohn

Internatsleitung: OStD E.-J. Holzberg

Schulleitung: OStD E.-J. Holzberg

Schularten:
8-jähriges Gymnasium

Schulstatus:
staatlich anerkannt

Schulische Ausrichtung:
neusprachliches Profil
naturwissenschaftliches Profil
Sportprofil
Kunstprofil

Sprachenfolge:
E, F, Sp oder E, L, Sp
E, F o. E, L und NWT ab Kl. 8 als Hauptfach
E, F o. E, L u. Sport ab Kl. 8 als Hauptfach
E, F o. E, L u. Kunst ab Kl. 8 als Hauptfach

Internatsplätze:
w.: 20, m.: 23

Konfession:
nicht gebunden

Klassenstärke:
22–25

Externe Schüler:
480

Kosten/Monat:
€ 1.200,–

Nebenkosten/Monat:
ca. € 50,–

Pädagogische Schwerpunkte/Besonderheiten: In Kl. 5: Computereinführung, soziales Lernen, Werken. Ab Kl. 6: zweite Fremdsprache Latein oder Französisch. Ab Kl. 8: das Hauptfach (=Profilfach) Spanisch oder Naturwissenschaft und Technik oder Kunst oder Sport. Günstige Klassengrößen, intensive Hausaufgabenbetreuung in Gruppen, zahlreiche Arbeitsgemeinschaften, abwechslungsreiches Freizeitangebot, modernes Computernetzwerk für den Unterricht, persönliche Atmosphäre und individuelle Betreuung. Die Internen verbringen das Wochenende in der Familie. Schüleraustausch mit England, Frankreich und Spanien. Skifreizeit in Kl. 7 und Stufenfahrten nach Rom, Portugal und Malta. Sozialpraktikum SEA (soziales Engagement im Altenheim) in Kl. 10. 4 x Zeugnisse in einem Schuljahr.

Siehe auch Umschlagseite 2

F+U Internat

Baden-Württemberg

VDP

TOEFL®

TestDaF
Test Deutsch als Fremdsprache

IB Diploma Programme

Name und Anschrift: F+U Internat, Kurfürsten-Anlage 70, 69115 Heidelberg
Tel. 0 62 21/91 20 35, Fax 0 62 21/2 34 52, http://internat.fuu.de, internat.hd@fuu.de

Name des Trägers: F+U Rhein-Main-Neckar gGmbH

Internatsleitung: Steffen Lang	**Schulleitung:** F+U Heidelberger Privatschulcentrum (HPC): A. Sölter, B. Walden, Dr. E. Heinicke; F+U Academy of Languages: K.-H. Rippel

Schularten: Realschule, Berufliches Gymnasium verschiedener Richtungen, International Baccalaureate® Diploma Programme, Berufskollegs, Internationale Sprachschule

Schulstatus: F+U Heidelberger Privatschulcentrum (HPC): staatlich genehmigte/anerkannte Ersatzschulen. F+U Academy of Languages: private Sprachschule mit Prüfungszentrum & staatlich anerkanntem Berufskolleg für Fremdsprachen

Internatsplätze: 40	**Sprachenfolge:** vielfältiges und differenziertes Angebot
Klassenstärke: 19 bis 25	**Konfession:** nicht gebunden
	Externe Schüler: ja
Kosten/Monat: € 2.580,–	**Nebenkosten/Monat:** Schul- und Sprachkursgebühren auf Anfrage

Pädagogische Schwerpunkte/Besonderheiten: Zentral gelegener Campus in Heidelberg mit internationaler Atmosphäre. Die InternatsschülerInnen besuchen eine der Sekundarschulen des Heidelberger Privatschulcentrums (HPC). SchülerInnen mit nicht ausreichenden Deutschkenntnissen erhalten an der F+U Academy of Languages intensiven Deutschunterricht als Vorbereitung auf den Schulbesuch. Ganzjährige Aufnahme i. d. R. ab 16 Jahren, moderne Doppelzimmer inkl. Internet. Die intensive Rund-um-die-Uhr Betreuung (auch Wochenenden und Schulferien) ist auf die besonderen Bedürfnisse der InternatsschülerInnen ausgerichtet: Gemeinsame Organisation des Alltags in familiärer Gemeinschaft, Hausaufgabenhilfe, individuelle Betreuung & Lernbegleitung, gemeinsame Mahlzeiten. Vielfältige Freizeitaktivitäten, Kursangebote wie z. B. „Model United Nations", Kreatives Gestalten, EDV.

Tag der offenen Tür: Besuche nach Vereinbarung

Schloss-Schule Kirchberg

Name und Anschrift:
Schloss-Schule Kirchberg, Schulstraße 4, 74592 Kirchberg/Jagst
Tel. 0 79 54/98 02-0, Fax 0 79 54/98 02-15
www.schloss-schule.de, info@schloss-schule.de
FB: www.facebook.com/SchlossSchuleKirchberg

Name des Trägers: Stiftung Schloss-Schule Kirchberg an der Jagst

Gesamtleitung: Helmut Liersch

Internatsleitung: Dr. Eva Borchers

Schularten:
Gymnasium; Grund-, Haupt- und Realschulbesuch möglich

Schulstatus:
staatlich anerkannte Schule in freier Trägerschaft

Schulische Ausrichtung:
naturwissenschaftlich-technische bzw. theaterpädagogische Ausrichtung

Sprachenfolge:
E ab Kl. 5
F/L ab Kl. 6

Internatsplätze: gesamt 100

Konfession: nicht gebunden

Klassenstärke: max. 20

Externe Schüler: ca. 240

Kosten/Monat:
ca. € 2.200,–

Nebenkosten/Monat:
ca. € 100,–

Pädagogische Schwerpunkte/Besonderheiten:
Ganzheitliche Bildung und Erziehung, intensive Betreuung, individuelle Förderung, internationale Ausrichtung, methodisches und soziales Lernen, stärkenorientierte Berufs- und Studienvorbereitung; AGs: Theater, Orchester, Chor, klassisches Ballett/Modern Dance, Sozialdienste, Fußball, Volleyball, Basketball, Golf, Bogenschießen, Klettern, American Football ...; Schulpartnerschaften mit England, Frankreich, Polen; kulturelles Angebot in der „fabrik".

Tag der offenen Tür: im März (genauer Termin ist auf der Schul-Website zu finden.)

Mitglied in DIE INTERNATE VEREINIGUNG

ZINZENDORF INTERNAT
Der individuelle Weg zum Ziel

Name und Anschrift:
Zinzendorfschulen, Mönchweilerstraße 5, 78126 Königsfeld
Tel. 0 77 25/93 81 60, Fax 0 77 25/93 81 29
www.zinzendorfschulen.de, www.zinzendorfinternat.de
info@zinzendorfschulen.de

Name des Trägers:
Evangelische Brüder-Unität

Schulleitung:
Johannes Treude, OStD, Tel. 0 77 25/93 81-60

Schulstatus:
staatlich anerkannte Privatschulen

Schularten:
- Allgemeinbildendes Gymnasium
  8-jähriger Bildungsgang (G8)
  9-jähriger Bildungsgang (G9)
- Realschule
- Sozialwissenschaftliches Gymnasium
- Wirtschaftsgymnasium
- 2-jährige Berufsfachschule
  – Hauswirtschaft und Ernährung
  – Wirtschaft
- 1-jähriges Berufskolleg für Sozialpädagogik
- Fachschule für Sozialpädagogik
- Fachschule für Sozialwesen

Schulische Ausrichtung:
Gymnasien mit Profil Naturwissenschaften, Sprachen, Kunst und Mediengestaltung, Pädagogik/Psychologie oder Wirtschaft. Realschule mit den Wahlpflichtfächern Technik, Mensch und Umwelt bzw. Alltagskultur, Ernährung und Soziales. Fachschulreife, Ausbildung zum/zur Erzieher/in bzw. zum/zur Jugend- und Heimerzieher/in mit Fachhochschulreife

Internatsplätze:
ca. 70

Sprachenfolge:
E-F
E-F-Sp
Latein als spätbeginnende Fremdsprache

Klassenstärke:
ca. 20–25

Externe Schüler:
ca. 900

Konfession:
nicht gebunden

Kosten/Monat:
€ 1.740,– bis € 2.000,–

Nebenkosten/Monat:
individuell

Pädagogische Schwerpunkte/Besonderheiten:
Hohe Durchlässigkeit zwischen den Schularten, intensive schulische Förderung im Lerncampus, unterschiedliche Wege zum Abitur, Kunst, Theater, Musik, Sport, Golf als Freizeit- und Leistungssport, zahlreiche Freizeitaktivitäten, diätetische Versorgung möglich.

Tag der offenen Tür: Besichtigung nach Absprache

Ev. Seminar Maulbronn/ Gymnasium mit Internat

Klosteranlage Maulbronn

Name und Anschrift: Ev. Seminar Maulbronn, Klosterhof 17, 75433 Maulbronn
Tel. 0 70 43/9 55 09-0, Fax 0 70 43/9 55 09-15
www.seminar-maulbronn.de, info@seminar-maulbronn.de

Name des Trägers: Evangelische Seminarstiftung

Internats- und Schulleitung: Ephorus Gerhard Keitel
Kontaktaufnahme unter Tel. 0 70 43/9 55 09-0, info@seminar-maulbronn.de

Schularten:
Staatliches Gymnasium für die Klassen 9–12

Schulstatus:
Staatl. Gymnasium mit kirchlichem Internat

Schulische Ausrichtung:
Griechisch ab Klasse 9, Musikförderung, Theologie und europäische Kulturtradition

Sprachenfolge:
E-L oder E-F
in beliebiger Folge

Internatsplätze:
gesamt 100

Konfession:
evangelisch

Klassenstärke:
25

Externe Schüler:
keine

Kosten/Monat:
€ 250,– für Stipendiaten (Normalfall) ansonsten einkommensabhängig

Nebenkosten/Monat:
Fahrgeld, außerunterrichtliche Aktivitäten

Pädagogische Schwerpunkte/Besonderheiten: Lernen in überschaubaren Klassengrößen und kleinen Kursen in der Oberstufe (umfangreiches Angebot inkl. Seminarkurs), Förderangebote (auch für leistungsstarke Schüler), AGs in den Bereichen Musik, Theologie, Sprachen, Sport, musikalisches Profil im Internat (Chor, Orchester, Instrumentalunterricht), Persönlichkeitsbildung durch umfangreiches Fahrten- und Exkursionsangebot (Segeln, Berlinfahrt, Musikfreizeit, Griechenland), alle Lehrkräfte sind auch Internatsbetreuende und bilden mit den Schüler/innen eine Seminargemeinschaft

Tag der offenen Tür: Sonntag, 18. März 2018 von 14–17 Uhr mit anschließendem Konzert des Seminarchores. Schnuppertage sind jederzeit nach Absprache möglich.

Ev. Seminar im Kloster Blaubeuren

Name und Anschrift:
Ev. Seminar im Kloster Blaubeuren, Klosterhof 2, 89143 Blaubeuren
Tel. 0 73 44/96 26 12, Fax 0 73 44/96 26 96
www.seminarblaubeuren.de, ephorat@seminarblaubeuren.de

Name des Trägers:
Evangelische Seminarstiftung

Internats- und Schulleitung:
Pfarrer Dr. Henning Pleitner, Ephorus, ephorat@seminarblaubeuren.de

Schularten/Schulstatus: Staatliches Gymnasium der Klassen 9–12 mit von der Ev. Seminarstiftung Stuttgart getragenem Internat

Schulische Ausrichtung:
Religion, Musik, alte Sprachen, Europäisches Abitur

Sprachenfolge:
E, L, Gr (F), (Hebr.)
E, F, Gr (L), (Hebr.)

Internatsplätze:
insgesamt 100

Konfession:
evangelisch

Klassenstärke:
25

Externe Schüler:
keine

Kosten/Monat:
€ 250,– Stipendiaten (Normalfall) ansonsten einkommensabhängig

Nebenkosten/Monat:
Fahrgeld

Pädagogische Schwerpunkte/Besonderheiten: Begabungsförderung, intensive musikalische Arbeit, fachübergreifender Religionsunterricht, Curriculum Persönlichkeitsentwicklung, Leben in historischer Umgebung, Aufnahmeprüfung (Landexamen) im Frühsommer.

Tag der offenen Tür: 12. März 2017 von 14 bis 17 Uhr
Schnuppertermine jederzeit gerne, auf telefonische Anfrage

Evangelisches Schulzentrum Michelbach

Name und Anschrift:
Evangelisches Schulzentrum Michelbach, Hagenhofweg 35, 74544 Michelbach an der Bilz
Tel. 07 91/9 30 16-0, Fax 07 91/9 30 16-63, www.eszm.de, info@eszm.de,
FB: www.facebook.com/EvangelischesSchulzentrumMichelbach

Name des Trägers: Schulstiftung der Evang. Landeskirche in Württemberg

Internatsleitung:
OStRin Corinna Mix

Schulleitung:
Gymnasien: StD Ralph Gruber
Realschule: Rektor Achim Meindel

Schularten: Aufbaugymnasium (Kl. 8–13), Gymnasium und Realschule

Schulstatus: freie Schule mit staatlich anerkannten Abschlüssen (Mittlere Reife, Abitur)

Schulische Ausrichtung: Gymnasium und Aufbaugymnasium: 3 Profile: Musik; Religion/Diakonie; NaTuR (Naturwissenschaft, Technik und Religion) jeweils als versetzungsrelevantes Hauptfach. Realschule: Wahlpflichtfach Französisch oder Diakonie. Unicorns Academy: erste schulische Academy für American Football in Kooperation mit den Schwäbisch Hall Unicorns

Sprachenfolge:
E-F, im ABG ab Klasse 11 Sp

Konfession: nicht gebunden, evangelischer Religionsunterricht Pflicht

Externe Schüler: 420

Klassenstärke: 10–30

Internatsplätze: w.: 80, m.: 80

Nebenkosten/Monat: —

Kosten/Monat: Internat: einkommensabhängig zwischen € 498,– und € 1.421,–; Ganztagsschule € 227,50

Pädagogische Schwerpunkte/Besonderheiten: Gebundene Ganztagsschule; Anleitung zu selbstständigem Lernen durch Freiarbeit, Themenunterricht, Lernwerkstatt und Methodencurriculum; breites Angebot von Workshops; Mentorenkonzept, hauseigene Musikschule, musischer Schwerpunkt Klasse 5–7, individuelle Förderung in den Schwerpunktfächern

Tag der offenen Tür: 18.2.17, 13 Uhr. Schloss Michelbach, Schlossweg 7, Michelbach

SRH Stephen-Hawking-Schule

Name und Anschrift:
SRH Stephen-Hawking-Schule, Im Spitzerfeld 25, 69151 Neckargemünd
Tel. 0 62 23/81-3005, Fax 0 62 23/81-3006
www.stephenhawkingschule.de, info.shs@srh.de

Name des Trägers: SRH Schulen GmbH

Internatsleitung: Heike Trabold

Ansprechpartner: Thomas Bohnert

Schulleitung:
Thomas Bohnert

Schulstatus:
staatlich anerkannte Privatschule

Bildungsgänge:
Realschule, Werkrealschule, allgemeines Gymnasium, Wirtschaftsgymnasium, Sozialwissenschaftliches Gymnasium, Wirtschaftsschule, Sonderberufsfachschule Ernährung und Gesundheit

Sprachenfolge:
E-F oder E-L (Gymnasium)

Schulische Ausrichtung:
Bildungsgang abhängige Profile

Konfession: nicht gebunden

Klassenstärke: ca. 15

Internatsplätze: gesamt 230, 16 Wohngruppen mit 10–20 Schülerinnen u. Schülern

Externe Schüler: ca. 600

Kosten/Monat: Tagesschüler: € 250,–
5-Tage-Internat: € 1.850,–
7-Tage-Internat: € 2.150,–

Nebenkosten/Monat:
Verpflegung € 90,–
Verpflegung € 170,–

Pädagogische Schwerpunkte/Besonderheiten: Inklusiver Unterricht von Kindern und Jugendlichen mit und ohne Behinderung, Individuelle Förderung, IT-Schwerpunkt, moderne Ausstattung, UNESCO-Projektschule, schulübergreifende Musik-, Theater- und Sportangebote. Internat altersentsprechend strukturiert, mehrere Gemeinschaftsräume, Wohnzimmer, Esszimmer, Küche, Doppelzimmer, Einzelzimmer nach Anfrage, Betreuung durch qualifizierte Jugend-und Heimerzieher, Freizeitangebote.

Tag der offenen Tür: Infos unter www.stephenhawkingschule.de

Musisches Internat Martinihaus

Name und Anschrift:
Musisches Internat Martinihaus, Sprollstr. 27, 72108 Rottenburg
Tel. 0 74 72/9 84 10, Fax 0 74 72/98 41 26
www.martinihaus.de, info@martinihaus.de

Name des Trägers:
Stiftung St. Martinus/Diözese Rottenburg-Stuttgart

Internatsleitung:
Bernd Gräf, Stiftungsdirektor

Schularten:
Städt. Trägerschaft = Hohenbergschule: Hauptschule und Werkrealschule, Kreuzerfeld-Realschule, Eugen-Bolz-Gymnasium, Paul-Klee-Gymnasium, Gemeinschaftsschule in Rottenburg-Ergenzingen, Berufliche Schulen
Kirchl. Trägerschaft = St. Meinrad: Gymnasium, Carl-Joseph-Leiprecht-Schule: Haupt- und Gemeinschaftsschule, St. Klara: Mädchenrealschule, Progymnasium, Gymnasium

Schulische Ausrichtung:
Entsprechend der Profilierung unserer Partnerschulen (siehe Schularten). Insgesamt sehr vielseitige Profilierung aller Schularten (Sprachenfolge, Kunst, Sport, Naturwissenschaft/Technik und Wirtschaft)

Sprachenfolge:
sehr vielfältiges und differenziertes Angebot

Konfession:
alle Konfessionen

Internatsplätze:
Für 70 Jungen und Mädchen

Externe Schüler:
Schülertagesstätte und Grundschulhort für Mädchen und Jungen – Klasse 1–13

Kosten/Monat:
Einkommensabhängig, nach Vereinbarung

Fortsetzung folgende Seite

Pädagogische Schwerpunkte/Besonderheiten:

Grundlage unserer Pädagogik ist der Marchtaler Internatsplan. Bei diesem wird das Lernen mit „Kopf, Herz und Hand" in den Mittelpunkt gestellt. Das katholische St. Meinrad Gymnasium und die Werkrealschule/Gemeinschaftsschule Carl-Joseph-Leiprecht-Schule arbeiten nach dem gleichen Konzept entsprechend dem „Marchtaler Plan".

Neben den konfessionellen Schulen arbeiten wir auch sehr eng und vertraut mit den staatlichen Schulen in der Raumschaft Rottenburg zusammen.

Das ganzheitliche Erziehungs- und Bildungskonzept will Kinder und junge Menschen auf ihren Weg zum Erwachsenwerden schulisch und sozialpädagogisch begleiten und fördern. Unsere Kinder und junge Menschen werden durch Stimm-, Chor- und Instrumentalausbildung musisch gefördert.
Unter „musisch" verstehen wir natürlich auch den sportlichen und kreativ/gestalterischen Bereich sowie Theater und Kunst.

Auf Wunsch begleiten wir die Jugendliche hinsichtlich ihrer beruflichen Orientierung über die eigene Schulzeit hinaus und während der Ausbildung.

Schnuppertage: Jederzeit nach Vereinbarung möglich.

Das Internat ist Mitglied im Verband Katholischer Internate und Tagesinternate (V.K.I.T.) e.V.

Konvikt Rottweil
humanistisch-musisches Internat

Neuer Imagefilm!
www.konvikt-rottweil.de

KONVIKT ROTTWEIL
humanistisch-musisches Internat

Name und Anschrift: Konvikt Rottweil, humanistisch-musisches Internat
Johannsergasse 1, 78628 Rottweil
Tel. 07 41/53 27-0, Fax 07 41/53 27-41
www.konvikt-rottweil.de, info@konvikt-rottweil.de

Name des Trägers: Diözese Rottenburg-Stuttgart

Internats- und Schulleitung: Direktor Dr. Ulrich Fiedler

Schularten: Unsere Schüler besuchen die öffentlichen Schulen der Stadt Rottweil: 3 allgemeinbildende Gymnasien (altsprachlich, neusprachlich, mathematisch-naturwissenschaftlich), Berufliche Gymnasien (WG, SG, TG, Biotechnologisches Gymnasium), Realschule

Schulstatus: Der Lateinaufbauzug ist eine staatlich anerkannte Ergänzungsschule zum altsprachlichen Albertus-Magnus-Gymnasium.

Schulische Ausrichtung: Gymnasium, Realschule, Lateinaufbauzug

Sprachenfolge: ab Kl. 5: E; ab Kl. 6: F, L; ab Kl. 8: F, Sp, I, L, Gr; ab Kl. 9: Hebr.; ab Kl. 10: F, Sp

Konfession: katholisch/evangelisch

Externe Schüler: Schülertagesstätte mit Hausaufgabenbetreuung

Internatsplätze: w.: 15, m.: 40

Nebenkosten: einmalige Aufnahmegebühr € 200,–

Kosten/Monat: ab € 590,– (einkommensabhängig)

Pädagogische Schwerpunkte/Besonderheiten: Arbeit nach dem ganzheitlich orientierten Marchtaler Internatsplan, Arbeitsgemeinschaften in den Bereichen Religion, Kultur und Sport, breites Freizeitangebot, intensive Hausaufgabenbetreuung, Musikunterricht und Band; Lateinaufbauzug für SchülerInnen mit Mittlerer Reife.

Tag der offenen Tür: Samstag, 3. Februar 2018

Das Internat ist Mitglied im Verband Katholischer Internate und Tagesinternate (V.K.I.T.) e.V.

LATEINAUFBAUZUG
Der etwas andere Weg zum Abitur

Baden-Württemberg

DIE ALTERNATIVE ZU DEN BERUFLICHEN GYMNASIEN

Medizin, Archäologie oder Theologie studieren - dank dem Lateinaufbauzug!

In einem einjährigen Intensivkurs erarbeiten sich die Schülerinnen und Schüler solide Kenntnisse in den alten Sprachen Latein und Griechisch. Ein Beiprogramm sorgt zudem dafür, dass auch in den anderen Fächern der Anschluss nicht verpasst wird. Nach dem Ende des Schuljahres wechseln die Absolventen an das Rottweiler Albertus-Magnus-Gymnasium. Die schulische Ausbildung endet mit dem humanistischen Abitur.

Mehr Informationen: Telefon 0741 / 5327-0 oder info@konvikt-rottweil.de

LATEINAUFBAUZUG KONVIKT ROTTWEIL

- INTERNAT
- SCHÜLERTAGESSTÄTTE
- LATEINAUFBAUZUG

Konvikt Rottweil humanistisch-musisches Internat
Johannsergasse 1, 78628 Rottweil
Tel.: 0741 / 5327-0   Fax: 0741 / 5327-41
www.lateinaufbauzug.de

Salem

Name und Anschrift: Schule Schloss Salem, 88682 Salem, Tel. 07553 919-352
www.schule-schloss-salem.de, admissions@schule-schloss-salem.de

Name des Trägers: Schule Schloss Salem gGmbH

Schulleitung:
Bernd Westermeyer

Schulstatus:
staatlich anerkanntes Gymnasium in freier Trägerschaft

Schularten:
Gymnasium, International Baccalaureate

Sprachenfolge: Kl. 5: E; Kl. 6: L oder F; Kl. 8: Sp/F/L oder NWT; Kl. 10: Gr (zusätzlich zu den anderen Fremdsprachen möglich); Kl. 11+12: Gr (zusätzlich zu den anderen Fremdsprachen möglich)

Schulische Ausrichtung:
neusprachlich
math.-naturwissenschaftlich

Konfession: ohne Beschränkung

Internatsplätze: gesamt 600

Klassenstärke: ca. 14–22

Kosten/Monat: Durchschnitt: € 3.000,-

Nebenkosten/Monat: variabel

Pädagogische Schwerpunkte/Besonderheiten:
Wissensvermittlung und Persönlichkeitsbildung durch ganzheitliche Erziehung: Gemeinsinn, Selbständigkeit, Verantwortungsbewusstsein, interkulturelle Kompetenz. **Internationale Klassen** (Englisch als Unterrichtssprache) in den Jahrgängen 8–10, **International Baccalaureate** (Diploma Programme) in 11 und 12, integrierte Sprachschule in der Unterstufe, Deutsch als Fremdsprache, Hausaufgabenbetreuung, individuelle Förderung, **Summer Schools** für alle Altersstufen, **Leistungsstipendien** für ca. 25 % der Schüler; **Karriereberatung** ab Klasse 9. „Salemer Dienste" verpflichtend ab Jahrgangsstufe 9 in Einsatzdiensten (Sanitäter, Feuerwehr, THW, Nautik), sozialen sowie politischen Diensten, vielfältige **handwerkliche, musische** und **sportliche** Verpflichtungen, zahlreiche Arbeitsgemeinschaften.

Tag der offenen Tür: 01.04.2017
Schnuppertage: Jederzeit
Salem International Summer Schools: 22.07.–05.08.2017

Unsere Ziele

Unser ganzheitlich geprägtes Bildungs- und Erziehungskonzept zielt auf die kognitiven und intellektuellen Kompetenzen unserer Schüler, ohne die sozialen, musisch-kreativen und sportlichen Lern- und Erfahrungsfelder geringer zu gewichten. Salemer Schülerinnen und Schüler übernehmen Verantwortung
- zunächst für sich selbst, für die engagierte Entwicklung ihrer eigenen Kenntnisse, Fähigkeiten und Begabungen;
- sodann für die Belange der Internatsgemeinschaft, die ihren Alltag prägt;
- darüber hinaus für die Herausforderungen, die sich in Politik, Gesellschaft, Wirtschaft, Umwelt und Kultur aus weltbürgerlicher Perspektive stellen.

In Salem bilden Schule und Internat eine Einheit – und damit den bereichernden, wertebewussten und anspruchsvollen Rahmen für die umfassende Persönlichkeitsentwicklung jedes einzelnen Schülers.

Unser Profil

- staatlich anerkanntes Internatsgymnasium für die Jahrgangsstufen 5 bis 12
- 600 Internatsplätze
- Schüler und Schülerinnen aus über 40 Nationen
- Rund 25 Prozent der Schülerschaft erhalten ein Stipendium, das sich am Einkommen und Vermögen der Eltern orientiert
- Abschlüsse: Abitur oder International Baccalaureate (IB)
- Unterstufe Schloss Salem für die 5. bis 7. Klasse (Integrierte Sprachschule für Schüler ohne Deutschkenntnisse)
- Mittelstufe Schloss Salem für die 8. bis 10. Klasse: Ab Klasse 8 auch Internationale Klassen (Englisch als Unterrichtssprache in allen Fächern nach dem gymnasialen Lehrplan des Landes Baden-Württemberg)
- Oberstufe Schloss Spetzgart und Campus Härlen (Salem International College) für die 11. und 12. Klasse, sowie die beiden Jahrgänge des International Baccalaureate (Entscheidung zwischen Abitur oder IB nach Klasse 10 möglich)
- Sprachliches oder naturwissenschaftliches Profil ab Klasse 8
- intensive Studien- und Berufswahlvorbereitung
- Pädagogen-Schüler-Verhältnis 1:6; Klassengröße: 14–22; Größe der Internatsgruppen: 12–24
- 19 soziale Dienste; 20 Sportarten; 22 Lehrer für Instrumentalunterricht; 11 handwerklich-kreative Innungen; breites Outdoor-Programm; 50 Partnerschulen weltweit mit entsprechendem Austauschprogramm
- ausgeprägte Schülermitverantwortung in Schule und Internat
- eigener Bodenseehafen mit Segelbooten und Seekajaks; eigenes Hallenbad in der Mittelstufe
- Gründungsmitglied von Round Square, einem Verbund aus annähernd 100 Schulen aller Kontinente, die sich an der Pädagogik Kurt Hahns orientieren
- Mitglied im renommierten G20-Schulverbund

Die Aufnahme von Schülerinnen und Schülern
Aufnahmebedingungen

An der Schule Schloss Salem werden Kinder und Jugendliche aufgenommen, die in der Lage und bereit sind, den schulischen und internatlichen Anforderungen zu genügen. Zudem müssen sie die Grundsätze der Salemer Erziehung anerkennen: In Salem sind nicht nur die schulischen, sondern auch außerunterrichtliche Veranstaltungen wie Dienste, Innungen, Sport u.a. obligatorisch. Außerdem wird erwartet, dass die Schülerinnen und Schüler Ämter und Pflichten innerhalb der Internatsgemeinschaft übernehmen. Für eine erfolgreiche Bewerbung im Hinblick auf den gymnasialen Abiturzweig wird die sichere Beherrschung der deutschen Sprache in Wort und Schrift vorausgesetzt. Im Hinblick auf die internationalen Klassen sowie das International Baccalaureate wird die Beherrschung der englischen Sprache in Wort und Schrift gefordert. Der Eintritt kann in die Jahrgänge 5 bis 11 erfolgen. Ein Eintritt in die Jahrgangsstufe 12 ist nur ausnahmsweise möglich. Eine Aufnahme während des laufenden Schuljahres ist nicht empfehlenswert, aber in begründeten Fällen möglich. Für Unter-, Mittel- und Oberstufe gelten spezifische Aufnahmebedingungen. Entsprechende Informationen finden Sie auf unserer Website.

Landesgymnasium für Hochbegabte

Name und Anschrift:
Landesgymnasium für Hochbegabte mit Internat und Kompetenzzentrum
Universitätspark 21, 73525 Schwäbisch Gmünd
Tel. 0 71 71/10 43 81 00, Fax 0 71 71/10 43 82 00
www.lgh-gmuend.de, info@lgh-gmuend.de

Schulstatus/Name des Trägers:
Staatliche Schule in Trägerschaft des Schulverbands Landesgymnasium für Hochbegabte

Schul- und Gesamtleitung:
Dr. Christoph Sauer

Internatsleitung: Heidi Arnau

Schularten: Gymnasium (G8)
7–12 mit 12 Klassen

Schulische Ausrichtung:
Hochbegabtenförderung

Klassenstärke:
max. 24

Internatsplätze: 240

Leitung des Kompetenzzentrums:
Dr. Frank Prietz

Sprachenfolge: E, L, F in beliebiger Folge; dritte und vierte Fremdsprache: Sp, F, I, L, Gr in beliebiger Reihenfolge; Additumangebot: Arabisch, Chinesisch, Russisch

Konfession: Ev. und kath. Religionsunterricht, Ethik

Externe Schüler:
ca. 4 pro Klasse

Nebenkosten/Monat: € 20,–

Kosten/Monat: € 440,– (bei Vorliegen der Voraussetzungen können Zuschüsse nach den BAföG-Richtlinien gewährt werden)

Pädagogische Schwerpunkte/Besonderheiten: Campusschule; Aufnahme nach Intelligenzdiagnostik und Auswahlverfahren (80 % der Plätze für Schülerinnen und Schüler aus Baden-Württemberg); Potentialgruppierung, Akzeleration, Enrichment und Mentoring als Grundprinzipien aller unterrichtlichen und außerunterrichtlichen Förderangebote; Strukturierung des Schulalltags in Fundamentum und Additum, ganzheitliche Bildungsangebote mit Möglichkeiten zur Spitzenförderung; Kooperation mit Universitäten und Hochschulen, MINT-EC-Schule, Schüleraustauschprogramme

Tag der offenen Tür: 13. Januar 2018

Urspringschule

Baden-Württemberg

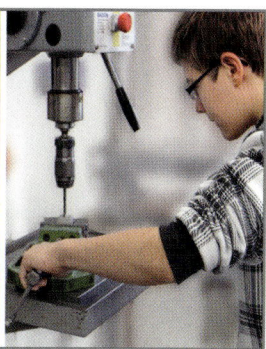

Name und Anschrift:
Urspringschule, Urspring 1, 89601 Schelklingen
Tel. 0 73 94/2 46-11, Fax 0 73 94/2 46-60
www.urspringschule.de, info@urspringschule.de
FB: www.facebook.com/Urspringschule

Name des Trägers: Stiftung Urspringschule

Internatsleitung:
Dipl.-Soz. Päd. (FH) Daniel Leichtner

Vorstand und Leiter:
PD Dr. Rainer Wetzler

Schularten: staatl. anerk. Grundschule (Kl. 3 u. 4), staatl. anerk. Gymnasium

Schulstatus: staatlich anerkannte Schule in freier Trägerschaft

Schulische Ausrichtung:
math.-naturwissenschaftlich

Konfession: Evang. Landerziehungsheim – ohne Konfessionsbeschränkung bei Schülern

Internatsplätze:
ca. 140

Sprachenfolge:
E (ab Kl. 5), F oder L (ab Kl. 6)

Klassenstärke: Ø 16 Schüler/innen

Externe Schüler: ca. 100

Kosten/Monat: € 2.740,–

Nebenkosten/Monat: variabel

Pädagogische Schwerpunkte/Besonderheiten: Die ehemalige Klosteranlage Urspring ist ein Ort gemeinsamen Lebens und Lernens für ca. 200 Schüler/innen aus aller Welt. Lernen fürs Leben in einem familiären Umfeld mit sehr hoher Betreuungsqualität und individueller Förderung: Grundschule mit Kl. 3 u. 4 • Staatlich anerkanntes Gymnasium Kl. 5 bis 12 • Quereinstieg aus anderen Schulformen möglich • Kompetenzjahr • Internationale Ausrichtung mit eigenem Sprachinstitut ab Einstiegs-Niveau A1 • Ganztagsschule mit Wahlpflichtprogramm, Werkstattunterricht und Arbeitsstunden • Internat und Kurzzeitangebot „Bed & School" • Doppelqualifikation „Abitur und Berufsausbildung" (3 Berufe: Schreiner, Maßschneider, Feinwerkmechaniker) • Basketballleistungszentrum • Reitsportangebot • 5 gemeinsame Mahlzeiten • Arbeitsgemeinschaften • Förderung bei LRS, Legasthenie und Dyskalkulie • Breites therapeutisches Angebot • Projekt „Zukunft" Berufsinformationstag • Abiturvorbereitungskurse • Sozialprojekte und non-formale Bildungsangebote • Vereinbaren Sie Ihren individuellen Besuchs- und Beratungstermin. Gerne auch mit Probeaufenthalt.

Kolleg St. Blasien
Internationales Jesuitengymnasium mit Internat für Jungen und Mädchen

Name und Anschrift:
Kolleg St. Blasien e.V., Fürstabt-Gerbert-Str. 14, 79837 St. Blasien
Tel. 0 76 72/2 70, Fax 0 76 72/2 72 71
www.kolleg-st-blasien.de, info@kolleg-st-blasien.de

Name des Trägers:
Kolleg St. Blasien e.V.

Kollegsdirektor:
P. Klaus Mertes SJ

Internatsleitung:
Marlies Woerz

Schulleitung:
OStD Dr. Hubert Müller

Schulart: Internationale Jesuitenschule, Gymnasium mit Aufbaugymnasium

Schulstatus:
staatlich anerkannt

Schulische Ausrichtung:
Jesuitenschule mit alt-/neusprachlichem und naturwissenschaftlichem Profil, internationale „Euro-Klasse" mit DaF

Sprachenfolge:
Ab Kl. 5: Englisch und Französisch oder Latein; Ab Kl. 8: Spanisch oder Chinesisch oder Griechisch oder NWT

Internatsplätze: 300

Konfession: kath./ev.

Klassenstärke: ca. 25

Externe Schüler: 550

Kosten/Monat: € 2.100,–; ab Einstieg in KS 10 € 2.300,– Stipendien möglich

Nebenkosten/Monat:
Taschengeld nach Altersstufe

Pädagogische Schwerpunkte/Besonderheiten:
Erziehung auf der Grundlage des christlichen Menschenbildes und der Tradition des Jesuitenordens: Sorge um den Einzelnen, Stärkung der Fähigkeit zur kritischen Reflexion, Auseinandersetzung mit Gott und Welt. Betreute Hausaufgabenzeiten, Sozialcurriculum, Sozialpraktikum, vielseitiges Freizeitangebot, sonntäglicher Gottesdienst. Zentrum für individuelle Begabungsförderung, Sportverein, Musikabteilung, Atelier/Kunstwerkstatt.

Tag der offenen Tür: Pfingstsamstag/-sonntag, ganzjährig Vereinbarung eines persönlichen Termins (Vorstellungsbesuche an Samstagen außerhalb der Ferien) unter Tel. +49 7672/27-209

Das Internat ist Mitglied im Verband Katholischer Internate und Tagesinternate (V.K.I.T.) e.V.

Merz Internat (VDP-Europaschule)

Name und Anschrift: Merz Internat gGmbH, Albrecht-Leo-Merz-Weg 2, 70184 Stuttgart
Tel. 07 11/2 10 34-0, Fax 07 11/2 10 34-29, www.merz-internat.de, info@merz-schule.de

Name des Trägers: Merz Internat gemeinnützige GmbH

Schul- und Internatsleitung: OStD Konstantin Merz

Schularten: Kindergarten, Grundschule, Hort, Gymnasium, Internat ab Klasse 5

Schulstatus: staatlich anerkannt

Schulische Ausrichtung: Math.-naturw., NS II, NWT 1-Zug, MINT-freundliche Schule, Ganztagesschulzug in der Orientierungsstufe (Kl. 4–6), Eliteschule des Sports

Sprachenfolge: E-L, E-F, E-Sp
3. Fremdsprache: Sp, I, F

Internatsplätze: gesamt 32

Konfession: nicht gebunden

Klassenstärke: ca. 25

Externe Schüler: ca. 700

Kosten/Monat: € 1.768,– (inklusive Schulbesuch, Unterkunft und Verpflegung)

Pädagogische Schwerpunkte/Besonderheiten: Intensive Hausaufgabenbetreuung, Legasthenieförderung, individuelle Förderprogramme für Leistungssportler und Sprachprogramme für ausländische Schüler (Sprachsiegel in Kooperation mit der Ausländerbehörde Stuttgart), internationale Ausrichtung, familiäre Betreuung, Wochenendheimfahrt möglich, Skiausfahrten und gemeinsame Freizeitaktivitäten, Debattierclub, Streitschlichter, Musischer Nachmittag mit ca. 30 Neigungsgruppen, 6 Handwerkstätten, VDP-Europaschule, ausgezeichnet mit dem ASU- Umweltsonderpreis und als MINT-freundliche Schule. Im Januar 2014 wurde die Merz Schule von der französischen Botschaft als DELF-Prüfungsschule zertifiziert. Die Merz Schule ist vom Ministerium für Kultus, Jugend und Sport Baden-Württemberg als Mitglied im Verbund „Eliteschule des Sports" und Partner des Olympiastützpunktes Stuttgart anerkannt. Abiturprüfung ist in Hockey und Tennis möglich. Internatsplätze für Spitzensportler werden individuell und ggf. in Zusammenarbeit mit Vereinen und Verbänden angeboten. Die Merz Schule ist Mitglied bei der „Mars Society Deutschland e.V."

Tag der offenen Tür: Samstag, 11. März 2017 von 10–14 Uhr

Kloster Wald
– Gymnasium und Internat für Mädchen!

Name und Anschrift: Heimschule Kloster Wald, Von-Weckenstein-Str. 2, 88639 Wald
Tel. +49(0)7578 1880, Fax +49(0)7578 188211
www.heimschule-kloster-wald.de, info@heimschule-kloster-wald.de

Name des Trägers: Schulstiftung der Erzdiözese Freiburg

Internatsleitung: Dorothea Mangold

Schulleitung: OStD'in Anita Haas

Schularten: 4. Klasse Grundschule, 5.–12. Klasse Gymnasium (G8)

Schulstatus: staatlich anerkannt

Schulische Ausrichtung: sprachliches und naturwissenschaftliches Profil

Sprachenfolge: G8: E ab Kl. 5; F ab Kl. 6, L ab Kl. 8 oder NWT / G8 (Bib. Modell): E + L ab Kl. 5, F oder NWT ab Kl. 8

Internatsplätze: w.: 110

Konfession: kath., ev., (konf. ungebunden)

Klassenstärke: ca. 25

Externe Schüler: 450, Hort mit 65 Plätzen

Kosten/Monat: Internatsbeitrag (Stand: 01/2017) € 1.042,– (Kl. 4–10), € 1.133,– (Kl. 11 u. 12); Schulgeld € 50,– (Geschwisterermäßigung); Werkstattbeitrag € 108,– (fakultativ ab Kl. 9)

Nebenkosten/Monat: je nach Klassenstufe unterschiedlich für Taschengeld, Schul- und Freizeitbedarf

Besonderheiten: Umfassende Bildung von Kopf, Herz und Hand: Abitur und Gesellenbrief (Werkstattausbildung ab 9. Klasse schulbegleitend) für Damenschneiderin, Holzbildhauerin, Schreinerin. Individuelle Förderung, Förderunterricht in Fremdsprachen für Quereinsteiger; breites musisches, theaterpädagogisches und sportliches Angebot; Religionsunterricht und Gottesdienstbesuch obligatorisch, soziale Dienste, Besinnungstage. Betreuung in kleinen Internatsgruppen, christliches Erziehungskonzept, betreute Studienzeit, Mentorinnenkonzept, umfassende Freizeit- und Wochenendgestaltung.

Tag der offenen Tür: Individuelle Besuchstermine nach Vereinbarung.

Das Internat ist Mitglied im Verband Katholischer Internate und Tagesinternate (V.K.I.T.) e.V.

Internate in Bayern

Bayern

92224 Amberg
Max-Reger-Gymnasium
Kaiser-Wilhelm-Ring 7
Tel. 0 96 21/47 18 50

Gymnasium

■ ausführliche Angaben:
Seite 127 und Seite 36

86152 Augsburg
Annakolleg
Internat und Hort für Mädchen und Jungen
Lange Gasse 11
Tel. 08 21/4 50 34 00

Haupt- und Realschule, Gymnasium

96047 Bamberg
Don Bosco Jugendwerk
Hornthalstr. 35
Tel. 09 51/9 65 70-0

Schülerheim

96049 Bamberg
Seminar Theresianum Bamberg
Karmelitenplatz 1
Tel. 09 51/9 52 24-0

Gymnasium
(Mitglied im V.K.I.T.)

96049 Bamberg
Studienseminar AUFSEESIANUM
Aufseßstr. 2
Tel. 09 51/51 90 26-0

Internat und Hausaufgabenbetreuung
(Tagesinternat)
(Mitglied im V.K.I.T.)

95448 Bayreuth
Markgräfin-Wilhelmine-Gymnasium
Königsallee 17
Tel. 09 21/7 99 91-0

Gymnasium

83471 Berchtesgaden/Schönau am Königsee
CJD Christophorusschulen Berchtesgaden
Am Dürreck 4
Tel. 0 86 52/60 40

Realschule, Gymnasium, Eliteschule des Sports, Skigymnasium

82335 Berg
Landschulheim Kempfenhausen am Starnberger See
Münchner Straße 49–63
Tel. 0 81 51/3 62 60

Gymnasium, gebundene Ganztagsschule, offene Ganztagsschule, Tagesheim, Volksschülergruppe

■ ausführliche Angaben: Seite 128

83098 Brannenburg
Institut Schloss Brannenburg,
Staatlich anerkannte Private Realschule und Fachoberschule mit Internat für Knaben und Mädchen
Tel. 0 80 34/9 06 30

Realschule, Fachoberschule

■ ausführliche Angaben: Seite 132

83339 Chieming
Landschulheim Schloss Ising am Chiemsee
Schlossstr. 3
Tel. 0 86 67/8 88 40

Gymnasium, Offene Ganztagsschule,
Tagesheim, Volksschülergruppe

■ ausführliche Angaben: Seite 129

94469 Deggendorf
Comenius-Gymnasium
Jahnstraße 8–10
Tel. 09 91/36 30-0

Gymnasium

■ ausführliche Angaben: Seite 133

85072 Eichstätt
Gabrieli-Gymnasium
Luitpoldstr. 40
Tel. 0 84 21/97 35-0

Musisches Gymnasium

■ ausführliche Angaben: Seite 134

82488 Ettal
Ettal – Gymnasium und Internat
der Benediktiner
Kaiser-Ludwig-Platz 1
Tel. 0 88 22/74 66 10

Gymnasium
(Mitglied im V.K.I.T.)

■ ausführliche Angaben: Seite 135

94081 Fürstenzell
Heimvolksschule St. Maria
Passauer Str. 21
Tel. 0 85 02/80 60

Grund- und Mittelschule

97737 Gemünden
Theodosius-Florentini-Schule
der Kreuzschwestern Gemünden
Kreuzstraße 3
Tel. 0 93 51/8 05-325

Gymnasium, Realschule
(Mitglied im V.K.I.T.)

85567 Grafing
Landschulheim Elkofen im
Collegium Augustinum
Leitenstr. 2
Tel. 0 80 92/2 32 12-0

Für Kinder mit ADS, ADHS,
Teilleistungsstörungen

91074 Herzogenaurach
Internat Liebfrauenhaus
Erlanger Str. 35
Tel. 0 91 32/74 50 70

Grund- und Hauptschule

87600 Kaufbeuren
Internat St. Maria Kaufbeuren
Kemnater Straße 23
Tel. 0 83 41/23 41

Realschule, Gymnasium
(Mitglied im V.K.I.T.)

95692 Konnersreuth
Spätberufenenseminar St. Josef Fockenfeld
Fockenfeld 1
Tel. 0 96 32/5 02-0

Gymnasium
(Mitglied im V.K.I.T.)

■ ausführliche Angaben: Seite 138

88161 Lindenberg im Allgäu
Humboldt-Institut Lindenberg
Ellgasserstr. 42
Tel. 0 75 22/9 88-0

Institut für Deutsch als Fremdsprache

■ ausführliche Angaben:
Seite 136 und Seite 24–25

88161 Lindenberg im Allgäu
Gymnasium Lindenberg mit
Humboldt-Internat
Blumenstr. 12
Tel. 0 75 22/9 88-0

Gymnasium

■ ausführliche Angaben:
Seite 137 und Seite 34

87616 Marktoberdorf/Allgäu
Gymnasium Marktoberdorf
Mühlsteig 23
Tel. 0 83 42/96 64-0

Gymnasium, Realschule, Hauptschule

■ ausführliche Angaben: Seite 139

83250 Marquartstein
Pädagogisches Zentrum
Schloss Niedernfels
Schlossstr. 39
Tel. 0 86 41/97 40-22

Grund- und Hauptschule
(Mitglied im V.K.I.T.)

83250 Marquartstein
Staatliches Landschulheim Marquartstein
Neues Schloss 1
Tel. 0 86 41/62 40

Gymnasium

87719 Mindelheim
Maria-Ward-Internat
Fuggerstr. 3
Tel. 0 82 61/7 31 30-0

Haupt- und Realschule, Gymnasium
(Mädcheninternat)

82272 Moorenweis
Kath. Landschulheim
Schloss Grunertshofen
V.-Pfetten-Füll-Str. 1
Tel. 0 81 46/9 20 80

Grund- und Mittelschule

81377 München
Studienseminar Albertinum – Tagesinternat
Westendstr. 300
Tel. 0 89/7 10 46 13

Grundschule, Realschule, Gymnasium
Tagesinternat – keine eigene Schule
(Mitglied im V.K.I.T.)

81677 München
Max-Josef-Stift
Staatliches Gymnasium
Mühlbaurstr. 15
Tel. 0 89/9 98 43 50

Gymnasium

83115 Neubeuern
Schloss Neubeuern
Internatsschule für Mädchen und Jungen
Schlossstr. 20
Tel. 0 80 35/9 06 20

Gymnasium

■ ausführliche Angaben:
Seite 140 und Seite 22–23

92318 Neumarkt
Internat der Beruflichen Schulen
Haus St. Marien gGmbH
Badstr. 88
Tel. 0 91 81/4 73-0

Internat, Berufsfachschulen
(Mitglied im V.K.I.T.)

87561 Oberstdorf
Skiinternat Oberstdorf
Roßbichlstr. 6
Tel. 0 83 22/70 05 50

Sportinternat

94496 Ortenburg
Evangelische Realschule Ortenburg
Frauenfeld 5–7
Tel. 0 85 42/9 61 50

Realschule

91257 Pegnitz
Gymnasium mit Schülerheim Pegnitz
Wilhelm-von-Humboldt-Str. 7
Tel. 0 92 41/4 83 33

Gymnasium

■ ausführliche Angaben: Seite 141

84341 Pfarrkirchen
Staatliches Schülerheim des
Gymnasiums Pfarrkirchen
Blumenhöhe 19
Tel. 0 85 61/9 71 02

Gymnasium

93055 Regensburg
Musikgymnasium der
Regensburger Domspatzen
Reichsstr. 22
Tel. 09 41/7 96 20

Gymnasium

93049 Regensburg
Private Schulen und Internate Pindl
Wittelsbacherstr. 1
Tel. 09 41/29 75 80

Gymnasium, Realschule, Wirtschaftsschule

Bayern

83677 Reichersbeuern
Max-Rill-Gymnasium
Schloss Reichersbeuern
Schlossweg 1–11
Tel. 0 80 41/78 71-0

Gymnasium

■ **ausführliche Angaben:
Seite 142–143**

84367 Reut
Aikido Internat für Integrales
Lernen und Ethische Bildung
Willenbach 21
Tel. 0 85 72/96 80 37

Montessori Oberschule

82401 Rottenbuch
Internat der Berufsfachschule für
Kinderpflege
Klosterhof 7–9
Tel. 0 88 67/91 12-0

Berufsfachschule für Kinderpflege,
Fachakademie für Sozialpädagogik
(Mitglied im V.K.I.T.)

82067 Schäftlarn
Internat und Tagesheim der
Abtei Schäftlarn
Kloster Schäftlarn
Tel. 0 81 78/79 20

Gymnasium
(Mitglied im V.K.I.T.)

■ **ausführliche Angaben: Seite 144**

91443 Scheinfeld
Internat Schloss Schwarzenberg
Schloss Schwarzenberg 1
Tel. 0 91 62/9 28 80

Realschule, Fachoberschule

■ **ausführliche Angaben:
Seite 146–147**

86938 Schondorf am Ammersee
Stiftung Landheim Schondorf
am Ammersee
Landheim 1–14
Tel. 0 81 92/80 90

Gymnasialinternat und
Grundschulinternat

■ **ausführliche Angaben:
Seite 148–149 und Seite 31**

87645 Schwangau
Gymnasium mit Internat Hohenschwangau
Colomanstr. 10
Tel. 0 83 62/93 00 50

Gymnasium

■ **ausführliche Angaben: Seite 145**

86941 St. Ottilien
Internat der Erzabtei
St. Ottilien 31
Tel. 0 81 93/71-560

Gymnasium
(Mitglied im V.K.I.T.)

83371 Stein an der Traun
Schule Schloss Stein e.V.
Schlosshof 1
Tel. 0 86 21/80 01-1 14

Gymnasium

■ ausführliche Angaben: Seite 150

94315 Straubing
Tagesheim der Ursulinen
Burggasse 40
Tel. 0 94 21/99 23-0

Realschule, Gymnasium, Fachakademie
(Mitglied im V.K.I.T.)

83278 Traunstein
Studienseminar St. Michael
Das Jungeninternat in Traunstein
Kardinal-Faulhaber-Str. 6
Tel. 08 61/1 66 82-0

Gymnasium, Realschule,
Fach- und Berufsoberschule, Mittelschule,
Private Wirtschaftsschulen
(Mitglied im V.K.I.T.)

■ ausführliche Angaben:
Seite 151 und Seite 30

97215 Uffenheim
Christian-von-Bomhard Internatsschule
Im Krämersgarten 9
Tel. 0 98 42/93 67-212

Gymnasium, Realschule,
Fachoberschule

■ ausführliche Angaben: Seite 152

85716 Unterschleißheim
Edith-Stein-Schule
Raiffeisenstr. 25
Tel. 0 89/3 10 00 10

Grund- und Hauptschule,
Realschule für Sehbehinderte

97332 Volkach am Main
Franken-Landschulheim
Schloss Gaibach
Schönbornstr. 2
Tel. 0 93 81/8 06 20

Gymnasium, Offene Ganztagsschule,
Tagesheim, Volksschülergruppe

■ ausführliche Angaben: Seite 130

97353 Wiesentheid
Steigerwald-Landschulheim
Wiesentheid
Hans-Zander-Platz 1
Tel. 0 93 83/9 72 10

Gymnasium, Offene Ganztagsschule,
Tagesheim, Volksschülergruppe

■ ausführliche Angaben: Seite 131

91575 Windsbach
Windsbacher Knabenchor
Evang.-Luth. Studienheim
Heinrich-Brandt-Str. 18
Tel. 0 98 71/7 08-0

Internat

Bayern

82515 Wolfratshausen
Erzbischöfliches Spätberufenenseminar
St. Matthias
Seminarplatz 3
Tel. 0 81 71/9 98-0

Abitur über 2. Bildungsweg
(Mitglied im V.K.I.T.)

97074 Würzburg
Matthias-Grünewald-Gymnasium/Internat
Zwerchgraben 1
Tel. 09 31/79 75 30

Gymnasium

■ ausführliche Angaben: Seite 153

97080 Würzburg
Haus St. Lioba
Berliner Platz 4
Tel. 09 31/38 66 68 00

Internat/Jugendwohnheim

97070 Würzburg
Studienseminar Julianum
Kapuzinerstr. 6
Tel. 09 31/1 30 75

Internat

94227 Zwiesel
Priv. Berufsschule für Kinderpflege des
Mädchenwerks Zwiesel e.V.
Theresienthaler Str. 1
Tel. 0 99 22/8 46 40

Berufsfachschule mit Internat

Siehe auch Seite 36

Internat des Max-Reger-Gymnasiums
Das Musische Internat

Name und Anschrift:
Staatl. Internat des Max-Reger-Gymnasiums
Kaiser-Wilhelm-Ring 7, 92224 Amberg/Opf.
Tel. 0 96 21/47 18-51 oder -56, info@internat-amberg.de
www.internat-amberg.de, www.max-reger-gymnasium.de

Name des Trägers: Freistaat Bayern

Internatsleitung:
OStR Michael Meier

Schulleitung:
OStD Wolfgang Wolters

Schularten:
Gymnasium,
Kooperation: Realschule, Wirtschaftsschule

Schulstatus: öffentlich; Möglichkeit des Erwerbs der Allg. Hochschulreife auch für Realschulabsolventen

Schulische Ausrichtung:
Musisches Gymnasium (MuG)
Profilfächer: Deutsch, Musik und Kunst
kostenloser Instrumental-/Gesangsunterricht
(weitere Möglichkeiten: SG, HG, NTG, WSG)

Sprachenfolge:
E-L, spätbeginnende Fremdsprache ab der 10. Klasse: Französisch

Internatsplätze: gesamt 60

Konfession: nicht gebunden

Klassenstärke: ca. 20–25

Externe Schüler: ca. 600

Kosten/Monat: € 395,–

Nebenkosten/Monat: Taschengeld

Pädagogische Schwerpunkte/Besonderheiten: Individuelle Betreuung in einem familiär gestalteten Lern- und Lebensraum; strukturierter Tagesablauf mit qualifiziert betreuten Studier- und Instrumentalübungszeiten. Methoden- und Lerntraining; gezielte Vorbereitung auf die allgemeine Hochschulreife; kleine Gruppen mit gleichbleibenden Erziehern, Fachlehrkräften und Assistenten; innovative Lernbegleitung. Internationale Austauschprogramme (USA, England, Frankreich, Tschechien). Vielfältige Angebote zur sinnvollen Freizeitgestaltung (Musik, Kunst, Theater, Film, Sport, Handwerk etc); erlebnispädagogische Ausrichtung (Kanusport, Wasserski, Ski alpin, Großgelände etc.).

Tag der offenen Tür: Samstag, 25. März 2017 oder jederzeit nach Vereinbarung.

Landschulheim Kempfenhausen

Zweckverband Bayerische Landschulheime

Name und Anschrift:
Gymnasium Landschulheim Kempfenhausen am Starnberger See,
Münchner Straße 49–63, 82335 Berg
Tel. 0 81 51/36 26-0, Fax 0 81 51/36 26-19
www.landschulheim-kempfenhausen.de, lsh@lshk.de

Name des Trägers: Zweckverband Bayerische Landschulheime, München

Internatsleitung:
Kirsten-Katja Schorr

Schulleitung:
OStD Martin Liebl

Schule:
Gymnasium, gebundene Ganztagsschule, offene Ganztagsschule/ Tagesheim, Volksschülergruppe (4./5. Klasse) Unterbringung und Betreuung von Real- und Fachoberschülern

Schulstatus:
öffentlich, Möglichkeit des Erwerbs der Allgemeinen Hochschulreife auch für Realschulabsolventen (Profilklasse)

Sprachenfolge: E-F, E-L

Schulische Ausrichtung:
NTG = Naturwissenschaftlich-technologisches GYM
WSG-W u. -S = Wirtschafts- und Sozialwissenschaftliches GYM mit wirtschafts- und sozialwissenschaftlichem Profil

Konfession:
nicht gebunden

Internatsplätze:
w.: 60, m.: 90

Klassenstärke:
ca. 20–30

Externe Schüler: ca. 480;
Schüler gesamt: ca. 660

Kosten/Monat: € 414,30 bis € 502,60

Nebenkosten/Monat: ca. € 70,–

Pädagogische Schwerpunkte/Besonderheiten: Intensive Hausaufgabenbetreuung, individuelle fachliche Studierzeitbetreuung, Unterstützung und Förderung durch Lehrkräfte (Coaching), umfangreiches Wahlkursangebot mit Schwerpunkten im musischen Bereich, Stützpunktschule Volleyball, Segeln, Kajak, (Big-)Band, Bläserklasse, Töpfern, Beachvolleyball, Theater- und Konzertbesuche, Film- und Videogruppe.

Landschulheim Schloss Ising

Zweckverband Bayerische Landschulheime

Name und Anschrift:
Gymnasium Landschulheim Schloss Ising am Chiemsee, Schlossstraße 3, 83339 Chieming, Tel. 0 86 67/8 88 40, Fax 0 86 67/88 84 19
www.lsh-schloss-ising.de, sekretariat@lsh-schloss-ising.de

Name des Trägers: Zweckverband Bayerische Landschulheime, München

Internatsleitung: StR'in Catrin Brandl

Schulleitung: OStD Wolfgang Brand

Schule:
Gymnasium, offene Ganztagsschule/Tagesheim. Förderung von Schülern aus nichtdeutschen Schulsystemen

Schulstatus:
öffentlich, Möglichkeit des Erwerbs der Allgemeinen Hochschulreife auch für Absolventen der Realschule, der Wirtschaftsschule oder der Mittleren-Reife-Klasse Jahrgangsstufe 10 der Mittelschule (Profilklasse)

Schulische Ausrichtung:
NTG = Naturwissenschaftlich-technologisches GYM,
WSG-W = Wirtschafts- u. Sozialwissenschaftliches GYM mit wirtschaftswissenschaftlichem Profil
SG = Sprachliches GYM

Sprachenfolge:
E-F oder E-L oder E-L-F, Italienisch als spätbeginnende Fremdsprache möglich

Internatsplätze: w.: 80, m.: 80

Konfession: nicht gebunden

Klassenstärke:
ca. 25–30, einzelne auch kleiner

Externe Schüler: ca. 270;
Schüler gesamt: ca. 430

Kosten/Monat: € 414,30 bis € 502,60

Nebenkosten/Monat: ca. € 70,-

Pädagogische Schwerpunkte/Besonderheiten: Intensive Hausaufgabenbetreuung, qualifizierte fachliche Studierzeitbetreuung durch Erzieher und Lehrer; Förderung einer systematischen, disziplinierte Arbeitshaltung; **Schule:** Coaching, Lernen lernen, English Conversation, indiv. Förderung, Deutsch als Zweitsprache, Nachhilfelehrer im Haus, Robotics; **Sport:** Segeln, Rudern, Surfen, Reiten, Golf, Akrobatik, Hip-Hop, Ballett, Tanz, Beach-Volleyball, Skifahren, Bouldern; **Kunst:** Theater, Chor, Bigband, Instrumentalunterricht, Bläserklasse, Kochen; **Soziales:** Tutoren, Streitschlichter, Sanitätsdienst, Übernahme von Verantwortung in SMV und IMV, Gesprächsrunden, Erziehung zur Verantwortung, Toleranz und Weltoffenheit.

Franken-Landschulheim Schloss Gaibach

Zweckverband Bayerische Landschulheime

Name und Anschrift: Gymnasium und Realschule Franken-Landschulheim Schloss Gaibach, Schönbornstr. 2, 97332 Volkach am Main, Tel. 0 93 81/80 62-0, Fax 0 93 81/80 62-216 www.flsh.de, schule@flsh.de

Name des Trägers: Zweckverband Bayerische Landschulheime, München

Internatsleitung: Ralf Behr, M.A.

Schulleitung: OStD Hans-Wolfgang Kremer

Schule:
Gymnasium, offene Ganztagsschule/ Tagesheim, Volksschülergruppe (auch M-Klassen)

Schulstatus:
öffentlich, Möglichkeit des Erwerbs der Allgemeinen Hochschulreife auch für Realschulabsolventen (Profilklasse)

Schulische Ausrichtung:
Gymnasium:
SG   = Sprachliches GYM
WSG-W = Wirtschafts- und Sozialwissen-schaftliches GYM mit wirtschafts-wissenschaftlichem Profil;
Realschule: Zweig I (math.), II (wirtsch.), IIIa (Französisch), IIIb (Werken)

Sprachenfolge:
SG: E-L-F, L-E-F, WSG-W: E-F, E-L, Spanisch als spätbeginnende Fremdsprache möglich

Internatsplätze: w.: 75, m.: 95

Konfession: nicht gebunden

Klassenstärke:
ca. 20–30

Externe Schüler: ca. 700;
Schüler gesamt: ca. 830

Kosten/Monat: € 386,70 bis € 469,50

Nebenkosten/Monat: ca. € 70,–

Pädagogische Schwerpunkte/Besonderheiten: Intensive Hausaufgabenbetreuung, individuelle fachliche Studierzeitbetreuung, Unterstützung und Förderung durch Lehrkräfte (Coaching), Erziehung zur Verantwortung, Toleranz und Weltoffenheit. Schwerpunkte in der Freizeit: **musisch:** Blasorchester, Band, Musiktheater, Chor; **sportlich:** Handball, Fußball für Mädchen und Jungen, Tanz, Schneesport, Badminton, Beachvolleyball, Schach, Golf, Schwimmen, Ski-Gymnastik, Sportschützengruppe, Angeln; **kulturell:** Theater- und Konzertfahrten nach Würzburg und Schweinfurt, Konzerte im Konstitutionssaal des Schlosses, Theateraufführungen, Gesprächsrunden. **Sonstiges:** Ausbildung in der Jugendfeuerwehr (auch Leistungsprüfungen), Streitschlichter, Tutorendienst, SMV-Management, Umwelt-AG. **Handwerkliches:** Kochen, Modellbau, Töpfern, Holzwerkstatt, Lederarbeiten, kreatives Gestalten. **Arbeitsgemeinschaften:** Informatik, Textverarbeitung, Programmieren, Französisch für Anfänger und Fortgeschrittene, English-Conversation, Ökologie.

Steigerwald-Landschulheim Wiesentheid

Zweckverband Bayerische Landschulheime

Name und Anschrift:
Gymnasium Steigerwald-Landschulheim Wiesentheid,
Hans-Zander-Platz 1, 97353 Wiesentheid, Tel. 0 93 83/97 21-0, Fax 0 93 83/97 21-44
www.lsh-wiesentheid.de, sekretariat@lsh-wiesentheid.de

Name des Trägers: Zweckverband Bayerische Landschulheime, München

Internatsleitung:
StD Elmar Halbritter

Schulleitung:
OStD Hilmar Kirch

Schule:
Gymnasium,
offene Ganztagsschule/Tagesheim,
Volksschülergruppe (4./5. Kl.)

Schulstatus:
öffentlich, Möglichkeit des Erwerbs der Allgemeinen Hochschulreife auch für Realschulabsolventen (Profilklasse)

Schulische Ausrichtung:
NTG = Naturwissenschaftlich-technologisches GYM,
SG = Sprachliches GYM
WSG-S = Wirtschafts- und Sozialwissenschaftliches GYM mit sozialwissenschaftlichem Profil

Sprachenfolge:
NTG: E-L oder E-F, SG: E-L-F,
WSG-S: E-L oder E-F,
Spanisch als spätbeginnende Fremdsprache möglich

Internatsplätze:
w.: 70, m.: 100

Konfession:
nicht gebunden

Klassenstärke:
ca. 20–30, einzelne auch kleiner

Externe Schüler: ca. 500;
Schüler gesamt: ca. 600

Kosten/Monat: € 386,70 bis € 469,50

Nebenkosten/Monat: ca. € 70,–

Pädagogische Schwerpunkte/Besonderheiten:
Intensive Hausaufgabenbetreuung, individuelle fachliche Studierzeitbetreuung, Unterstützung und Förderung durch Lehrkräfte (Coaching), Informatik, physikalisches Praktikum, biologisches Praktikum, Basketball-AG (Stützpunkt), Inline-Skating, ökologische Arbeitsgruppe, Astronomie, Chor, Orchester, Jazz-Group, Tanzgruppe, Theater-AG (Mittelstufe und Oberstufe), Instrumentalunterricht, Golf-AG, Video-AG, Werken.

Institut Schloss Brannenburg

Name und Anschrift: Institut Schloss Brannenburg,
Staatlich anerkannte Private Realschule und Fachoberschule mit Internat für Knaben und Mädchen
83098 Brannenburg
Tel. 0 80 34/9 06 30, Fax 0 80 34/79 96
www.InstitutSchlossBrannenburg.de, direktorat@institutschlossbrannenburg.de

Name des Trägers: Institut Schloss Brannenburg gemeinnützige Gesellschaft mit beschränkter Haftung

Internatsleitung:
Herr Dir. H. Zuber

Schulleitung/Ansprechpartner:
Herr Dir. H. Zuber

Schularten:
Realschule, Fachoberschule

Schulstatus: RS staatlich anerkannt
FOS staatlich anerkannt

Schulische Ausrichtung:
Wirtschaft, Kunst, Sozialwesen

Sprachenfolge:
E, F

Internatsplätze:
w.: 45, m.: 80

Konfession:
nicht gebunden

Klassenstärke:
15–20

Externe Schüler:
keine

Kosten/Monat:
RS: € 2.130,–, FOS: € 2.340,–

Nebenkosten/Monat:
ca. € 60,– bis € 90,–

Pädagogische Schwerpunkte/Besonderheiten:
Vielfältige Freizeitangebote, intensive Hausaufgabenkontrolle durch Lehrer und Erzieher, Nachführung bei schullaufbahnbedingten Lücken, Dyslexie-Therapie, gezielte Abschlussprüfungsvorbereitung.

Tag der offenen Tür: —

Comenius-Gymnasium

Name und Anschrift: Comenius-Gymnasium, Jahnstr. 8–10, 94469 Deggendorf
Tel. 09 91/36 30-0, Fax 09 91/36 30-122
www.comenius-gymnasium-deggendorf.de,
info@comenius-gymnasium-deggendorf.de

Name des Trägers: Freistaat Bayern

Internatsleitung:
StD Peter Scharnagl

Schulleitung:
OStD Markus Höß

Schularten:
Gymnasium

Schulstatus:
staatlich

Schulische Ausrichtung:
Naturwissenschaftlich-Technologisches Gymnasium,
Sprachliches Gymnasium,
Förderklasse für Hochbegabte

Sprachenfolge:
E-F, E-L, E-L-F
spätbeginnende Fremdsprache:
Spanisch

Internatsplätze: w.: 31, m.: 44

Konfession: nicht gebunden

Klassenstärke: durchschnittlich 28

Externe Schüler: ca. 800

Kosten/Monat: € 340,–

Nebenkosten/Monat: –

Pädagogische Schwerpunkte/Besonderheiten: Seminarschule, Förderklasse für Hochbegabte, Sportklasse, Streicherklasse, Stützpunktschule Leichtathletik und Fußball; Schüleraustausch mit Frankreich, USA, China; Hausaufgabenbetreuung, Förderunterricht, Deutschunterricht für Gastschüler, vielfältige Freizeitaktivitäten, großes Sportangebot, breit gefächerte musikalische und künstlerische Möglichkeiten; Unterbringung in Ein-, Zwei- und Dreibettzimmern mit Dusche/WC; Bibliothek, Meditationsraum, Musikraum, Werk- und Experimentierraum, Bistro, Computerraum mit Internetanschluss, attraktive Aufenthaltsräume.

Tag der offenen Tür: 11. März 2017

Gabrieli-Gymnasium

Name und Anschrift:
Gabrieli-Gymnasium, Luitpoldstraße 40, 85072 Eichstätt
Tel. 0 84 21/97 35-0, Fax 0 84 21/97 35-9190
www.gabrieli-internat.de, internat@gabrieli-gymnasium.de

Name des Trägers: Freistaat Bayern

Internatsleitung:
OStR Manfred Roppelt

Schulleitung:
OStD Adalhard Biederer

Schularten:
Gymnasium

Schulstatus:
staatlich

Schulische Ausrichtung:
Musisches Gymnasium (weitere Möglichkeiten: siehe unten)

Sprachenfolge: L–E; E–L;
spätbeginnende Fremdsprache ab der 10. Klasse: Französisch oder Italienisch

Internatsplätze:
w.: 34, m.: 32

Konfession:
nicht gebunden

Klassenstärke:
ca. 25

Externe Schüler:
850

Kosten/Monat:
€ 435,–

Nebenkosten/Monat: —

Pädagogische Schwerpunkte/Besonderheiten:
Hausaufgabenbetreuung, musikalische Förderung im Pflichtinstrument, Nachhilfe, Lerntraining, Musik, Theater, Tanzen, Werken, Sport, Segelwochenende (davon abgesehen ist das Internat an den meisten Wochenenden geschlossen); Kooperation mit dem Willibald-Gymnasium in Eichstätt (Sprachliches, Naturwissenschaftlich-technologisches und Sozialwissenschaftliches Gymnasium), der Maria-Ward-Realschule für Mädchen der Diözese Eichstätt und der Knabenrealschule Rebdorf der Diözese Eichstätt.

Tag der offenen Tür: Samstag, 6. Mai 2017

Ettal – Gymnasium und Internat der Benediktiner

Name und Anschrift: Ettal – Gymnasium und Internat der Benediktiner
Kaiser-Ludwig-Platz 1, 82488 Ettal/Oberbayern
Tel. 0 88 22/74 66 10, Fax 0 88 22/74 66 07
www.internat-ettal.de, www.ettal-campus.de, sekretariat@internat-ettal.de
FB: www.facebook.com/Internat.Ettal

Name des Trägers: Benediktinerabtei Ettal

Internatsleitung:
Frater Gregor M. Beilhack OSB

Schulleitung:
StD i. K. Hubert Hering

Schularten: Humanistisches Gymnasium mit neusprachlichem Zweig

Schulstatus:
staatlich anerkannte Privatschule

Schulische Ausrichtung:
humanistisch-neusprachlich

Sprachenfolge:
ab Kl. 5 L (und Pick-up-Kurs E),
ab Kl. 6 E, ab Kl. 8 Gr oder F

Internatsplätze: m./w.: 100
Tagesheimplätze: m./w.: 30

Konfession:
kath., ev., orthodox

Klassenstärke: Internat 15, Schule 25

Externe Schüler: 290

Kosten/Monat: € 1.150,–
(Tagesheim gestaffelt nach Betreuungszeit)

Nebenkosten/Monat: ca. € 100,–
(einmalige Aufnahmegebühr: € 150,–)

Pädagogische Schwerpunkte/Besonderheiten: Internationale Vernetzung und Sprachprogramme für ausländische Schüler; sonntägl. Internatsgottesdienst; Profilunterricht Religion; Ministrantengruppen; GCL; Musisch (Instrumentalunterricht, Chor, Orchester, BigBand); Theater; Philosophie; Sportliche Schwerpunkte, z. B. Handball, Volleyball, Tischtennis, Skifahren, Fechten, Judo, Tennis, Schwimmen; Compassionsprojekt in Kl. 10; achtjähriges Gymnasium (G8); rythmesierte Hausaufgaben und Lernbegleitung. Förderung Wintersport in Kooperation mit dem Bayerischen Skiverband.

Tag der offenen Tür: 11. Februar 2017, Besuche nach Anmeldung immer möglich.

Humboldt-Institut Lindenberg

Siehe auch Seite 24–25

Name und Anschrift:
Humboldt-Institut Lindenberg, Ellgasserstr. 42, 88161 Lindenberg im Allgäu
Tel. 0 75 22/9 88-0, Fax 0 75 22/9 88-9 88
www.humboldt-institut.org, info@humboldt-institut.org, FB: www.fb.com/humboldt.institut

Name des Trägers: Humboldt-Institut e.V.

Internatsleitung:
Florian Nowack

Schulleitung:
Anika Schadtle

Schularten:
Institut für Deutsch als Fremdsprache

Schulstatus: private Bildungseinrichtung
für Deutsch als Fremdsprache

Schulische Ausrichtung:
sprachliche Vorbereitung von Schülern, die nicht Deutsch als Muttersprache sprechen

Sprachenfolge:
es wird ausschließlich Deutsch als Fremdsprache unterrichtet

Internatsplätze:
200

Konfession:
nicht gebunden

Klassenstärke:
ca. 10

Externe Schüler: —

Kosten/Monat:
€ 2.960,-

Nebenkosten/Monat:
keine

Pädagogische Schwerpunkte/Besonderheiten:
- intensiver Deutschunterricht für nicht-muttersprachliche Schüler zur Vorbereitung auf den Besuch deutscher Internatsschulen
- spezielle Vorbereitungskurse zur Vermittlung fachsprachlicher Kenntnisse zur leichteren Integration internationaler Schüler in deutsche Internatsschulen

Tag der offenen Tür: bitte individuelle Besichtigungstermine vereinbaren

Siehe auch Seite 34

Gymnasium Lindenberg mit Humboldt-Internat

Bayern

Name und Anschrift:
Gymnasium Lindenberg, Blumenstr. 12, 88161 Lindenberg im Allgäu
Humboldt-Internat, Ellgasser Str. 42, 88161 Lindenberg im Allgäu
Tel. 0 75 22/9 88-0, Fax 0 75 22/9 88-9 88
www.internat-lindenberg.de, info@internat-lindenberg.de

Name des Trägers/Internat:
Humboldt-Institut e.V.

Träger der Schule:
Freistaat Bayern

Internatsleitung:
Anika Schadtle, Florian Nowack

Schulleitung:
OStD Hermann Endres

Schularten:
Gymnasium

Schulstatus:
staatlich

Schulische Ausrichtung:
sprachl. und naturw.-technologisches Gymnasium, bilingualer Zug

Sprachenfolge:
E-L(-F/Sp) oder E-F(-Sp)

Internatsplätze:
50

Konfession:
nicht gebunden

Klassenstärke:
28

Externe Schüler: —

Kosten/Monat:
€ 1.750,–

Nebenkosten/Monat:
keine

Pädagogische Schwerpunkte/Besonderheiten:
– bilingualer Zug (ab Jahrgangsstufe 6 wählbar)
– Forschungsförderung (mehrmalige Auszeichnung beim Wettbewerb „Jugend forscht")
– musisches Zusatzangebot: Musik (Chöre, Orchester, Big Band), Kunst, Theater
– differenziertes Tutorenprogramm
– Auszeichnung als Umweltschule in Europa 2012
– internationale Schüleraustauschprogramme mit Frankreich, USA und Ungarn

im Internat zusätzlich: Förderunterricht, Hausaufgabenbetreuung, Musik-Übungsräume, umfangreiches Freizeitangebot, Arbeitsgemeinschaften, Leben in internationaler Lerngemeinschaft, Ausflugsprogramm

Tag der offenen Tür: bitte individuelle Besichtigungstermine vereinbaren

Spätberufenenseminar St. Josef Fockenfeld

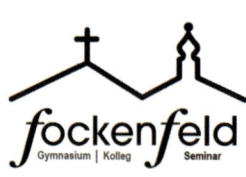

Name und Anschrift:
Spätberufenenseminar St. Josef Fockenfeld, Fockenfeld 1, 95692 Konnersreuth
Tel. 0 96 32/5 02-0, Fax 0 96 32/5 02-194
www.fockenfeld.de, seminar@fockenfeld.de, gymnasium@fockenfeld.de

Name des Trägers: Kath. Ordensgemeinschaft der Oblaten des hl. Franz von Sales

Internatsleitung:
Br. Markus Adelt OSFS

Schulleitung:
StD Albert Bauer

Schularten:
Gymnasium (Vorkurs, 10. Kl., Oberstufe)

Schulstatus:
staatlich anerkannte Privatschule

Schulische Ausrichtung:
altsprachlich, naturwissenschaftlich

Sprachenfolge: Vorkurs: E, L; 10. Kl.: E, L, Gr; Oberstufe: L, (E, Gr)

Internatsplätze: m.: 60

Konfession: röm. kath., offen für andere

Klassenstärke: 5–10

Externe Schüler: keine

Kosten/Monat: € 520,-

Nebenkosten/Monat: ca. € 30,-

Pädagogische Schwerpunkte/Besonderheiten: Als kleinstes Gymnasium Bayerns und als Spätberufenenseminar bieten wir eine einzigartige Kombination aus Bildung, Beratung, individueller Förderung, Begleitung und Freizeit für junge Männer im Alter von 15 bis 30. Gezielte Wissensvermittlung und Leistungsförderung in kleinen Klassen und Kursen. Einzelzimmer (DU & WC), Telefon & Internet. Christliche Lern- und Lebensgemeinschaft von Schülern und Pädagogen. Gemeinschaftsdienste, Gottesdienste, Gruppenstunden, Besinnungstage und liturgische Dienste sind Bestandteile des Seminarlebens. Ziel von Seminar und Schule ist die Charakterbildung nach der christlichen Werteordnung und dem humanistischen Bildungsideal. Einstieg nach Haupt-, Mittel-, Realschule oder 9. Klasse Gymnasium; ebenso nach Berufsausbildung oder -praxis. Auf Wunsch Beratung und Begleitung auf dem Weg zum geistlichen Beruf oder kirchlichen Dienst.

Tag der offenen Tür: Schnupperwochenende im Februar; Besuche/Probetage nach Absprache immer möglich.

Gymnasium Marktoberdorf

Name und Anschrift:
Gymnasium Marktoberdorf, Mühlsteig 23, 87616 Marktoberdorf
Tel. 0 83 42/96 64-0, Fax 0 83 42/96 64-60
www.internat-marktoberdorf.de, verwaltung@gymnasium-marktoberdorf.de

Name des Trägers: Freistaat Bayern

Internatsleitung:
Thorsten Lotz, Michael Kölbel,
Gisela Heydenreuter

Schulleitung/Ansprechpartner:
OStD und Schulleiter Wilhelm Mooser

Schularten:
Gymnasium, Realschule,
Hauptschule mit M 10, bedingt

Schulstatus: staatlich

Schulische Ausrichtung:
Gymnasium: Naturw.-technologisch,
musisch, Realschule (I, II, III)

Sprachenfolge:
musische Ausbildungsrichtung: E-L
naturwissenschaftlich-technologisch: E-L, E-F

Internatsplätze:
w.: 40, m.: 70

Klassenstärke: wie an allen staatl.
Schulen in Bayern

Konfession:
nicht gebunden

Kosten/Monat:
€ 430,–

Nebenkosten:
je nach zusätzlichen Leistungen

Pädagogische Schwerpunkte/Besonderheiten: Hausaufgabenbetreuung und individuelle fachliche Unterstützung durch Lehrkräfte, Musik-Übungsräume, umfassendes Freizeitangebot, am Gymnasium zusätzlich umfangreiches Informatikangebot, Gesangsunterricht; Koedukation deutscher und ausländischer Gastschüler. In der Regel 14-tägig an den Wochenenden geöffnet.

Tag der offenen Tür: Bitte individuelle Besichtigungstermine vereinbaren.

Siehe auch Seite 22–23

Schloss Neubeuern
Internatsschule für Mädchen und Jungen

Bayern

Name und Anschrift: Schloss Neubeuern, Internatsschule für Mädchen und Jungen, Schlossstr. 20, 83115 Neubeuern/Inn
Tel. 0 80 35/90 62-0, Fax 0 80 35/90 62-30
www.schloss-neubeuern.de, info@schloss-neubeuern.de

Name des Trägers: Gemeinnützige Stiftung Landerziehungsheim Neubeuern

Stiftungsvorstand und Internatsleitung: Jörg Müller

Schulleitung: Dr. Armin Stadler

Schulart: Gymnasium

Schulstatus: staatlich anerkannt

Schulische Ausrichtung:
Naturwissenschaftlich-technologisches und wirtschaftswissenschaftliches Gymnasium

Sprachenfolge:
E-L oder F
Sp ab initio ab Kl. 10

Internatsplätze:
w.: 85, m.: 95

Konfession: alle Konfessionen sind gleichermaßen willkommen

Klassenstärke:
10–16

Externe Schüler:
ca. 50 Tagesschüler

Kosten/Monat: Interne Schüler: € 3.095,–, Tagesschüler: € 1.355,–

Pädagogische Schwerpunkte/Besonderheiten: Verpflichtende Schulkleidung; Ganztags-Unterricht mit Differenzierungs-, Übungs- und Förderstunden; spät beginnende Fremdsprache Spanisch ab Kl. 10. Professionelle IT-Ausstattung; jeder Schüler in den Klassen 5–8 erhält seinen persönlichen iPad, ab der 9. Klasse ersetzt der Tablet-PC (Digital Ink) Schulheft, Ordner und Federmäppchen und erlaubt die strukturierte und fächerübergreifende Ablage von vier Jahren schulischen Wissens. Aufgaben- und Terminverwaltung über Outlook. Berufsweltbezug mit einem Schwerpunkt in der 10. Klasse, hochkarätige Praktika bei unseren Altschülern, Vorträge aus der Arbeitswelt, Entrepreneurship – Unterricht in der Unterstufe. Nachhaltige Werteerziehung mit Sozialdiensten und integrativer Klassenfahrt in Kl. 9; zahlreiche Gilden und Aktivitäten.

Tag der offenen Tür: nur individuelle Besuchstermine

Internat des Gymnasiums Pegnitz

Name und Anschrift: Gymnasium mit Schülerheim Pegnitz (Staatliche Heimschule), Wilhelm-von-Humboldt-Str. 7, 91257 Pegnitz; Tel. 0 92 41/48 33-3, Fax 0 92 41/25 64
Internat des Gymnasiums Pegnitz, Dr.-Heinrich-Dittrich-Allee 28, 91257 Pegnitz
Tel. 0 92 41/48 33-3 oder 0 92 41/25 54, Fax 0 92 41/8 03 62
www.gympeg.de, sek@gympeg.de

Name des Trägers: Freistaat Bayern

Internatsleitung:
StD Dr. Frank Keller

Schulleitung:
OStD Hermann Dembowski

Schulart:
Gymnasium

Schulstatus:
staatlich

Schulische Ausrichtung:
NTG
SG
WSG-S

Sprachenfolge:
NTG: E-L/F
SG: E-L/F   } ab 10. Jahrgangsstufe
WSG-S: E-L/F   Italienisch möglich

Internatsplätze:
m.: 37, w.: 0

Konfession:
nicht gebunden

Klassenstärke:
18–30

Externe Schüler:
ca. 750

Kosten/Monat:
€ 395,–

Nebenkosten/Monat: –

Pädagogische Schwerpunkte/Besonderheiten:
- Betreute Studierzeit (Hausaufgaben-Betreuung und individuelle Unterstützung durch Lehrer des Gymnasiums)
- umfassendes Freizeitangebot
- Die Schüler fahren jedes Wochenende nach Hause.

Tag der offenen Tür: immer im März/April (siehe Homepage)

Max-Rill-Gymnasium Schloss Reichersbeuern

Name und Anschrift:
Max-Rill-Gymnasium Schloss Reichersbeuern, Schlossweg 1–11, 83677 Reichersbeuern
Tel. 0 80 41/78 71-0, Fax 0 80 41/46 75
www.max-rill-gym.de, info@max-rill-gym.de

Name des Trägers:
Max-Rill-Gymnasium Schloss Reichersbeuern e.V.

Gesamtleitung:
Carmen Mendez

Internatsleitung:
Anna Marszalek

Schulleitung:
Carmen Mendez

Schularten:
Gymnasium

Schulstatus:
staatlich anerkannt

Schulische Ausrichtung:
Sozialwissenschaftliches Gymnasium

Sprachenfolge:
E-L oder E-F

Internatsplätze:
w.: 35, m.: 45

Konfession:
nicht gebunden

Klassenstärke:
10 bis 20 (stufen- und kursabhängig)

Externe Schüler:
ca. 70 (Tagesschule)

Kosten/Monat:
Internat: € 2.200,–
Tagesschule: € 800,–,
Schulgeldermäßigung möglich

Nebenkosten/Monat:
Je nach zusätzlichen Leistungen,
z.B. Studienfahrten, Exkursionen

Tag der offenen Tür: 11. März 2017 und 28. Juli 2017, individuelle Besuchstermine

Pädagogische Schwerpunkte:

- Fundierte Wissensvermittlung und Persönlichkeitsbildung durch soziale, musisch-ästhetische und interkulturelle Bildung und Erziehung
- Inklusiver pädagogischer Ansatz, der gezieltes Arbeiten mit jungen Menschen mit Asperger-Autismus, Legasthenie/LRS, ADHS als auch Hochbegabung beinhaltet (Legasthenie-, Lern- und Sozialcoaching)
- Individualisierte Betreuung und Förderung mit Lernzeiten in der Ganztagesschule und im Internat
- Begleitung der Eingliederung und Umschulung von genehmigten Schulen und Regelschulen ggf. mit Wechsel des Zweiges, Nachholfristen, Probezeiten oder Überspringen eines Jahrganges
- Planbare und angekündigte Leistungsüberprüfungen, verstärkter mündlicher Fremdsprachenunterricht
- Regelmäßige Lernstandsgespräche im Gymnasium und Entwicklungsgespräche im Internat mit Schülern und Eltern

Besonderheiten:

- Kleinstes deutsches Internatsgymnasium in historischem Ambiente
- Bayerisches Modellgymnasium im sozialwissenschaftlichen Zweig mit mehreren Berufspraktika, Projektarbeit und Klassenstunde
- Musisch-ästhetischer Profilbereich mit Gesangs- und Instrumentalunterricht, Theater-, Sprech- und Vortragskursen
- Sportliches und kreatives Gildenangebot: Skifahren, Snowboarden, Bergtouren, Reiten (Bestallung von Pferden), Klettern, Wassersport, Holzschnitzerei, Kochen, Beachvolleyball, Basketball etc.
- CAS- und Computerunterricht, Laptops im Projektraum, Whiteboard-Rollout
- Internationale Schüler mit eigener Sprach-Betreuung aus China, Russland etc.
- Mehrfache Nominierung des Theaters für den Tassilo-Preis der Süddeutschen Zeitung und Preis für soziales Engagement 2009
- Verkehrsanbindung nach München in 45 min

Schlossweg 1 - 11
83677 Reicherbeuern
Telefon 0 80 41 / 78 71 0
info@max-rill-gym.de
www.max-rill-gym.de

Internat und Tagesheim der Abtei Schäftlarn

Name und Anschrift:
Internat und Tagesheim der Abtei Schäftlarn, 82067 Kloster Schäftlarn (bei München)
Tel. 0 81 78/79 20, Fax 0 81 78/79 72
www.abtei-schaeftlarn.de, internat@abtei-schaeftlarn.de

Name des Trägers: Benediktinerabtei Schäftlarn

Internatsleitung:
Dipl. Phys. Anton Gunnesch
Dipl. Theol. Caspar van Laak

Schulleitung:
OStD Wolfgang Sagmeister
StD i.K. Reinhard Rosenbeck

Schulart:
Gymnasium

Schulstatus:
staatlich anerkannt

Schulische Ausrichtung:
Sprachlich-humanistisch

Sprachenfolge:
ab Kl. 5 L, ab Kl. 6 E, ab Kl. 8 F oder Gr, ab Kl.10 bis Kl.12 Sp

Internatsplätze:
m.: 52, Tagesheimplätze: m./w.: 500

Konfession:
katholisch, evangelisch, orthodox, o.B.

Klassenstärke:
ca. 23

Gesamtschüler:
ca. 530

Kosten/Monat:
€ 385,- / mit Internat € 492,-

Nebenkosten/Monat:
ca. € 40,-

Pädagogische Schwerpunkte/Besonderheiten:
Ganzheitliche christliche Bildung und Erziehung, Bläser-Klasse, Chor-Klasse, Akrobatik-Klasse, Fußball-Klasse, intensive Betreuung, individuelle Förderung, methodisches und soziales Lernen, Lernbüros in den Kernfächern, Tutoren-Programm, Schüleraustausch mit Frankreich, Kanada, Peru und Indien.

Tag der offenen Tür: 3. Februar 2018

Gymnasium mit Internat Hohenschwangau

Name und Anschrift:
Gymnasium mit Internat Hohenschwangau, Colomanstr. 10, 87645 Schwangau
Tel. 0 83 62/93 00 50, Fax 0 83 62/9 30 05 17
www.gymnasium-hohenschwangau.de, verwaltung@gymnasium-hohenschwangau.de

Name des Trägers: Freistaat Bayern

Internatsleitung: StD Georg Waldmann, OStR Florian v. Polenz

Schulleitung: OStD Thomas Schauer, StD Gregor Drohmann (Stellvertreter)

Schularten:
Gymnasium

Schulstatus:
staatlich

Schulische Ausrichtung:
Naturwissenschaftl.-technologisches Gymnasium, Sprachliches Gymnasium

Sprachenfolge:
E, F/L; E, L, F
I (spätbeginnende FS)

Internatsplätze:
w.: 30, m.: 70

Konfession:
nicht gebunden

Klassenstärke: 20–30

Externe Schüler: ca. 650

Kosten/Monat:
€ 475,-

Nebenkosten/Monat:
je nach zusätzlichen Aktivitäten

Pädagogische Schwerpunkte/Besonderheiten: Partnerschule des Wintersports; Leistungssportkooperationen Eishockey und Ski; ausländische Gastschüler in deutsche Klassen integriert; Theater, Chor und Bigband; Sprachzertifikate DELF und CAE; Italienisch als spätbeginnende Fremdsprache (ab 10. Klasse); Europäischer Computerführerschein ECDL, MINT-freundliche Schule (MINT=Mathematik, Informatik, Naturwissenschaft, Technik); Hausaufgabenbetreuung; im Internat schulische Unterstützung durch Fachlehrkräfte am Nachmittag; für ausländ. Internatsschüler extra Deutsch als Fremdsprache (ab 10. Klasse); das Internat ist jedes Wochenende (außer in den Ferien) geöffnet.

Tag der offenen Tür: Bitte auf der Homepage der Schule nachlesen bzw. individuellen Besichtigungstermin vereinbaren.

Internat Schloss Schwarzenberg

Name und Anschrift: Internat Schloss Schwarzenberg
91443 Scheinfeld, Tel. 09162 9288-0, Fax 09162 9288-27
www.schloss-schwarzenberg.de, sekretariat@schloss-schwarzenberg.de

Name des Trägers: Mathilde-Zimmer-Stiftung Landschulheim Schule Schloss Schwarzenberg e.V.

Internatsleitung: Angelika Köhler

Gesamtleitung: Arno Kaesberg

Schularten: intern: Realschule und Fachoberschule; extern: Mittelschule, Gymnasium, Berufsfachschule für Hauswirtschaft, Agrarwirtschaft, Kinder- und Sozialpflege sowie Alten- und Krankenpflege

Schulstatus:
private, staatlich anerkannte Realschule und Fachoberschule

Schulische Ausrichtung:
Realschule Zweig I, II, III a (F), III b (Ku); Fachoberschule Wirtschaft und Verwaltung – Technik – Sozialwesen

Sprachenfolge:
E/fakultativ F

Internatsplätze: w.: 30, m.: 50

Konfession: nicht gebunden

Klassenstärke: 18–25

Externe Schüler: 350

Kosten/Monat: € 920,– für Real- und Mittelschule, Gymnasium, BSZ; € 980,– FOS 11. Klasse; € 1.025,– FOS 12. Klasse; jeweils für 11 Schulmonate

Nebenkosten:
Taschengeld, An- und Rückfahrt

Pädagogische Schwerpunkte/Besonderheiten: Internat mit familiärer Struktur in sechs Häusern (einzelne Bungalows); umfangreiches Ganztagesangebot mit intensiver Förderung der Prüfungsfächer (Deutsch, Mathematik, Englisch, Physik, Französisch, BWR usw.) und Hausaufgabenbetreuung; breites Sportangebot, z. B. Fußball, Schwimmen, Tanz, Krafttraining, Hip Hop, Tischtennis; Musikangebot wie Schulorchester, Bläsergruppe, Gitarrenkurse, Einzelunterricht Klavier; weitere Kurse wie Bewerbungstraining, Kochkurs, kreatives Basteln, Theater, Schulsanitätsdienst u.v.a.m. Schulpartnerschaft Ungarn. Probewohnen auf Anfrage. Die Schüler sollen lernen, Pflichten zu übernehmen und Anstrengungsbereitschaft zu zeigen. Groß geschrieben werden Anstand und Wertevermittlung.

Tag der offenen Tür: 21.05.2017 Schulfest von 13.00 bis 16.00 Uhr

**Internat
Realschule
Fachoberschule
Schloss Schwarzenberg**

Stiftung Landheim Schondorf am Ammersee

Siehe auch Seite 31

LANDHEIM SCHONDORF
INTERNATSSCHULEN AM AMMERSEE | SEIT 1905

Name und Anschrift: Stiftung Landheim Schondorf am Ammersee, Landheim 1–14, 86938 Schondorf, Tel. 0 81 92/80 90, Fax 0 81 92/79 93
www.landheim-schondorf.de, aufnahme@landheim-schondorf.de
FB: www.facebook.com/LandheimSchondorf

Name des Trägers: Stiftung Landheim Schondorf am Ammersee

Stiftungsleitung: Rüdiger Häusler

Internatsleitung: Andreas Öhlerking

Schulleitung: Matthias Bangert

Schulstatus: ERG: staatlich anerkannt, JLG: staatlich genehmigt, GS: staatlich anerkannt

Schulische Ausrichtung: sprachlich, wirtschafts- und sozialwissenschaftlich

Sprachenfolge:
ab Kl. 5: E, ab Kl. 6: L oder F,
ab Kl. 8: F oder Sp oder Wirtschaft und Recht

Schularten:
Ernst-Reisinger-Gymnasium (ERG)
Julius-Lohmann-Gymnasium (JLG)
Julie-Kerschensteiner-Grundschule (GS)

Konfession: nicht gebunden

Klassenstärke:
5–26

Internatsplätze:
w.: 100, m.: 100

Externe Schüler:
ca. 120 Tagesheimschüler

Kosten/Monat:
GS-Internat Kl. 1–4: € 2.990,–
Internatsgymnasien Kl. 5–12:
€ 2.840,– bis 3.140,–

Nebenkosten/Monat:
ca. € 150,– je nach Klassenstufe

Tag der offenen Tür: 11.02.2017, 01.04.2017, 20.05.2017

Ansprechpartner für Anfragen (Aufnahme):
Ganzjährige Vereinbarung eines persönlichen Termins unter Tel. 0 81 92/8 09-214

Siehe auch Seite 31

Pädagogische Schwerpunkte/Besonderheiten:
- Ganzheitlicher Erziehungs- und Ausbildungsansatz: Lernen mit Kopf, Herz und Hand

Neben dem vielfältigen Unterrichtsangebot bieten wir ca. 20 Werkstätten und Arbeitsgemeinschaften im:

- handwerklich-technischen Bereich (Schreinerei, Schlosserei, Buchbinderei, Film & Video, Gärtnerei u.a.)
- künstlerisch-musischen Bereich (Theater, Gesang, Instrumentalunterricht, Foto, Töpferei, Schreiben, Druckerei, Werken u.a.)
- sportlichen Bereich (Fußball, Basketball, Hockey, Skifahren, Rudern, Segeln, Tennis, Klettern, u.a.)

Weitere Besonderheiten:
- Dreikerniges Schulprofil: Mit unserer privaten Grundschule bieten wir unseren Schüler eine exzellente Ausbildung ab der ersten Klasse. Neben dem staatlich anerkannten Ernst-Reisinger-Gymnasium ist das genehmigte Julius-Lohmann-Gymnasium eine passende Alternative für Schüler ohne Übertrittzeugnis, aber die bei erkennbarer gymnasialer Eignung ihre Stärken mit unserem pädagogischen Konzept entwickeln wollen
- Individuelle Zuwendung und Betreuung in kleinen Klassen
- Dem Einzelnen gerecht werden durch individuelle Förderung und Herausforderung
- Ziel- und Feedbackgespräche mit Vertrauenspersonen aus Schule und Internat
- Überdurchschnittliches, betreutes Freizeitangebot auf einzigartig gelegenem Campus am Ufer des Ammersees mit eigenem Badesteg
- Optimale Infrastruktur und günstige Verkehrsanbindung nach München und Augsburg
- Weiterer Schwerpunkt auf Internationalisierung (Mitgliedschaft beim globalen Schulnetzwerk Round Square und damit verbundene Austauschprogramme, www.roundsquare.org)
- Kooperationen mit internationalen Universitäten

Schule Schloss Stein

Name und Anschrift:
Schule Schloss Stein e. V., Schlosshof 1, 83371 Stein an der Traun
Tel. 0 86 21/80 01-114, Fax 0 86 21/80 01-110
www.schule-schloss-stein.de, info@schule-schloss-stein.de

Name des Trägers: Schule Schloss Stein e. V.

Internatsleitung:
Sebastian Ziegler

Schulleitung:
Friedrich Flamm

Schulart:
Internatsgymnasium

Schulstatus:
staatlich anerkannt

Schulische Ausrichtung:
sprachlich
wirtschaftswissenschaftlich

Sprachenfolge:
E-L-F bzw. E-L-Sp
E-F bzw. E-L

Internatsplätze:
w.: 50, m.: 60

Konfession: —

Klassenstärke: 15–20

Externe Schüler: ca. 45 Tagesheimschüler

Kosten/Monat: Kl. 5–7: € 2.974,–
Kl. 8–10: € 3.295,–
Kl. 11 und 12: € 3.395,–

Nebenkosten/Monat:
ca. € 350,–

Pädagogische Schwerpunkte/Besonderheiten: Förderung und Forderung in familiärer Atmosphäre, Unterricht in kleinen Klassen mit intensiver Hausaufgabenbetreuung und Förderkursen. Mannschaftssportarten, Tennis, Golf, Schwimmen, Rugby, eigener Reitstall, Theater, Malerei, Bildhauerei, Chor, Instrumentalunterricht. Schulkleidung, Hightech Turnhalle mit Glasschwingboden.

Siehe auch Seite 30

Studienseminar St. Michael
Das Jungeninternat in Traunstein

Name und Anschrift: Studienseminar St. Michael
Kardinal-Faulhaber-Straße 6, 83278 Traunstein, Tel. +49 8 61/1 66 82-0,
Fax +49 8 61/1 66 82-20, www.studienseminar-stmichael.de, info@seminar-traunstein.de

Name des Trägers: Stiftung „Erzbischöfliches Studienseminar St. Michael Traunstein"

Internatsleitung: Direktor Wolfgang Dinglreiter

Wahlmöglichkeit aus 3 Schultypen:
Gymnasium: sprachlich/naturwissenschaftlich-technologisch
Realschule: mathematisch-naturwissenschaftlich/wirtschaftlich-kaufmännisch/fremdsprachlich/musisch-gestalterisch
FOS/BOS: Sozialzweig, Wirtschaftszweig, Technischer Zweig

Sprachenfolge: Je nach Schultyp mehrere Möglichkeiten zur Auswahl.

Internatsplätze: m.: 50 Betreuung in kleinen Gruppen.

Eigenanteil/Monat: € 430,–
(Verpflegung, Unterbringung, Betreuung).
Förderungen bei Bedarf möglich

Nebenkosten/Monat: Musikunterricht, Taschengeld, Heimfahrten, Schulmaterial

Pädagogische Schwerpunkte/Besonderheiten:
Wir sind **Spezialisten für Jungenpädagogik**: Einstieg ab der 5. Schulstufe, aber auch später möglich • **Mehrere Schulen zur Auswahl:** Gymnasium, Realschule, FOS/BOS • **Lernbegleitung mit neuen Lernmethoden:** Lerntypentest, Lernzielvereinbarung, Lösungsorientierte Lernberatung, Lernbetreuung in kleinen Gruppen • **Sport, Musik und viele Freizeitmöglichkeiten:** Sportanlagen, Hallenbad/Naturschwimmteich, eigener Musiklehrer, Ausflüge u. a. • **Attraktive Zusatzqualifikationen, praxisnah vermittelt:** IT- und Medienkompetenz, Schöpfungsverantwortung, Natur- und Freiraumgestaltung, Handwerk, Kunst, Jugend-Gastronomie, Gartenpflege, Kochen.
• **Christliche Werte – zeitgemäß gelebt:** Christ sein mit Courage • **Wir sind für Ihr Kind/Ihren Jugendlichen gerne ein „zweites Zuhause".**

Bei unseren **Test- und Demo-Days** (mit und ohne Übernachtung) laden wir interessierte Jungen ein, unser Haus und unsere Pädagogen kennen zu lernen. Jeweils mit zusätzlicher Eltern-Info. Gerne informieren wir Sie über die Details.

Das Internat ist Mitglied im Verband Katholischer Internate und Tagesinternate (V.K.I.T.) e.V.

Christian-von-Bomhard Internatsschule

Evangelische Internate Deutschlands

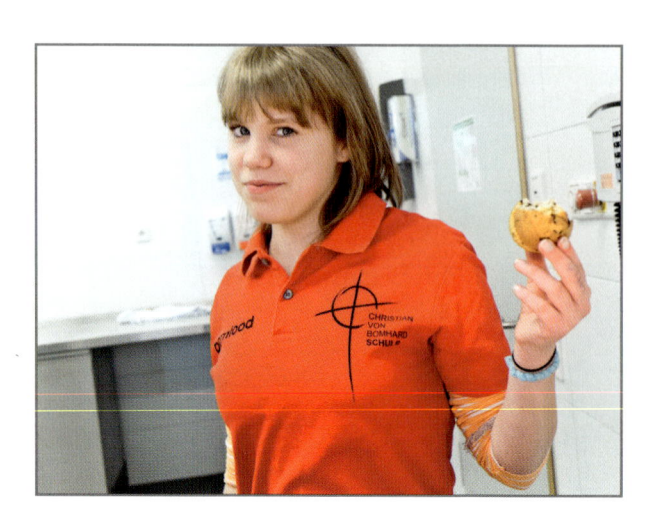

Name und Anschrift:
Christian-von-Bomhard Internatsschule, Im Krämersgarten 9, 97215 Uffenheim
Tel. 0 98 42/93 67-212, Fax 0 98 42/93 67-255
www.bomhardschule.de, internat@bomhardschule.de

Name des Trägers: Christian-von-Bomhard Stiftung

Internatsleitung:
Fr. M. Fella, Diakon J. Schwarzbeck

Schulleitung:
Ltd. Direktor, StD i.K. W. Malcher

Schularten:
Gymnasium, Realschule, Fachoberschule für Wirtschaft und Verwaltung sowie für Sozialwesen

Schulstatus:
staatlich anerkannt

Schulische Ausrichtung:
Neusprachlich, mathematisch-technologisch in RS alle Ausbildungsrichtungen

Sprachenfolge:
Gym.: E-L-F (neu ab 2016/2017: E-L-Sp oder E-F-Sp); RS: E-F

Internatsplätze:
w.: 25, m.: 45

Konfession: evangelisch;
Aufnahme aller Konfessionen

Klassenstärke:
ca. 18–30

Externe Schüler:
ca. 860

Kosten/Monat:
€ 1.170,–

Nebenkosten/Monat:
ca. € 100,–

Pädagogische Schwerpunkte/Besonderheiten:
Psychologischer Fachdienst, intensive Hausaufgabenbetreuung, Sport, Theater, musisches Leben, individuelle Förderung, Schülerfirmen, ethisch-ästhetische Werteerziehung in Zusammenarbeit mit der Klassikstiftung Weimar und dem Nietzschehaus Sils-Maria (CH), Kulinarik, Comeniusprojekte, internationale Ausrichtung

Tag der offenen Tür: siehe www.bomhardschule.de

Internat des Matthias-Grünewald-Gymnasiums

Name und Anschrift: Staatliches Internat des Matthias-Grünewald-Gymnasiums, Zwerchgraben 1, 97074 Würzburg
Tel. 09 31/79 75 30 (Sekretariat) oder 09 31/79 75 31-3107 (Internatsleitung)
www.mggw-online.de

Name des Trägers: Freistaat Bayern

Internatsleitung:
StD Dr. Holger Saurenbach

Schulleitung:
OStD Dr. Martin Sachse-Weinert

Schulart: Gymnasium

Schulstatus: öffentlich

Schulische Ausrichtung:
Musisches Gymnasium
Sprachliches Gymnasium
Studienzweig Musik
Partnerschule der Roland-Berger-Stiftung

Sprachenfolge:
musischer Zweig: L-E oder E-L
sprachlicher Zweig: L-E-F oder E-L-F
neusprachlicher Zweig: E-F-Sp/I
spätbeginnende Fremdsprache ab der 10. Klasse: Sp/I (im musischen Zweig auch F)

Internatsplätze: insgesamt 80

Konfession: nicht gebunden

Klassenstärke: ca. 25

Externe Schüler: ca. 600

Kosten/Monat: € 370,– (Mehrbettzimmer)
€ 390,– (Einzelzimmer)

Nebenkosten/Monat: Taschengeld

Pädagogische Schwerpunkte/Besonderheiten: internationale Ausrichtung; Austauschprogramme (Irland, Frankreich, Italien); breit gefächerte musikalische (z.B. Chor, Orchester, Kammermusikensembles, Big-Band), künstlerische und sportliche Angebote; vielseitiges Kursangebot im Bereich Tanz; Theatergruppen; Studienzweig MUSIK (einzigartig in Bayern) für musikalisch hochbegabte Schüler; Partnerschule der Roland-Berger-Stiftung (nähere Informationen auf www.schuelerstipendium.org); LEGO-Robotic-Kurs; Junior-Ingenieur-Akademie (in Zusammenarbeit mit der Telekom-Stiftung); Schul- und Internatsgebäude vollständig saniert; attraktiv gestaltete Gemeinschaftsräume; moderne technische Ausstattung in Schule und Internat; qualitativ hochwertige individuelle Betreuung im Internat; strukturierter Tagesablauf mit individueller fachlicher Förderung am Nachmittag und Abend durch Lehrkräfte des Gymnasiums; vielfältige Angebote zur sinnvollen Freizeitgestaltung im Internat (Musik, Kunst, Sport etc.)

Tag der offenen Tür: 18.03.17, individuelles Beratungsgespräch jederzeit möglich

Internate in Berlin

10409 Berlin
Staatliche Ballettschule und
Schule für Artistik
Erich-Weinert-Str. 103
Tel. 0 30/4 05 77 90

Grund- und Realschule,
Berufsfachschule,
Gymnasiale Oberstufe

13053 Berlin
Haus der Athleten
Schul- und Leistungssportzentrum
Berlin (SLZB)
Fritz-Lesch-Str. 35
Tel. 0 30/9 83 18 54 00

Sportbetonte Gesamtschule mit
Grundschule und gymnasialer
Oberstufe

13505 Berlin
Schulfarm Insel Scharfenberg
Gymnasium Berlin
Tel. 0 30/43 09 44 33-0

Gymnasium

14195 Berlin-Dahlem
Königin-Luise-Stiftung
Schulen und Internat
Podbielskiallee 78
Tel. 0 30/8 41 81-3

Grund-, Integrierte Sekundarschule,
Gymnasium

■ **ausführliche Angaben: Seite 157**

14532 Kleinmachnow (Berlin/Potsdam)
BBIS Berlin Brandenburg
International School GmbH
Schopfheimer Allee 10
Tel. 03 32 03/80 36-0

Private, internationale, englischsprachige
Ganztagsschule mit angegliedertem
Internat, Elementary School (3 Jahre –
5. Klasse), Middle School (6.–8. Klasse),
High School (9.–12. Klasse)

■ **ausführliche Angaben: Seite 158**

Königin-Luise-Stiftung
Schulen und Internat

Name und Anschrift:
Königin-Luise-Stiftung Schulen und Internat, Podbielskiallee 78, 14195 Berlin (Dahlem)
Tel. 0 30/8 41 81-3, Fax 0 30/8 41 81-480
www.koenigin-luise-stiftung.de, internat@kls-berlin.de

Name des Trägers: Königin-Luise-Stiftung Schulen und Internat

Internatsleitung: Eileen Leopold	**Schulleitung/Ansprechpartner:** Grundschule: Alexander Kaiser, Integrierte Sekundarschule: Claas Theesfeld, Gymnasium: Matthias Schönleber
Schularten: Grund-, Integrierte Sekundarschule, Gymnasium	**Schulstatus:** staatlich anerkannt
Schulische Ausrichtung: grundständig – neusprachlich, Kooperation von Sekundarschule und Gymnasium	**Sprachenfolge:** E-F-L-Sp, E-L-F-Sp
Internatsplätze: 56	**Konfession:** alle
Klassenstärke: ca. 20	**Externe Schüler:** 861
Kosten/Monat: intern: € 1.706,50 extern: Einkommensabhängig, max. € 350,–	**Nebenkosten/Monat:** Klassen-/Internatsreisen, Freizeitaufenthalt (Sportverein o.ä.)

Pädagogische Schwerpunkte/Besonderheiten: soziales Lernen, Hauptstadt-Aktivitäten, ausländische Partnerschaften, AG-Angebote, Musik, Theater, Sport, schuleigener Hort.

Tag der offenen Tür: voraussichtlich 18.11.2017

BBIS Berlin Brandenburg International School

Name und Anschrift: BBIS Berlin Brandenburg International School
Schopfheimer Allee 10, 14532 Kleinmachnow (Berlin/Potsdam)
Tel. 03 32 03/80 36-0, Fax 03 32 03/80 36-121
www.bbis.de, office@bbis.de, FB: www.facebook.com/BBISofficial, Twitter: twitter.com/BBISofficial

Name des Trägers: BBIS Berlin Brandenburg International School GmbH

Internatsleitung:
Whitney Sterling

Schulleitung:
Direktor: Peter Kotrc
Verwaltungsdirektor: Burkhard Dolata

Schulart: Private, internationale, englischsprachige Ganztagsschule mit angegliedertem Internat, Elementary School (3 Jahre – 5. Klasse), Middle School (6.–8. Klasse), High School (9.–12. Klasse)

Schulstatus: Staatlich genehmigte Ersatzschule (1.–10. Klasse) bzw. Ergänzungsschule (11./12. Klasse), IB World School

Schulische Ausrichtung:
Künstlerische, naturwissenschaftliche, spachliche und sportliche Ausrichtung

Sprachenfolge:
E, D, F, Sp

Internatsplätze: w.: 40, m.: 40

Konfession: nicht gebunden

Klassenstärke: max. 20

Externe Schüler: 620

Kosten/Monat:
Schule: € 891,– bis € 1.425,–
Internat: € 1.483,–

Nebenkosten/Monat: € 108,– (Schulbusservice, optional), € 50,– (Sportbekleidung, Klassenfahrten, einige Aktivitäten im Internat)

Pädagogische Schwerpunkte/Besonderheiten: Anspruchsvolles englischsprachiges Schulprogramm im Rahmen des weltweit anerkannten International Baccalaureate (IB): Middle Years Program (MYP) für die Jahrgänge 9–10 und Diploma (IBDP) bzw. Career-related certificates Program (IBCP) für die Jahrgänge 11–12. Einzel- und Doppelzimmer mit privaten Bädern (en suite). Die gemütlichen Gemeinschaftsräume und das weitläufige Schulgelände bieten ein Zuhause für ca. 70 Jugendliche aus 30+ Ländern. Ein Betreuerteam lebt im Internat und beaufsichtigt die Internatsschüler morgens und abends sowie an Wochenenden. Das Internatsleben bietet u. a. ein englischsprachiges Umfeld, Hausaufgabenbetreuung, Lebenskunde und diverse Freizeitaktivitäten.

Tag der offenen Tür: 11. Februar 2017

Internate in Brandenburg

03050 Cottbus
Haus der Athleten
Dresdner Straße 18
Tel. 03 55/4 99 00

Sportinternat

14943 Luckenwalde
Friedrich-Ludwig-Jahn-Oberschule
Ludwig-Jahn-Straße 27
Tel. 0 33 71/64 20 39

Gesamtschule mit gymnasialer Oberstufe, Eliteschule des Sports

14641 Nauen
Leonardo-da-Vinci-Campus Nauen
Alfred-Nobel-Straße 10
Tel. 0 33 21/7 48 78 20

Gymnasium, Grundschule, Gesamtschule

■ **ausführliche Angaben: Seite 161**

16845 Neustadt/Dosse
Internat Schloss Spiegelberg gGmbH
Spiegelberg 34
Tel. 03 39 70/51 81 99

Gesamtschule mit besonderer Prägung, gymnasiale Oberstufe und speziellem sportlichen Profil Reitsport

15898 Neuzelle
Internat im Campus im Stift Neuzelle
Stiftsplatz 7
Tel. 03 41/39 39-2901

Gymnasium, Oberschule und Musikschule

■ **ausführliche Angaben: Seite 164**

14471 Potsdam
Wohnheim der Eliteschule des Sports Potsdam
Zeppelinstr. 114–117
Tel. 03 31/2 89 82 40

Sportinternat

14473 Potsdam/Hermannswerder
Internat des Evangelischen Gymnasiums Hermannswerder
Hermannswerder 2b
Tel. 03 31/2 31 31 42

Gymnasium

■ **ausführliche Angaben: Seite 162–163**

15834 Rangsdorf
Seeschule Rangsdorf
Stauffenbergallee 6
Tel. 03 37 08/4 49 47

Gymnasium, Oberschule

■ **ausführliche Angaben: Seite 165**

Leonardo da Vinci Campus Nauen

Name und Anschrift: Leonardo da Vinci Campus Nauen,
Alfred-Nobel-Straße 10, 14641 Nauen
Tel. 0 33 21/7 48 78 20, Fax 0 33 21/7 48 78 50, www.ldvc.de, sekretariat@ldvc.de

Name des Trägers: Da-Vinci-Campus Nauen gemeinnützige GmbH

Internatsleitung:
Timo Insel

Schularten:
Internationales Ganztagsgymnasium
Kreativitäts- und Ganztagsgrundschule
Kreativitäts- und Ganztagsgesamtschule

Schulische Ausrichtung:
Vier Profillinien: Medien und Kommunikation, International Baccalaureate, Luft- und Raumfahrt, Wirtschaft und Nachhaltigkeit

Internatsplätze: 45

Klassenstärke: ca. 20

Schulleitung:
Gesamtleitung: Dr. Irene Petrovic-Wettstädt
Gymnasium: Olaf Gründel
Grundschule: Michaela Stachowiak
Gesamtschule: Anica Wriedt

Schulstatus: staatlich anerkannt

Sprachenfolge:
E-F/L, E-Sp/L
Zusatzangebote: Spanisch, Latein, Chinesisch, Arabisch, (Russisch)

Konfession: nicht gebunden

Externe Schüler: 800

Kosten/Monat: Internat: ab € 990,–, Schulen: € 260,– bis € 410,–

Pädagogische Schwerpunkte/Besonderheiten: „Erfolgreich Lernen – miteinander Leben" Ein ganzheitliches Bildungs- und Erziehungskonzept mit sechs anerkannten Bildungsabschlüssen und individueller Hilfestellung in verschiedenen Lebensphasen prägt unseren Campus. Die Begabungen und Stärken des einzelnen jungen Menschen zu entdecken und zu fördern, seine Schwächen abzubauen oder mit ihnen umgehen zu lernen, ist unser Anspruch. Internat mit ganzjähriger sozialpädagogischer Betreuung, enger Zusammenarbeit mit Campusschulen, gezielter Einzellernförderung, Konzentrations- und Entspannungstrainings, therapeutischen Angeboten, Sozial- und Lebenskompetenzausbildung, einschließlich pädagogisch sinnvoller und aktiver Freizeitgestaltung, vielfältigen sportlichen, musischen und künstlerischen Angeboten, Ferienfahrten.

Das Internat ist anerkannter Träger der Freien Jugendhilfe

Tag der offenen Tür: Auf Anfrage

Internat des Evangelischen Gymnasiums Hermannswerder

Name und Anschrift:
Evangelisches Internat Hermannswerder, Hermannswerder 2b,
14473 Potsdam, Tel. 03 31/2 31 31 42, Fax 03 31/2 31 33 68
www.hoffbauer-bildung.de, internat@hoffbauer-bildung.de

Name des Trägers: Hoffbauer gGmbH

Internatsleitung: Bianca Woite	**Schulleitung:** Leif Berling
Schularten: Gymnasium	**Schulstatus:** staatlich anerkannt
Schulische Ausrichtung: musisch-künstlerisch, alt- und neusprachlich, evangelisch	**Sprachenfolge:** E (1.), L/F (2.), Altgriechisch/L/F (3.)
Internatsplätze: w.: 25, m.: 25	**Konfession:** offen für alle Konfessionen
Klassenstärke: 26	**Externe Schüler:** ca. 700
Kosten/Monat: € 1.392,–, Stipendien möglich/BAföG ab Klasse 10	**Nebenkosten/Monat:** ca. € 100,–

Pädagogische Schwerpunkte/Besonderheiten: Einziges evangelisches Internat in Brandenburg. Besondere Förderung der musischen und kreativen Ressourcen. Gezielte Begabungsförderung ab Klasse 5 (LuBK). Kompetente Hausaufgabenbetreuung und ein aktives Freizeitangebot im Rahmen des Ganztags und im Internat: Theater, Kunst, Musik, Sport. Förderung von Mitbestimmung sowie sozialer und emotionaler Kompetenzen. Betreuung an sieben Tagen in der Woche außerhalb der Ferienzeit. Modernes Ambiente in einem alten Gutshof. Komfortabel eingerichtete Zweibettzimmer, ausgestattet mit eigenem LAN-Anschluss für jeden Schüler.

Tag der offenen Tür: auf Anfrage, Besuche nach Absprache jederzeit möglich

Internat des Evangelischen Gymnasiums Hermannswerder in Potsdam

CHRISTLICHE LEBENSGESTALTUNG

Internat und Gymnasium leben im Geist vertrauensvoller und persönlicher Beziehungen zwischen Schülern, Pädagogen und Eltern. Ein regelmäßiger Austausch aller Beteiligten unterstützt die Schüler auf dem Weg des Erwachsenwerdens und der Persönlichkeitsfindung. Die Gemeinschaft zeichnet sich durch ein achtsames, vertrauensvolles und konstruktives Miteinander aus, in dem Jüngere und Ältere füreinander da sind.

GEMEINSCHAFTLICHES LEBEN

Eine feste Tagesstruktur und Betreuung rund um die Uhr bieten beste Bedingungen für die Förderung von Begabungen und die Entfaltung der Schüler. Dabei ist die wachsende Übernahme von Eigenverantwortung das Ziel. Hausaufgabenbetreuung in Kleingruppen ermöglicht ebenso optimale Lernbedingungen, wie eine von Fairness geprägte Gemeinschaft, in der soziale Kompetenzen gestärkt werden.

ANSPRUCHSVOLLES LERNEN

Am Gymnasium lernen die Schüler in einer aufgeschlossenen und freudvollen Atmosphäre, in der Leistung anerkannt und gefördert wird, aber nicht das Maß aller Dinge ist. Der künstlerisch-musische Schwerpunkt und das Angebot von Latein und Griechisch neben den modernen Fremdsprachen werden durch einen anspruchsvollen MINT-Bereich ergänzt. Eine gezielte Begabungsförderung ab Klasse 5 wird angeboten.

LEBEN UND LERNEN AUF DER INSEL

Das Evangelische Internat und das Gymnasium befinden sich in einem denkmalgeschützten, historischen Ensemble auf einer idyllischen Insel vor den Toren Potsdams. In modern gestalteten Zweibettzimmern bieten sich Rückzugsmöglichkeiten. Die vielfältigen kulturellen Angebote Potsdams und Berlins sowie die umgebende Natur bieten Möglichkeiten für zahlreiche Exkursionen und Freizeitaktivitäten.

Hoffbauer
Evangelisch macht Schule!

Internat im Campus im Stift Neuzelle

Name und Anschrift:
Internat im Stift Neuzelle, Dr. P. Rahn & Partner, Stiftsplatz 7, 15898 Neuzelle
Tel. 03 41/39 39-2901, Fax 03 41/39 39-2999, Mobil: 01 62/2 62 81 81
Kostenlose Servicenummer: 0800/39 39-018
www.internat-neuzelle.de, internatsleitung-nz@rahn.education

Internatsleitung:
Rainer Karge

Schulleitung:
Sven Budach

Schularten:
Gymnasium, Oberschule und Musikschule

Schulstatus: Staatlich anerkannte Ersatzschule, Schule mit internationaler Ausrichtung und Ganztagsschule

Schulische Ausrichtung: Internationale und sprachliche, naturwissenschaftliche, wirtschaftswissenschaftliche und musisch-ästhetische Orientierung

Sprachenfolge: Englisch, Polnisch Französisch, Spanisch, Russisch, Latein

Internatsplätze: 70

Konfession: nicht gebunden

Klassenstärke: 15–25

Schülerzahl insgesamt: 540

Kosten/Monat: Internat € 1.470,–
Gymnasium: € 155,–, Oberschule 160,–

Pädagogische Schwerpunkte/Besonderheiten: Das Gymnasium im Stift Neuzelle ist ein staatlich anerkanntes Gymnasium mit angeschlossenem Internat. Als Bestandteil der faszinierenden Architektur des ehemaligen Zisterzienserklosters Neuzelle bieten wir Schülern der Klassenstufen 7 bis 12 die Möglichkeit, ihre individuellen Begabungen frei zu entfalten. Das deutsch-polnische Profil unseres Gymnasiums und die internationale Ausrichtung mit vielen Kontakten zu Partnerschulen in England, Frankreich, Russland, Südafrika und dem Oman erziehen zur Weltoffenheit und fördern die Sprachen, das Verständnis für fremde Kulturen. Seit August 2009 erweitern wir unser Bildungsangebot um eine Oberschule für die Klassenstufen 7–10. Neben dem Abitur des Gymnasiums können hier die Abschlüsse der „Erweiterten Berufsschulreife" (EBR), der Fachoberschulreife (FOR) oder der „Fachoberschulreife mit der Qualifikation zum Besuch eines Gymnasiums" (FORQ) erworben werden. Unsere Bildungseinrichtungen stehen für eine perspektivische Ausbildung in freundlich-familiärer Atmosphäre.

Seeschule Rangsdorf

Name und Anschrift:
Seeschule Rangsdorf
Stauffenbergallee 6, 15834 Rangsdorf
Tel. 03 37 08/4 49 47, Fax 03 37 08/4 49 48
www.seeschule.de, info@seeschule.de

Name des Trägers: Seeschule Rangsdorf e.V.

Internatsleitung:
Bianca Rußmeyer, Christoph Schmidt

Schulleitung/Ansprechpartner:
Silke Neumann, Michael Kriegs

Schularten:
Gymnasium
Oberschule

Schulstatus:
staatlich anerkannt
staatlich anerkannt

Schulische Ausrichtung:
Ganztagsschule

Sprachenfolge:
E-F, E-L oder E-Sp

Internatsplätze: 70

Konfession: —

Klassenstärke: max. 22

Externe Schüler: 230

Kosten/Monat:
€ 1.450,–

Nebenkosten/Monat:
variabel, Taschengeld

Pädagogische Schwerpunkte/Besonderheiten: Die Seeschule bietet ein kompaktes Wochen-Internat bei Berlin, in dem unsere Schüler 5 Tage lang intensiv betreut und von engagierten Lehrern in der Entwicklung ihrer Begabung und Persönlichkeit optimal gefördert werden. Die faszinierende Umgebung am See und das Leben in einer familiären Internatsgemeinschaft machen noch echte, unmittelbare Erlebnisse möglich, die viele Jugendliche sonst vermissen. Arbeitsgemeinschaften, Projektunterricht, breites Freizeitangebot (Segeln, Reiten, Golf, Tanz, Tierhaltung), erlebnisorientierte Projektfahrten (Segeln, Ski- und Snowboardkurse).

Tag der offenen Tür: 20. Mai 2017 und im Januar 2018

Internate in Hessen

35469 Allendorf/Lumda
Burg Nordeck
Otto-Erdmann-Straße 6
Tel. 0 64 07/40 49-0

über Kinder- und Jugendhilfe, Flex-Fernschule

37242 Bad Sooden-Allendorf
Sportinternat
Georg-Niege-Weg 1–3
Tel. 0 56 52/29 09

Sportinternat

34596 Bad Zwesten
CJD Jugenddorf-Christophorusschule Oberurff
Bergfreiheiter Straße 19
Tel. 0 56 26/99 84-0

Realschule, Gymnasium

64297 Darmstadt
Schulzentrum Marienhöhe
Auf der Marienhöhe 32
Tel. 0 61 51/5 39 10

Gymnasium, Realschule, Grundschule Kolleg

■ **ausführliche Angaben: Seite 176**

64807 Dieburg
Private Tages- und Internatsschule Dieburg gGmbH
Altheimer Str. 50
Tel. 0 60 71/9 24 20

IGS Integrierte Gesamtschule, Realschule, Gymnasium

61209 Echzell
Internatsschule Institut Lucius
Forsthaus 1
Tel. 0 60 08/2 32

Gymnasium

■ **ausführliche Angaben: Seite 170–171**

60528 Frankfurt am Main
Haus der Athleten des Olympiastützpunktes Frankfurt am Main
Otto-Fleck-Schneise 8
Tel. 0 69/6 78 01-0 u. 6 78 01-117

Leistungssportinternat für ausgewählte Sportarten

65366 Geisenheim
Internatsschule Schloss Hansenberg
Hansenbergallee 11
Tel. 0 67 22/49 60

Für besonders leistungsmotivierte und leistungsfähige Schüler nach 9. Klasse
Oberstufeninternat

65589 Hadamar
Musisches Internat der Limburger Domsingknaben
Bernardusweg 6
Tel. 0 64 33/8 87-0

Tagesinternat für Jungen ab Klasse 1–13
(Mitglied im V.K.I.T.)

36166 Haunetal
Lietz-Internat Hohenwehrda
Tel. 0 66 73/9 29 90

Realschule/Gymnasium bis Klasse 10/
Orientierungsstufe 5/6, Fachoberschule
(Schwerpunkt Sozialwesen)

■ **ausführliche Angaben:
Seite 172 und Seite 26**

36145 Hofbieber
Lietz-Internat Schloss Bieberstein
Tel. 0 66 57/79-0

Gymnasium (nur Oberstufe)

■ **ausführliche Angaben:
Seite 173 und Seite 11**

68623 Lampertheim
Privates Litauisches Gymnasium
Lorscher Straße 1
Tel. 0 62 56/3 22

Gymnasium

63225 Langen
Basketball-Teilzeit-Internat Langen
Berliner Allee 91
Tel. 0 61 03/7 94 20

Sportinternat

35043 Marburg
Internatsschule Steinmühle
Steinmühlenweg 21
Tel. 0 64 21/40 80

Gymnasium und externe Mittelstufenschule

■ **ausführliche Angaben:
Seite 174–175**

65527 Niedernhausen
Privatgymnasium Königshofen
Niederseelbacher Str. 64
Tel. 0 61 27/57 34

Gymnasium

63071 Offenbach/M.
Tagesheim St. Ursula
Ahornstr. 33
Tel. 0 69/85 10 81

Tagesheim
(Mitglied im V.K.I.T.)

Hessen

Sehen. Erkennen. Fördern.

- Behutsamer Übergang von der Grundschule ins Gymnasium
- In den Klassen 5, 6 & 7 Ganztagsschule möglich
- In der Klasse 5 maximal 10 Schüler
- Nur ca. 45 Minuten von Frankfurt entfernt
- Kleine Klassen in allen Jahrgängen
- Ab Klasse 8 nur interne Schüler (Gesamtschülerzahl: 160)
- Wocheninternat: Anreise Sonntagabend – Abreise Freitagmittag
- Strukturierter Tagesablauf
- Intensive Hausaufgabenbetreuung
- Großes Sport- und Freizeitangebot
- Außerschulische Förderung in Theater, Kunst und Sport
- Professionelle Vorbereitung auf das Landesabitur

Kinder und Jugendliche auf ihrem Weg begleiten – gleichermaßen fördern und fordern – bis sie schließlich mit bestandenem Abitur vor uns stehen: Das ist es, was uns täglich aufs Neue bewegt und unsere Überzeugung von Lehren und Erziehen leben lässt.

Seit mehr als 200 Jahren.

Internatsschule Institut Lucius
1809 gegründet | Gymnasium | staatlich anerkannt

www.internat-lucius.de

Internatsschule Institut Lucius Gymnasium

Name und Anschrift: Internatsschule Institut Lucius, Forsthaus 1, 61209 Echzell
Tel. 0 60 08/2 32, Fax 0 60 08/73 32, www.internat-lucius.de, info@internat-lucius.de

Name des Trägers: Schulverein Forsthaus bei Echzell e.V.

Internatsleitung:
Laura Lucius

Schulleiterin/Ansprechpartnerin:
Laura Lucius

Schularten:
Gymnasium, Kl. 5, 6, 7 wieder nach G9

Schulstatus:
staatlich anerkannte Privatschule

Schulische Ausrichtung: Neusprachlich.
Nach den hessischen Rahmenrichtlinien

Sprachenfolge:
Kl. 5: E, Kl. 7: F oder L, E-Phase-Spanisch

Internatsplätze: w. und m. gesamt: 160

Konfession: überkonfessionell

Klassenstärke:
Ø 20

Externe Schüler:
Ganztagsschule für Klassen 5 bis 7

Kosten/Monat: Stand 01.02.2017
Kl. 5–6: € 1.540,–, Kl. 7–9: € 1.840,–,
Kl. 10–12: € 1.940,–; Ganztagsschüler
nur Kl. 5/6: € 940,–, Kl. 7 € 950,–

Nebenkosten/Monat:
ca. € 100,–

Pädagogische Schwerpunkte/Besonderheiten: In der gymnasialen Oberstufe sehr kleine Leistungs- und Grundkurse. Förder- und Stützkurse in Mathematik, Physik und Deutsch. Qualifizierte Betreuung in der obligatorischen Studierzeit. Kunst-Leistungskurs. Ausgeprägtes musikalisches Leben. Ausgewogene Betreuung nach der Schule, vor allem auch für unsere Jüngsten. Darstellendes Spiel in den Klassen 7, 9, 10, O1–O4.
Band, Theater- und Musical-AG, Chor, Instrumental- und Gesangsunterricht, Astronomie-AG, Solarauto und Solarboot. Sport: Fußball, Volleyball, Basketball, Badminton, Tennis, Leichtathletik, Beach-Volleyball, Tischtennis, Fitness. Klassen 5 und 6: In unserer kleinen Unterstufe finden unsere Schülerinnen und Schüler eine ideale Fortsetzung der behüteten, persönlichen und strukturierten Arbeitsweise der Grundschule gepaart mit den Inhalten und Ansprüchen eines staatlich anerkannten Gymnasiums.

Tad der offenen Tür: 11.2.17 von 14–17 Uhr und jeder Zeit nach Vereinbarung.

Siehe auch Seite 26

Lietz-Internat Hohenwehrda

die internate
VEREINIGUNG e.V.

Name und Anschrift:
Lietz-Internat Hohenwehrda, 36166 Haunetal
Tel. 0 66 73/9 29 90, www.internat-hohenwehrda.de, hohenwehrda@lietz-schule.de
FB: www.facebook.com/hermann.lietz

Name des Trägers:
Stiftung Deutsche Landerziehungsheime
Hermann-Lietz-Schule, Im Grund 2, 36145 Hofbieber

Internatsleitung: Sabine Hasenjaeger

Schularten:
Realschule/Gymnasium bis Klasse 10/
Orientierungsstufe 5/6, Fachoberschule
(Schwerpunkt Sozialwesen)

Schulstatus:
staatlich anerkannte Privatschule

Schulische Ausrichtung:
Hess. Lehrplan nach ganzheitlicher
Pädagogik von Hermann Lietz

Sprachenfolge:
E, F, L, Sp

Internatsplätze: w.: 50, m.: 70

Konfession: nicht gebunden

Klassenstärke: 12–16

Externe Schüler: keine

Kosten/Monat:
€ 2.870,–

Nebenkosten/Monat:
ca. € 200,–

Pädagogische Schwerpunkte/Besonderheiten:
- Schwerpunkt Musik und Theater: Gesangs- und Chorausbildung, Instrumentalunterricht, Darstellendes Spiel
- fundiertes Integrationsprogramm für internationale Schüler (Deutsch als Fremdsprache, individuelle Stundenpläne, Anerkennung der Muttersprache als zweite Fremdsprache, kontinuierliche Wochenend- und Ferienbetreuung)

Tag der offenen Tür: zweimal im Jahr, wird auf der Homepage bekannt gegeben

Siehe auch Seite 11

Lietz-Internat Schloss Bieberstein

die internate
VEREINIGUNG e.V.

Name und Anschrift:
Lietz-Internat Schloss Bieberstein, 36145 Hofbieber
Tel. 0 66 57/7 90, www.internat-schloss-bieberstein.de, bieberstein@lietz-schule.de
FB: www.facebook.com/HermannLietzSchuleBieberstein

Name des Trägers:
Stiftung Deutsche Landerziehungsheime
Hermann-Lietz-Schule, Im Grund 2, 36145 Hofbieber

Internatsleitung: Michael Meister

Schulart:
Gymnasium (nur Oberstufe)

Schulstatus:
staatlich anerkannte Privatschule

Schulische Ausrichtung:
Hess. Rahmenplan nach ganzheitlicher Pädagogik von Hermann Lietz

Sprachenfolge:
E, L, F, Sp

Internatsplätze:
125

Konfession:
nicht gebunden

Klassenstärke:
10–15 Schüler

Externe Schüler:
keine

Kosten/Monat:
€ 2.870,–

Nebenkosten/Monat:
ca. € 250,– (Fahrgeld, Exkursionen etc.)

Pädagogische Schwerpunkte/Besonderheiten:
Begabtenförderung, Schwerpunktfächer Wirtschaftswissenschaften und Kunst, Fremdsprachen: Englisch, Spanisch, Französisch, Latein, Chinesisch als AG, Fördermöglichkeiten für internationale Schüler

Tag der offenen Tür: zweimal im Jahr, Termin wird auf der Homepage bekannt gegeben

Hessen

Internatsschule Steinmühle

Name und Anschrift: Landschulheim Steinmühle
Steinmühlenweg 21, 35043 Marburg
Tel. 0 64 21/4 08-0, Fax 0 64 21/4 08-40, www.steinmuehle.de, internat@steinmuehle.de

Name des Trägers: Landschulheim Steinmühle

Internatsleitung:
Nils Schwandt / Anke Muszynski

Schulleitung:
Björn Gemmer / Bernd Holly

Schularten: Gymnasium und externe Mittelstufenschule (Realschule mit beruflichem Schwerpunkt)

Schulstatus:
staatlich anerkanntes Gymnasium

Schulische Ausrichtung:
Sek I: Gebundenes Ganztagsschulkonzept mit Schwerpunkt auf individuellem Fördern und sozialem Lernen. (G8/G9 Optionsmodell); Sek II: Profiloberstufe mit breitem Leistungskursangebot, u.a. LK Kunst u. Sport

Sprachenfolge:
Englisch ab Kl. 5; Französisch, Latein oder Spanisch ab Kl. 7; Spanisch, Italienisch oder Russisch ab der Oberstufe

Konfession: nicht gebunden

Internatsplätze: 80

Externe Schüler:
296 Ganztagsschüler Kl. 5–9,
194 Kl. 10–13

Klassenstärke:
Unterstufe 18–22, Oberstufe 12–20

Kosten/Monat: ab € 1.740,–

Nebenkosten/Monat: ca. € 100,–

Pädagogische Schwerpunkte/Besonderheiten:
- ganzheitliche personenzentrierte Erziehung
- Rhythmisierung der Tages- und Wochenpläne durch strukturierte Abläufe
- bewährtes Förderkonzept in allen Jahrgangsstufen
- sechsstündiger Projektunterricht als Hauptfach
- Berufs- und Studienorientierung
- reichhaltige Freizeitangebote (z.B. Rudern als Schul- und Leistungssport, Tennis, Reiten, Klettern, wechselndes AG-Angebot)
- erlebnispädagogisch orientierte Wochenendaktivitäten

Tag der offenen Tür: Aktuelle Termine entnehmen Sie bitte unserer Homepage!

steinmuehle.de

Attraktiver Standort
- mitten in Deutschland im Herzen Hessens
- Zusammenarbeit mit der Universität Marburg
- Entfernung bis zum Flughafen Frankfurt ca. 90 km
- gute Verkehrsanbindung, 15 Min. bis zur Innenstadt
- vielfältige Kultur- und Freizeitangebote

Individuelles Lernen
- erprobtes Lernbürokonzept („Spaß am Lernen wecken!")
- geschultes Fachpersonal
- individuelle Begleitung des Lernprozesses
- gezielte Abiturvorbereitungsphase (G8/G9)
- EDV-Arbeitsplätze und WLAN

Eine tragende Gemeinschaft
- gegenseitige Unterstützung und respektvoller Umgang
- weltoffene und fehlertolerante Lebenswelt
- stabiles soziales Umfeld
- erfolgreiche Persönlichkeits- und Kompetenzentwicklung

Ausgewogene Ernährung
- DGE-premiumzertifizierte Internatsküche seit 2014
- moderner Speisesaal
- auf Kinder und Jugendliche abgestimmte nährstoffoptimierte Menülinie
- Verwendung regionaler Produkte

Hessen

Schulzentrum Marienhöhe

Name und Anschrift: Schulzentrum Marienhöhe, Auf der Marienhöhe 32, 64297 Darmstadt, Tel. 0 61 51/53 91-0, Fax 0 61 51/53 91-168
www.marienhoehe.de, info@marienhoehe.de, FB: www.facebook.com/Marienhoehe

Name des Trägers: Schulzentrum Marienhöhe e. V.

Internatsleitung:
Karl Straßner, Beate Strobel

Schulleitung:
Dr. Christian Noack, OStR

Schularten:
Gymnasium, Realschule, Grundschule, Kolleg

Schulstatus:
staatlich anerkannte Privatschule

Schulische Ausrichtung:
Allgemeinbildendes Schulzentrum, Abitur, Mittlere Reife

Sprachenfolge:
1. Fremdsprache: Englisch
2. Fremdsprache: Franz., Latein oder Spanisch

Internatsplätze:
w.: 50, m.: 50

Konfession:
erwartet wird eine respektvolle Einstellung zum christlichen Glauben

Klassenstärke: 20–24

Externe Schüler: ca. 700

Kosten/Monat:
€ 1.650,–

Nebenkosten/Monat: Taschengeld, Schulmaterial, Sonderveranstaltungen

Pädagogische Schwerpunkte/Besonderheiten: Christliches ganzheitliches Menschenbild; wertschätzende pädagogische Haltung zu unseren Schülern, positive Lernatmosphäre, Zertifikat „Gesundheitsfördernde Schule" (HKM), Klimaschutzschule (BMU), Coaching-Gespräche, Lernbüro (fachlich betreute Lernzeiten), Energieagentur für Schüler, Medienscout-Ausbildung, Surffreizeit, jährliches Entwicklungshilfeprojekt im Ausland, Stiftung Schülerwettstreit mit jährlichen Wettkämpfen in den Disziplinen Deutsch, Kunst und Sport, Musikbands, kostenlose Begegnungswoche für interessierte Schüler Anfang Februar 2018, vielfältige Wochenend-Aktivitäten u.v.m.

Tag der offenen Tür: 19. November 2017; kostenlose Schnupperwoche jederzeit nach Absprache möglich.

Internate in Mecklenburg-Vorpommern

17033 Neubrandenburg
Neubrandenburger Wohnungsgesellschaft mbH – Das Internat für junge Leute
Badeweg 4
Tel. 03 95/4 50 19 50

Eliteschule des Sports

18057 Rostock
CJD Christophorusschule Rostock
Groß Schwaßer Weg 11
Tel. 03 81/8 07 11 00

Gymnasium, Eliteschule des Sports, Hochbegabtenförderung ab Kl. 9

19059 Schwerin
Internat des Sportgymnasiums
Von-Flotow-Str. 20
Tel. 03 85/79 51 91

Eliteschule des Sports

17192 Torgelow am See
Internat Schloss Torgelow
Privates Internatsgymnasium
Schlossallee 1
Tel. 0 39 91/6 24-0

Gymnasium

■ ausführliche Angaben: Seite 179

Internat Schloss Torgelow

Name und Anschrift: Schloss Torgelow – Privates Internatsgymnasium
Schloss 1, 17192 Torgelow am See (bei Waren/Müritz)
Tel. 0 39 91/6 24-0, Fax 0 39 91/6 24-211
www.schlosstorgelow.de, sekretariat@schlosstorgelow.de

Name des Trägers: Schloss Torgelow Helge Lehmann KG

Internatsleitung:
Markus Klein

Schulleitung:
Heidrun Franke

Schularten:
Gymnasium

Schulstatus:
staatlich anerkanntes Gymnasium

Schulische Ausrichtung:
alle Züge

Sprachenfolge:
E-F, E-F-Sp, E-L, E-L-Sp, E-R, R-E

Internatsplätze: w.: 113, m.: 112

Konfession: nicht gebunden

Klassenstärke: 12 (höchstens)

Externe Schüler: 30

Kosten/Monat:
Kl. 5–7: € 2.767,–, Kl. 8–10: € 2.879,–
Oberstufe: € 2.959,–

Nebenkosten/Monat:
nach Verbrauch

Pädagogische Schwerpunkte/Besonderheiten: – höchstens 12 Schüler in der Klasse – leistungsorientierte Begabtenförderung – besondere Eignung für Schüler mit gutem Begabungsprofil – Abitur nach 12 Schuljahren – 3 1/2 Monate Aufenthalt an einem englischen Internat in der 9. Klasse – Testcenter der Cambridge Universität für international anerkannte Sprachzertifikate – mehr als 60 außerschulische Aktivitäten zur Wahl – Golf-, Tennis-, Reit-, Theater-, Leichtathletik-, Video-, Judo- und Segel-Teamprojekte – Gedächtnistraining – Berufsvorbereitungsangebote in Seminarform – bis zu 4 moderne Fremdsprachen

Tag der offenen Tür: Eine individuelle Terminvereinbarung ist jederzeit möglich. Zusätzlich wird in jedem Monat ein Informationstag angeboten.
Die Termine finden Sie unter www.schlosstorgelow.de.

Internate in Niedersachsen

27624 Bad Bederkesa
Niedersächsisches Internatsgymnasium
Bad Bederkesa
Seminarstr. 8
Tel. 0 47 45/9 28 70

Gymnasium

38667 Bad Harzburg
Burgberg-Gymnasium und -Realschule
Alter Kaiserweg 3
Tel. 0 53 22/9 65 70

Gymnasium, Realschule

■ **ausführliche Angaben: Seite 184**

38667 Bad Harzburg
Niedersächsisches Internatsgymnasium
Bad Harzburg
Amsbergstr. 16
Tel. 0 53 22/96 63 30

Gymnasium

37441 Bad Sachsa
Internatsgymnasium
Pädagogium Bad Sachsa
Ostertal 1–5
Tel. 0 55 23/3 00 10

Gymnasium

■ **ausführliche Angaben: Seite 185**

38104 Braunschweig
CJD Braunschweig und Salzgitter
Georg-Westermann-Allee 76
Tel. 05 31/7 07 80

International School Braunschweig-Wolfsburg (IS) und Gymnasium Christophorusschule

■ **ausführliche Angaben: Seite 186**

21368 Dahlem-Marienau
Schule Marienau
Tel. 0 58 51/9 41-0

Gymnasium

■ **ausführliche Angaben:
Seite 187 und Seite 18–19**

37586 Dassel
Evangelisches Internat Dassel
Paul-Gerhardt-Str. 2
Tel. 0 55 64/96 08-280

Gymnasium, Kooperation mit örtlicher Oberschule, Förderschule

31008 Elze
CJD Elze
Dr. Martin-Freytag-Str. 1
Tel. 0 50 68/46 60

Gymnasium

■ **ausführliche Angaben: Seite 188**

26427 Esens
Niedersächsisches
Internatsgymnasium
Auricher Str. 58
Tel. 0 49 71/91 30

Gymnasium

49584 Fürstenau-Schwagstorf
Mädcheninternat im St. Marienstift
Kellinghausen 1
Tel. 0 59 01/3 09-0

Hauptschule und Realschule
mit Klasse 10 für Mädchen, Ersatzschule
(Mitglied im V.K.I.T.)

30169 Hannover
Sportinternat am Olympiastützpunkt
Niedersachsen
Ferdinand-Wilhelm-Fricke-Weg 10
Tel. 05 11/1 26 83 50

Leistungssportinternat für
ausgewählte Sportarten

29693 Hodenhagen
Hudemühlen Heimbetriebe GmbH –
Gutshof Hudemühlen
Gutsweg 1
Tel. 0 51 64/97 11-0

Förderschule Schwerpunkt
geistige Entwicklung

37603 Holzminden
Internat Solling
Einbecker Straße 1
Tel. 0 55 31/1 28 70

Gymnasium

■ **ausführliche Angaben: Seite 189**

26474 Spiekeroog
Hermann Lietz-Schule
Spiekeroog
Hellerpad 2
Tel. 0 49 76/9 10 00

Gymnasium

■ **ausführliche Angaben:
Seite 190–191 und Seite 14–15**

49832 Thuine
Jungeninternat Thuine
Mühlenstr. 1
Tel. 0 59 02/5 01-312

Grund- und Hauptschule,
Realschulabschluss möglich
(Mitglied im V.K.I.T.)

Burgberg-Gymnasium

Name und Anschrift:
Burgberg-Gymnasium und -Realschule, Alter Kaiserweg 3, 38667 Bad Harzburg
Tel. 0 53 22/9 65 70, Fax 0 53 22/96 57 30
www.burgberg-gymnasium.de, organisation@burgberg-gymnasium.de

Name des Trägers: Schulverein Burgberg-Gymnasium e.V.

Internatsleitung:
Holger Heinrich

Schulleitung/Ansprechpartner:
Uwe Schäfer

Schularten:
Gymnasium, Realschule

Schulstatus:
staatlich anerkannte Ersatzschule

Sprachenfolge:
E ab Kl. 5; L/F ab Kl. 6

Internatsplätze:
45

Konfession:
nicht gebunden

Klassenstärke:
15–20

Externe Schüler:
ca. 200

Kosten/Monat:
Kl. 5–6: € 1.522,–
Kl. 7–9: € 1.542,–
Kl. 10–12: € 1.582,–

Nebenkosten: —

Pädagogische Schwerpunkte/Besonderheiten:
Beschulung von Kl. 5–12, Ganztagsschule, Legasthenikerbetreuung, individuelle Fördermaßnahmen, Hausaufgabenbetreuung in Schule und Internat, vielfältige Arbeitsgemeinschaften, Computerraum und Internetzugang in Schule und Internat, Lage des Internats unmittelbar am Nationalpark Harz. Soziales Profil im RS-Zweig

Tag der offenen Tür: jeweils im Frühjahr

Pädagogium Bad Sachsa VDP

Einziges Schülerdenkmal in Deutschland

Name und Anschrift: Internatsgymnasium Pädagogium Bad Sachsa
Ostertal 1–5, 37441 Bad Sachsa, Tel. 0 55 23/30 01-0, Fax 0 55 23/30 01-44
www.internats-gymnasium.de, kontakt@internats-gymnasium.de
FB: www.facebook.com/paeda

Name des Trägers: Waldheimschule Pädagogium Bad Sachsa Kulenkampffstiftung e.V.

Internatsleitung:
Torsten Schwark, StD i. Pr.

Schulleitung:
Sido Kruse, OStD i. Pr.

Schularten: Gymnasium (Abitur mit eigener Prüfungskommission), Realschule (Besuch der öffentlichen Schule)

Schulstatus: staatlich anerkannte Privatschule, älteste Schule in Nord- und Mitteldeutschland in freier Trägerschaft (gegr. 1890)

Schulische Ausrichtung:
neusprachlich, mathematisch-/naturwissenschaftlich, gesellschaftswissenschaftlich

Sprachenfolge:
E-F oder E-L oder
ab Kl. 10 F oder L

Internatsplätze: w.: 20, m.: 30

Konfession: nicht gebunden

Klassenstärke: ca. 16–26

Externe Schüler: 320

Kosten/Monat: (Geschwisterermäßigung) Kl. 5–9: € 1.750,–, Kl. 10–13: € 1.850,–

Nebenkosten/Monat: ca. € 75,–

Pädagogische Schwerpunkte/Besonderheiten: Abitur im Hause (eigene Prüfungskommission), Prüfungszentrum für Sprachzertifikate (Cambridge, DELF), Vorbereitung auf Bio-Olympiade, intensive Förderung und Hausaufgabenbetreuung, Bläser- und Streicherklasse, Bigband, Musical, Konzentrations- und Entspannungstraining, Lernmethodik, vielfältige Arbeitsgemeinschaften, Informatikkurse, Rhetorik- und Bewerbungstraining, Berufsfindung (pers. Beratung und Seminare vor Ort, Besuch von Bildungsmessen), Computerführerschein (ECDL) im Haus, Gewaltprävention, Mensa, Cafeteria.

Tag der offenen Tür: Samstag, 01.04.2017, Programm siehe Homepage

CJD Braunschweig und Salzgitter

Name und Anschrift:
Internat im CJD Braunschweig / Gymnasium und International School
Georg-Westermann-Allee 76, 38104 Braunschweig
www.internat-braunschweig.de, www.bildungskompass-braunschweig.de

Name des Trägers: CJD Braunschweig

Internatsleitung:
Birgit Stieghan, Petra Kantenwein

Schulstatus: staatlich anerkannt, Cambridge certified (nur IS)

Angegliederte Schulen: International School Braunschweig-Wolfsburg (IS) und Gymnasium Christophorusschule

Klassenstärke: 20–24 (je nach Schule und Jahrgang)

Internatsplätze: (IS + Gymnasium): 109

Konfession: überkonfessionell

Kosten/Monat: ab € 1.525,–

Externe Schüler: 1.000 (beide Schulen)

Pädagogische Schwerpunkte/Besonderheiten: Unser Internat lebt die Devise „living diversity – Vielfalt leben". Denn die Schüler unterschiedlichster Herkunft und aus zwei angegliederten Schulen bilden eine ganz eigene Gemeinschaft. Das Internat im CJD Braunschweig wurde 1977 gegründet und versteht sich als aktiver und verlässlicher Begleiter: Diesen Anspruch untermauern wir mit besonderen Programmen, konzipiert und umgesetzt von entsprechenden Fachpädagogen. **Erlebnispädagogik** beinhaltet zahlreiche Sportangebote und Aktivitäten auf den eigenen Anlagen, Exkursionen wie Bergsteigen und Kanufahren. **Förderunterricht** bedeutet individuelle Unterstützung beim Erwerb und Ausbau von notwendigem schulischem Wissen, Fähigkeiten, Tugenden und Techniken. **Fachleistungsstunden** ermöglichen Unterstützungsangebote über das klassische Jugendhilfeangebot hinaus. Etwa durch Einzelarbeit mit sozialpädagogischen Fachkräften. Programme für die **Förderung von Hochbegabung** wurden am Gymnasium bereits 1981 gestartet. Der **Bildungskompass** ist eine 6-tägige Probewoche, welche sich an Familien richtet, die Interesse an einer Aufnahme im Internat haben oder eine Schullaufbahnberatung wünschen. In dieser Zeit finden intelligenzdiagnostische Verfahren zur Ermittlung des individuellen Begabungsprofils, Schulunterricht in kleinen Gruppen sowie vielfältige kreative Freizeitangebote statt.

Tag der offenen Tür: 01.12.2017, 14.00–18.00 Uhr: Christophorusmarkt im CJD Braunschweig – alle Bereiche präsentieren sich mit Projektvorführungen, Theater und Musik.

Schule Marienau

die internate VEREINIGUNG e.V.

Siehe auch Seite 18–19

Name und Anschrift: Schule Marienau, 21368 Dahlem-Marienau
Tel. 0 58 51/9 41-0, Fax 0 58 51/9 41-30
www.marienau.de, sekretariat@marienau.de
FB: www.facebook.com/Marienau

Name des Trägers: Landerziehungsheim Schule Marienau e.V.

Internatsleitung: Heike Elz

Kaufmännischer Leiter: Maik Lüdemann

Schularten: Gymnasium

Schulstatus: staatlich anerkannt

Schulische Ausrichtung:
Sprachliches, naturwissenschaftliches, künstlerisches und gesellschaftswissenschaftliches Profil

Sprachenfolge:
E ab Kl. 5, F, Sp oder L ab Kl. 6
Sp als 3. Fremdsprache ab Kl. 10

Internatsplätze: 145

Konfession: überkonfessionell

Klassenstärke: ca. 16

Externe Schüler: 80

Kosten/Monat: Kl. 5–10: € 2.730,-
Oberstufe: € 2.800

Tagesheimplätze: 90

Nebenkosten/Monat: ca. € 125,-

Pädagogische Schwerpunkte/Besonderheiten: UNESCO-Projektschule „High Seas High School", mehrfach ausgezeichnete Umweltschule, Austausch mit mehreren Schulen im Ausland, kleine Klassen, individuelle Förderung, LRS-Förderung, außerschulische Hochbegabtenförderung nach individuellen Erfordernissen sowie schulische Wettbewerbe, Förderkurse in den Hauptfächern von Klasse 5–10. Internationales Team, Deutsch als Fremdsprache, Abiturvorbereitungskurse. Zahlreiche AGs: Reiten, Tennis, Golf, Klettern, Bogenschießen, Rope-Skipping, Trampolin, Theater, Kunst, Tischlern, Schwimmen etc.

Tag der offenen Tür: 06. Mai 2017
Altschüler Treffen 24./25. Mai 2017; Infoveranstaltung der künftigen 5. Klasse: 4. Februar 2017; Sommerfest: 23./24. Juni 2017; Lern-Erlebniskurs 16. Juli bis 5. August 2017

Niedersachsen

CJD Elze

Name und Anschrift:
CJD Elze, Dr.-Martin-Freytag-Str. 1, 31008 Elze
Tel. 0 50 68/4 66-0, Fax 0 50 68/4 66-179, www.cjd-elze.de

Name des Trägers: CJD Elze

Schulleitung:
Matthias Casper

Internatsleitung:
Ludger Kamphaus

Schulart:
Gymnasium

Schulstatus:
staatlich anerkannt

Schulische Ausrichtung:
Sprachen, Musik, Sport, Naturwissenschaften, Gesellschaftswissenschaften

Sprachenfolge:
Englisch, Französisch oder Latein (Spanisch/Russisch)

Internatsplätze:
60

Konfession:
überkonfessionell

Klassenstärke: 20–25

Externe Schüler: 800

Kosten/Monat:
€ 1.500,– (Stipendien sind möglich)

Nebenkosten/Monat:
Taschengeld, Fahrtkosten, außergewöhnliche Veranstaltungen

Pädagogische Schwerpunkte/Besonderheiten: Am christlichen Menschenbild orientierte Erziehung und ganzheitliche Bildung. Autismuszentrum, Förderschule E/S, Musikschule, Christophoruschor, Kooperation mit Hochschule für Musik und Theater (HMT), Studienvorbereitende Ausbildung (SVA Musik), Sportzentrum (Klettern, Kanu und Tischtennis), Handballförderzentrum (Kooperation mit Eintracht Hildesheim), Fußball Internat (Kooperation mit Hannover 96), Legastheniebetreuung, Schulbegleitung, Fördermöglichkeiten im außerschulischen Bereich, Reitstall und Reithalle, Schulpartnerschaften USA, Frankreich und China.

Tag der offenen Tür: —

INTERNAT SOLLING
Staatlich anerkanntes Gymnasium

die internate
VEREINIGUNG e.V.

Name und Anschrift: Internat Solling, Einbecker Straße 1, 37603 Holzminden
Tel. 0 55 31/12 87-0, Fax 0 55 31/12 87-88
www.internatsolling.de, info@internatsolling.de
FB: www.facebook.com/InternatSolling, Twitter: www.twitter.com/InternatSolling

Name des Trägers: Gemeinnützige Stiftung Landschulheim am Solling

Internatsleitung: Helga Volger

Schulleitung: Helga Volger

Schulart: Gymnasium

Schulische Ausrichtung: Alle fünf Oberstufenprofile(sprachl., naturwissenschaftl., gesellschaftswissenschaftl., musisch-künstl., sportl.), MINT-EC Schule, UNESCO-Projektschule, Sportfreundliche Schule

Schulstatus: staatlich anerkannte Schule in freier Trägerschaft

Sprachenfolge: Kl. 5 E,
Kl. 6 F/L/Sp, Kl. 10 Sp

Internatsplätze: w.: 100, m.: 100

Konfession: —

Klassenstärke: 10–20

Externe Schüler: 50

Kosten/Monat:
€ 2.765,–

Nebenkosten/Monat:
Taschengeld, Exkursionen usw.

Pädagogische Schwerpunkte/Besonderheiten: „Kopf, Herz und Hand" – seit über 100 Jahren reformpädagogisches Motto des Internat Solling – steht für Einheit von Leben und Lernen und bedeutet, dass Lehrer gleichzeitig Erzieher sind. Und Lernen findet nicht nur im Klassenraum statt. Wir brechen herkömmliche Strukturen auf und ergänzen den üblichen Fächerkanon durch Kompetenzkurse von „Lernen lernen", bis zu „Rhetorik" und durch Neigungsfächer wie Theater, Menschenrechte u.v.m. Eine neue Lernkultur führt an selbstverantwortliches Lernen heran. In zahlreichen AGs und auch im vielfältigen Sport- und Freizeitprogramm (z. B. eigene FN-zertifizierte Reitanlage, Tennisplätze, Fitnessraum, Beachvolleyballplatz u.v.m.) lernt unsere internationale Schülerschaft, Verantwortung für sich und die Gemeinschaft zu übernehmen. Wir wollen unsere Schüler zu geistiger Neugier und Leistung anregen, damit sie sich zu starken und mündigen Persönlichkeiten entwickeln.

Tag der offenen Tür: 14.05.2017

Niedersachsen

Siehe auch Seite 14–15

Hermann Lietz-Schule Spiekeroog

die internate
VEREINIGUNG e.V.

Name und Anschrift: Hermann Lietz-Schule Spiekeroog
Hellerpad 2, 26474 Spiekeroog, Tel. 0 49 76/9100-0, Fax 0 49 76/9100-91
www.lietz-spiekeroog.de, info@lietz-spiekeroog.de

Name des Trägers: Hermann Lietz-Schule Spiekeroog gGmbH

Internatsleitung: Michael Stahl, OStR

Schulleitung: Florian Fock OStD

Schulart: Gymnasium ab Klasse 5;
Klasse 5-7 Orientierungsstufe

Schulstatus:
staatlich anerkanntes Gymnasium

Schulische Ausrichtung:
sprachlich, sportlich, naturwissenschaftlich, gesellschaftswissenschaftlich, künstlerisch.

Sprachenfolge:
Englisch ab 5. Klasse; Französisch, Spanisch oder Latein ab 6. Klasse; Spanisch ab 10. Klasse. Schüleraustausch mit Neuseeland.

Internatsplätze: gesamt 98

Konfession: nicht gebunden

Klassenstärke: durchschnittlich 12-18

Externe Schüler: ca. 20

Kosten/Monat: Klassen 5-10: € 2.590,–
Klassen 11-12: € 2.690,–

Nebenkosten/Monat: ca. € 150,–

Pädagogische Schwerpunkte/Besonderheiten:
- Reformpädagogik nach Lietz. Kleine Schule & große Gemeinschaft. Lernen in kleinen Gruppen mit ca.12-18 Schülern (Lehrer-Schüler-Relation 1:5). Intensive Förderung & Betreuung. Schwerpkte: Ökologie, Sport, Segeln.
- Gilden und AGs: Handwerkliche und kreative Fähigkeiten erwerben im Deichbau, Bootsbau, Tierhaltung, Seewasseraquarium, Gartenbau, Theater, Beathaus u.a.
- Leben in familiären Gruppen: Freunde finden, Familie leben, Geborgenheit erfahren. Miteinander in Familiengruppen zu je 5-7 Schülern plus ein/e LehrerIn mit Partner und deren eigenen Kindern.
- Großes Sportangebot: Segeln, Surfen, Tennis, Beachvolleyball, Reiten, Handball, Unihoc, Schwimmen etc.
- Leben im UNESCO Weltnaturerbe Wattenmeer: Umweltbildungsarbeit & Umweltforschung im schuleigenen „Nationalpark-Haus Wittbülten". In Kooperation mit Uni Oldenburg (Inst. f. Chemie & Biologie d. Meeres).
- Aussergewöhnliche Projekte: Nordlichter Kl. 5-7 / High Seas High School - Das segelnde Klassenzimmer / Summer High Seas High School / Nationalpark-Haus Wittbülten (Forschungszentrum) / Sommer-Insel-Uni

Tag der offenen Tür: 13. Mai 2017 / 24. Juni 2017 / 11. Nov. 2017 / 24. Feb. 2018

High Seas High School / Ein Projekt der Hermann Lietz-Schule Spiekeroog

Name und Anschrift: High Seas High School - Das segelnde Klassenzimmer gGmbH am Internat Hermann Lietz-Schule Spiekeroog, Hellerpad 2, 26474 Spiekeroog
www.high-seas-high-school.de, info@high-seas-high-school.de

Name des Trägers: Hermann Lietz-Schule Spiekeroog gGmbH

Geschäftsführer:
Jan Gerd Reiners

High Seas High School - jährlich:
- Jeden Herbst stechen bis zu 30 Schüler für sieben Monate mit einem trad. Großsegler in See. Über den Atlantik, in die Karibik, nach Panama, Costa Rica und Kuba und wieder zurück nach Norddeutschland.
- Gemeinsam den Atlantik überqueren, ferne Länder entdecken & Menschen am anderen Ende der Welt kennenlernen.
- Fertigkeiten der Seemannschaft erlernen - Navigation, Segelführung, Wetterkunde.
- in Mittelamerika: in Gastfamilien leben, auf einer Finca arbeiten, tauchen lernen, Exkursionen im Regenwald.

Voraussetzungen zur Bewerbung:
Schüler & Schülerinnen aus ganz Deutschland und dem Ausland, die im Frühjahr des Bewerbungsjahres in der 9. oder 10. Kl. einer weiterführenden Schule sind; Segelvorkenntnisse nicht erforderlich.

Termin High Seas High School:
jedes Jahr, ca. 7 Monate von Oktober-Mai

Bewerbungsfrist: jedes Jahr bis Ende März

Kosten:
€ 23.800 für ca. 7 Monate, zzgl. Taschengeld

Noch Fragen? Bitte Email mit Ihrer Tel.-Nr. senden an: info@high-seas-high-school.de
Wir rufen zurück.

Unterricht an Bord: Die Schüler werden an Bord von Lehrern unterrichtet. Unterrichtsinhalte orientieren sich am niedersächsischen gymnasialen Lehrplan; Besonderheiten und Abweichungen anderer Bundesländer werden berücksichtigt. Die Teilnahme an der High Seas High School ist schulrechtlich anerkannt. Am Ende wird ein Zeugnis ausgestellt.

Ausserdem - Summer HSHS: In den Sommerferien zwei Wochen Ostsee-Segeltörn mit Englischunterricht für SchülerInnen der 7./8. Klasse auf einer 2-Mast-Gaffelketsch.

Weitere Infos zur High Seas High School & SUMMER High Seas High School:
www.high-seas-high-school.de

Internate in Nordrhein-Westfalen

52066 Aachen-Siegel
Internat des Berufskollegs für Wirtschaft
und Verwaltung, Sonderschule für
Körperbehinderte
Kalverbenden 91
Tel. 02 41/60 04-0

Berufsfachschule mit Internat

57439 Attendorn
Erzbischöfliches Internat
für Jungen
Collegium Bernardinum
Nordwall 26
Tel. 0 27 22/63 48 86-0

Haupt- und Realschule, Gymnasium,
Sekundarschule
(Mitglied im V.K.I.T.)

53604 Bad Honnef
Schloss Hagerhof –
Gymnasium und Realschule
Menzenberg 13
Tel. 0 22 24/9 32 50

Gymnasium, Realschule, Ganztagesschule

■ **ausführliche Angaben:
Seite 198–199**

57334 Bad Laasphe
Institut Schloß Wittgenstein
Schloß Wittgenstein
Tel. 0 27 52/4 74 30

Realschule, Gymnasium

■ **ausführliche Angaben:
Seite 200–201**

59909 Bestwig
Julie-Postel-Haus
Bergkloster
Tel. 0 29 04/8 08-201 oder -174

Berufsfachschule mit Internat

44866 Bochum
Haus der Athleten
Hollandstraße 95
Tel. 0 23 27/9 48 20

Versch. Schwerpunktsportarten einschließlich Behindertensportabteilung für
Leichtathletik

53177 Bonn
Aloisiuskolleg
Elisabethstraße 18
Tel. 02 28/82 00 32 01

Gymnasium
(Mitglied im V.K.I.T.)

■ **ausführliche Angaben: Seite 202**

53177 Bonn
Collegium Josephinum Bonn – PM
Kölnstraße 413
Tel. 02 28/5 55 85-82

Realschule, Gymnasium, Jungenschule,
katholische Privatschule
(Mitglied im V.K.I.T.)

53227 Bonn
Privates Ernst-Kalkuhl-Gymnasium
Internatsschule für Jungen und Mädchen
Königswinterer Str. 534
Tel. 02 28/97 09 00

Gymnasium

■ **ausführliche Angaben: Seite 203**

33178 Borchen
Landschulheim
Schloss Hamborn
Schloss Hamborn 5
Tel. 0 52 51/38 91 04

Waldorfschule mit Abiturklasse,
Waldorfschule für Erziehungshilfe
(Förderschule E und L) mit Berufsförderung
ab Klasse 9, Berufskolleg

33142 Büren-Wewelsburg
Internat Gut Böddeken
Tel. 0 29 55/66 25

Private Grundschule in Ganztagsform,
öffentliche weiterführende Schulen

■ **ausführliche Angaben: Seite 204**

41539 Dormagen
Teilinternat Dormagen
Am Höhenberg 40
Tel. 0 21 33/51 46 20

Leistungssportinternat für
ausgewählte Sportarten

48249 Dülmen-Buldern
Internat Schloss Buldern
Dorfbauerschaft 22
Tel. 0 25 90/9 90

Gymnasium und Aufbaugymnasium

■ **ausführliche Angaben: Seite 205**

40489 Düsseldorf
Theodor-Fliedner-Internat
Alte Landstr. 104
Tel. 02 11/4 09 37 98

Gymnasium, Hauptschule, Realschule,
Berufskolleg, Gesamtschule,

40699 Erkrath-Hochdahl
Bergisches Internat
Gut Falkenberg 5–7
Tel. 0 21 04/94 08 80

Gesamtschule mit Haupt- und
Realschule, Gymnasium

32339 Espelkamp
Bischof-Hermann-Kunst-Schulen
Privatschul-Internat
Präses-Ernst-Wilm-Str. 2
Tel. 0 57 72/56 41 15

Hauptschule, Förderschule Lernen,
Gymnasium

■ **ausführliche Angaben: Seite 206**

45130 Essen
Sportinternat Essen
Von-Einem-Str. 77
Tel. 02 01/8 77 72 08

Gymnasium, Eliteschule des Sports

53879 Euskirchen
Villa Schillerstein
Boenerstr. 3
Tel. 0 22 51/89 89-0

ab Grundschule, Kleinstinternat

47574 Goch
Collegium Augustinianum Gaesdonck
Gaesdoncker Straße 220
Tel. 0 28 23/9 61-0

Gymnasium
(Mitglied im V.K.I.T.)

■ **ausführliche Angaben: Seite 207**

59073 Hamm
Landschulheim Schloss Heessen
Schlossstraße 1
Tel. 0 23 81/68 50

Gymnasium

■ **ausführliche Angaben:
Seite 208–209 und Seite 16–17**

40721 Hilden
Internat im ev. Schulzentrum Hilden
Gerresheimer Straße 74
Tel. 0 21 03/3 63-500

Realschule, Gymnasium

52393 Hürtgenwald
Franziskus-Internat Vossenack
Franziskusweg 1
Tel. 0 24 29/3 08-41

Hauptschule, Realschule,
Gymnasium
(Mitglied im V.K.I.T.)

58636 Iserlohn
Privates Aufbaugymnasium Iserlohn
Reiterweg 26–32
Tel. 0 23 71/90 43-0

Aufbaugymnasium

■ **ausführliche Angaben: Seite 210**

41363 Jüchen
Studienheim der Oblaten
Nikolauskloster
Tel. 0 21 82/40 55

Schülerheim für katholische
Priesteramtskandidaten

32689 Kalletal-Varenholz
Internat Schloss Varenholz
Schloss Varenholz 1
Tel. 0 57 55/96 20

Private Sekundarschule in Ganztagsform

■ **ausführliche Angaben: Seite 211**

50859 Köln
Internationale Friedensschule Köln/Cologne
International School – IFK Boarding House
Am Aspelkreuz 30
Tel. 02 21/31 06 34-0

Gymnasium und International School

■ **ausführliche Angaben: Seite 212**

50997 Köln
St. George's
The English International School
Husarenstr. 20
Tel. 0 22 33/8 08 87-0

Internat für Mädchen und Jungen ab
11 Jahren in Köln

53639 Königswinter
CJD Königswinter
Cleethorpeser Platz 12
Tel. 0 22 23/9 22 20

Realschule, Gymnasium
mit integrierter Hochbegabtenförderung,
Business-Akademie

49504 Lotte
KRÜGER Internat und Schulen
Westerkappelner Straße 66
Tel. 05404 9627-0

Haupt- und Realschule, Berufskolleg,
Berufsfachschulen, Berufliches Gymnasium
für Wirtschaft und Verwaltung

■ ausführliche Angaben:
Seite 213 und Seite 33

51597 Morsbach-Alzen
Internat Alzen
Stockshöher Weg 1
Tel. 0 22 94/71 19

Realschule/Gymnasium
■ ausführliche Angaben:
Seite 214–215

48346 Ostbevern
Die Loburg
Collegium Johanneum
Schloss Loburg
Tel. 0 25 32/8 71 59

Gymnasium und Sprachinstitut auf
dem Campus; Aufnahme in die örtliche
Sekundarschule möglich.
(Mitglied im V.K.I.T.)

■ ausführliche Angaben: Seite 216

33098 Paderborn
Jugendhaus Salesianum
Busdorfwall 28
Tel. 0 52 51/18 77-18

Schülerheim
(Mitglied im V.K.I.T.)

48734 Reken
Haus Don Bosco – Kinder- und
Jugendheim
Meisenweg 15
Tel. 0 28 64/8 89-0

Schülerheim

57392 Schmallenberg
Internat Fredeburg gGmbH
Kapellenstr. 5–8
Tel. 0 29 74/9 62 10

Arbeit mit AD(H)S-Kindern

42555 Velbert-Langenberg
Bergisches Internat – Villa Wewersbusch
Wewersbusch 15
Tel. 0 20 52/92 66 29-10

Gymnasium, Realschule, Hauptschule

33775 Versmold
CJD Versmold
Ravensberger Str. 33
Tel. 0 54 23/2 09-100

Gymnasium, Sekundarschule,
Hauptschule ab 7. Klasse

■ ausführliche Angaben: Seite 217

53909 Zülpich-Füssenich
Internat St.-Nikolaus-Stift
Brüsseler Str. 68
Tel. 0 22 52/94 35-0

Berufskolleg mit Internat
(Mitglied im V.K.I.T.)

Schloss Hagerhof – Gymnasium und Realschule

Name und Anschrift: Schloss Hagerhof
Menzenberg 13, 53604 Bad Honnef
Tel. 0 22 24/9 32 50, Fax 0 22 24/93 25 25
www.hagerhof.de, info@hagerhof.de

Name des Trägers: Schloss Hagerhof GmbH & Co. KG

Geschäftsführer: Michael Laufer

Internatsleitung:
Christiane Horstmann

Schulleitung:
Dr. Gudula Meisterjahn-Knebel

Schularten:
Gymnasium, Realschule, Ganztagesschule

Schulstatus:
staatlich genehmigte priv. Ersatzschule des Landes NRW (staatlich anerkannt)

Schulische Ausrichtung:
Erfahrungsschule des sozialen Lebens, Individualisierung des Lernens

Sprachenfolge:
E (Kl. 5), F oder L (Kl. 6),
WP Spanisch (Kl. 8), neueinsetzende FS (Jahrgangsstufe 10) Spanisch

Internatsplätze: w.: 60, m.: 60

Konfession: nicht gebunden

Klassenstärke: ca. 23

Externe Schüler: ca. 450 Tagesschüler

Kosten/Monat: € 1.450,– (Vollzeitinternat)
€ 390,– (Tagesinternat)

Nebenkosten/Monat:
Taschengeld

Pädagogische Schwerpunkte/Besonderheiten:
Montessori-Pädagogik: Freiarbeit, selbsttätiges Lernen, Projektarbeit.
Musik- und Musicalschule: Gesangs-, Instrumental-, Schauspiel- und Tanzunterricht.
Leistungssport: Basketball, Golf, Tennis: individuell abgestimmte Unterrichts- und Trainingspläne. Bildung für nachhaltige Entwicklung mit Engagement für Umwelt- und soziale Projekte.

Tag der offenen Tür: Samstag, 6. Mai 2017 11–15 Uhr (Schwerpunkt Internat);
Samstag, 14. Oktober 2017 13–17 Uhr (Schwerpunkt Schule);
Hagerhof-Fest 30. September 2017 14–18 Uhr

Der eigentliche Zweck des Lernens ist nicht das Wissen, sondern das Handeln.

Maria Montessori

SCHLOSS HAGERHOF
Privatschule mit Montessori-Pädagogik

Wir sind in Deutschland die führende Internatsschule in freier Trägerschaft mit Montessori-Pädagogik.

Montessori-Pädagogik
- ❑ Die persönliche Entwicklung jedes einzelnen Jugendlichen, der uns anvertraut ist, zu begleiten und zu fördern, ist unser oberstes Anliegen.
- ❑ Mit der Individualisierung des Lernens ermöglichen wir unseren Schülern, ihre eigenen Interessen einzubringen, Inhalte selbst zu entdecken und ihre kognitiven, sportlichen und musischen Begabungen zu entfalten.
- ❑ Wir verstehen uns als eine Erfahrungsschule des sozialen Lebens, in der die Jugendlichen zusammen leben, lernen und arbeiten.

Einzigartiges Lernumfeld
- ❑ Wir bieten ein Umfeld, in dem Jugendliche sich wohlfühlen, wahrgenommen werden und sich deshalb persönlich entwickeln können.
- ❑ Wir stellen unseren Schülern ein historisches Haus in landschaftlich reizvoller Umgebung des Siebengebirges am Rhein zur Verfügung.
- ❑ Wir sind eingebunden in ein lebendiges Netzwerk von regional, national und international tätigen Unternehmen und Institutionen aus Wirtschaft, Bildung und Forschung.

Leistungssport: Basketball, Golf und Tennis
- ❑ Basketball: Bundesleistungsstützpunkt Rheinland, mehrfacher Bundessieger („Jugend trainiert für Olympia") und Vertreter Deutschlands an ISF-Schul-Weltmeisterschaften (International School Sport Federation)
- ❑ Golf: Landesmeister NRW 2015
- ❑ Tennis: tägliches leistungsorientiertes Training
- ❑ Qualifiziertes Training mit individuellen Trainingsplänen unter Abstimmung von schulischen und sportlichen Anforderungen
- ❑ Duale Karriereförderung: Jeder Athlet soll einen qualifizierten Schulabschluss erreichen.
- ❑ Yassin Idhibi (Brose Baskets Bamberg): „Schloss Hagerhof ist das Beste, was einem Leistungssportler passieren kann, sowohl in sportlicher als auch in schulischer Hinsicht."

Musical- und Musikschule
- ❑ Einziges Internat Deutschlands mit Musicalschule
- ❑ Ausbildung in Tanz, Gesang und Schauspiel
- ❑ Eigene erfolgreiche Musical-Inszenierungen
- ❑ Vorbereitung auf die Aufnahmeprüfung an einer Musikhochschule im Bereich „Musical"
- ❑ Angegliederte Musikschule mit Fachunterricht in zahlreichen Instrumenten

Bildung für nachhaltige Entwicklung mit vielen Zusatzqualifikationen, u.a.
- ❑ Umwelt- und Garten-AGs, Amphibienschutzprojekt, Streuobstwiese, Schülerladen
- ❑ AG Entwicklungspolitik mit Auslandseinsatz
- ❑ Soziales Engagement und interkulturelles Lernen durch Praktika, Schüleraustausch u.v.m.
- ❑ Sport-AGs (Reiten, Fußball, Golf, Tennis u.a.)

Institut Schloß Wittgenstein   VDP

Name und Anschrift:
Institut Schloß Wittgenstein, 57334 Bad Laasphe
Tel. 0 27 52/4 74 30, Fax 0 27 52/47 43 30
www.wittgenstein.de, info@wittgenstein.de
FB: www.facebook.com/internatschlosswittgenstein

Name des Trägers: Internat: Institut Schloß Wittgenstein Josef Kämmerling GmbH & Co. KG, Schulen: Schulverein Wittgenstein e.V.

Internatsleitung: Internatsleitung Tim Patrick Kaufmann

Schulleitung: Oberstudiendirektor Herbert Marczoch (Gymnasium), Realschulrektor Kurt Ermert (Realschule)

Schularten: Gymnasium, Realschule

Schulstatus: staatlich anerkanntes privates Gymnasium, staatlich anerkannte private Realschule, angeschlossenes Internat

Schulische Ausrichtung: Mittl. Bildungsweg, Differenzierung in den Klassen 9 und 10 in naturw., sozialwiss., techn. und fremdsprachl. Zweig

Sprachenfolge: E ab Kl. 5, F oder L ab Kl. 6, bilingualer Unterricht in Kl. 7

Konfession: nicht gebunden

Internatsplätze: w.: 40, m.: 40

Klassenstärke: kleine Klassen

Kosten/Monat: € 1.976,–

Nebenkosten: Aufnahmegebühr: € 250,– Hausrechnung ca. € 75–100,–/Monat

Pädagogische Schwerpunkte/Besonderheiten: Die individuelle Förderung unserer Schüler ist uns wichtig. Während der Silentien wird die Hausaufgabenbetreuung von Lehrern begleitet. In Lerngruppen und Förderkursen sowie der Nachhilfe nehmen sich unsere Erzieher, Betreuer und Lehrer Zeit für ihre Schüler. Vielfältige Freizeitangebote in zahlreichen Arbeitsgemeinschaften machen das Leben in unserem Internat abwechslungsreich. Die persönliche Karriereberatung durch unsere Pädagogen wird an unserer Realschule und dem Gymnasium durch die eigenen Berufsorientierungsbüros (BOB) unterstützt. Das Gymnasium verfügt über einen bilingualen Bildungsgang.

Institut Schloß Wittgenstein
Internat für Jungen und Mädchen

Da will ich hin!

Lernen. Leben. Wohlfühlen.

Private Realschule, Gymnasium und Internat Schloß Wittgenstein in Bad Laasphe

Bereits seit 1954 begleiten wir Jungen und Mädchen auf ihrem Lern- und Lebensweg an unseren beiden staatlich anerkannten Privatschulen. Das Internat mit angegliederter Realschule und Gymnasium befindet sich auf dem Gelände und teilweise in den Gebäuden des bereits im 13. Jahrhundert erbauten Schlosses. Hier trifft Geschichte auf Moderne in einer umfangreichen und sensiblen Ausbildung unserer Schüler und Schülerinnen.

„Wir nehmen uns Zeit, auf die individuellen Bedürfnisse unserer Schüler einzugehen, sie zu fördern und zu unterstützen."

Unsere Unterrichtsräume sind hochwertig ausgestattet. Naturwissenschaften, Sprachen, Computerkenntnisse, künstlerische und sportliche Fähigkeiten können so zielgerichtet und verständlich aufgebaut und spezialisiert werden. Den Schulalltag begleiten zahlreiche Freizeitaktivitäten wie Klettern, Golf oder Reiten. Sogar das eigene Pferd kann mitgebracht werden! Ebenso werden Ausflüge und Exkursionen sowie Veranstaltungen, die durch und mit den Schülern selbst organisiert werden – Theater, sportliche Turniere, Themenabende uvm. angeboten. In Vorbereitung auf den Einstieg in Studium und Lehre arbeiten wir außerdem eng mit regionalen Unternehmen und Organisationen zusammen.

Mehr zum Lernen und Leben im Internat auf: **www.wittgenstein.de**

Aloisiuskolleg

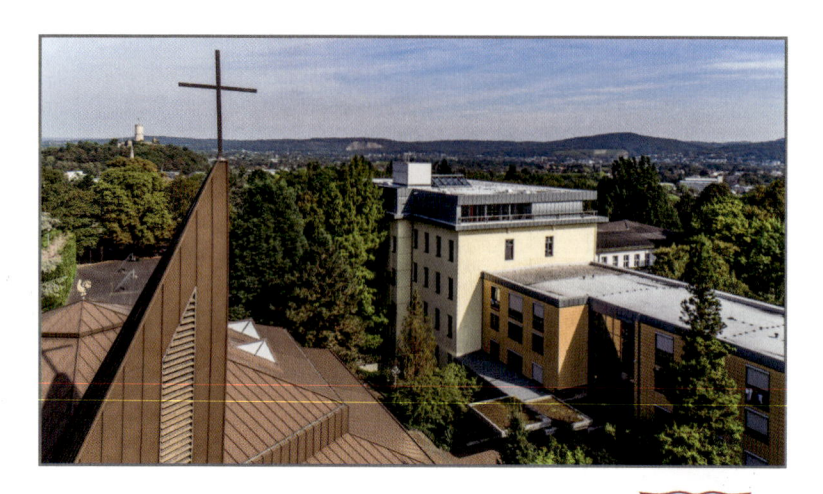

Name und Anschrift:
Aloisiuskolleg, Elisabethstraße 18, 53177 Bonn
Tel. 02 28/8 20 03-201, Fax 02 28/8 20 03-202
www.aloisiuskolleg.de, internat@aloisiuskolleg.de

Name des Trägers: Jesuitenorden

Internatsleitung: Torsten Liebscher

Schulleitung: Dr. Manfred Sieburg

Schulart: Gymnasium

Schulstatus: staatl. anerkannte Privatschule

Schulische Ausrichtung: Jesuitenkolleg

Sprachenfolge:
Klasse 5: Englisch, Latein
Klasse 6: Latein
Klasse 8: Französisch, Griechisch
Klasse 10: Italienisch, Französisch

Internatsplätze: w.: 40, m.: 100

Konfession: christl. Bekenntnisse

Klassenstärke: ca. 22–32

Externe Schüler: ca. 650

Kosten/Monat: € 1.580,–

Nebenkosten/Monat: —

Pädagogische Schwerpunkte/Besonderheiten/Freizeitangebote des Internates:
Zur Verantwortung erziehen – das ist unser pädagogischer Leitsatz. Wir begleiten die Schülerinnen und Schüler auf dem Weg zu reifen Persönlichkeiten. Der Einzelne wird in seiner Entwicklung und mit seinen Stärken und Schwächen ernst genommen, wertgeschätzt und gefördert. Unser pädagogisches Programm setzt folgende Schwerpunkte: Schulische Begleitung und Förderung durch Fachkräfte. Professionelle Beratung zu Studium und Beruf, Laufbahnberatung und Übergangsgestaltung Schule-Studium/Berufsausbildung. Kulturelle Angebote: Theater, Orchester, Chor, Big Band, musikalischer Einzelunterricht, Debating Clubs. Sportliche Angebote: Fußball, Basketball, Hockey, Tennis, Rudern, Yoga, Tanzen, Fechten, Kampfsportarten u.a.m. Breites Angebot an technischen, handwerklichen und erlebnispädagogischen Freizeitaktivitäten. Religiöse Bildung, Exerzitien, Besinnungstage, Grundkurs des Glaubens u.a.m. Sozialpraktika, soziale Dienste im Internat sowie regionale und internationale soziale Engagements, Mentorendienste, Sanitätsdienst u.a.m.

Tag der offenen Tür: siehe Terminplan auf www.aloisiuskolleg.de

Das Internat ist Mitglied im Verband Katholischer Internate und Tagesinternate (V.K.I.T.) e.V.

Privates Ernst-Kalkuhl-Gymnasium   VDP

Internatsschule für Jungen und Mädchen • gegründet 1880

Name und Anschrift:
Privates Ernst-Kalkuhl-Gymnasium, Königswinterer Straße 534, 53227 Bonn
Tel. 02 28/97 09 00, Fax 02 28/9 70 90-99
Internet: www.ernst-kalkuhl-internat.de, E-Mail: int-sekretariat@kalkuhl.de

Name des Trägers: StD Ernst-Martin Heel

Internatsleitung:
StD Ernst-Martin Heel

Schulleitung:
OStD Dr. Ulrich Drescher

Schulart:
Gymnasium

Schulstatus:
staatlich anerkannte Privatschule

Internatsplätze: w.: 50, m.: 80

Sprachenfolge: E ab Kl. 5, L, F ab Kl. 6, Sp im Wahlbereich ab Kl. 8, Sp im Wahlbereich ab Kl. 8 + ab Jahrgangsstufe 10 (neu einsetzend, auch für Realschüler nach Kl. 10)

Klassenstärke:
15–23

Externe Schüler: ca. 550

Konfession: nicht gebunden

Kosten/Monat: € 1.790,–

Nebenkosten/Monat: ca. € 50,–

Pädagogische Schwerpunkte/Besonderheiten:
Pädagogischer Schwerpunkt ist die fachlich kompetente Betreuung am Nachmittag/Abend. Fachsilentium bis zum Abitur, Förderkurse der Lehrer des Gymnasiums, viele Freizeitangebote im musischen, sportlichen und kulturellen Bereich, Internatsbetreuer verfügen über Gymnasiallehrerausbildung oder sind Diplompädagogen. Pädagogische Neukonzeption der Unter- und Mittelstufe: Die Schüler der Klassen 5–9 werden in einer eigenen Internatsklasse gemeinsam von ihren Lehrern und Internatspädagogen unterrichtet und betreut. Durch diese Teambildung kann auf die individuelle Förderung und die speziellen Bedürfnisse der Kinder besonders eingegangen werden. Die Klassengröße von 15–23 Schülern ermöglicht einen modernen, methodenorientierten Unterricht. Die Silentiumsarbeit und besondere Freizeitaktivitäten sind in diese Konzeption integriert.

Tag der offenen Tür: —

Internat Gut Böddeken

Name und Anschrift:
Gut Böddeken – Fachinternat für Kinder und Jugendliche mit Privater Wohngrundschule, Gut Böddeken, 33142 Büren-Wewelsburg, Tel. 0 29 55/66 25, Fax 0 29 55/60 25
www.gut-boeddeken.de, info@gut-boeddeken.de

Name des Trägers: Wohngrundschule: OWL Gemeinnützige Privatschulgesellschaft mbH; Internat: Fachinstitute Blauschek

Internatsleitung:
Dipl. Sozialpädagoge Eduard Kloppenburg

Schulleitung:
Jan-Helge Kuhn

Schularten: Private Grundschule in Ganztagsform, öffentliche weiterführende Schulen

Schulstatus:
staatlich genehmigte Ersatzschule

Schulische Ausrichtung: Die Kinder lernen in der Wohngrundschule in kleinen, jahrgangsübergreifenden Klassen, betreut von Lehrern und Pädagogen, die sich durch persönliches Engagement, berufliche Professionalität und individuelle Zuwendung auszeichnen. Hier fühlen sich die Kinder wohl und können sich entfalten, denn jedes Kind wird gezielt, individuell und entsprechend seiner Fähigkeiten gefördert. In der Wohngrundschule wird jedem Kind Raum und Zeit gelassen zum Kindsein, d. h. zum Spielen, Forschen und Entdecken.

Sprachenfolge: E ab Kl. 1

Konfession: nicht gebunden

Internatsplätze: w.: 15, m.: 20

Externe Schüler: ca. 30 %

Klassenstärke: 8–15

Nebenkosten/Monat: keine

Kosten/Monat: Preis auf Anfrage. Eine Übernahme der Internatskosten durch öffentliche Kostenträger ist bei Erfüllung der Voraussetzungen möglich.

Pädagogische Schwerpunkte/Besonderheiten der Grundschule: Insbesondere Kinder mit einer prognostisch ungünstigen Lernbiographie erhalten einen besonders geleiteten und behüteten Start in ihre Schullaufbahn. Die Grundschule bildet dabei einen Ort, der den Kindern Raum und Zeit zum Lernen und zum Nachreifen lässt, an dem didaktische und therapeutische Bemühungen aufeinander abgestimmt, harmonisiert und rhythmisiert werden und wo langsames Lernen erlaubt ist. Wochenend- und Ferienaufenthalte zu Hause sind gewollt und jederzeit möglich.

Tag der offenen Tür: Sommerfest und Tag der offenen Tür am 21. Mai 2017 von 14–17 Uhr

Internat Schloss Buldern VDP

Name und Anschrift: Internat Schloss Buldern, Dorfbauerschaft 22, 48249 Dülmen
Tel. 0 25 90/99-0, Fax 0 25 90/99-14
www.schloss-buldern.com, internat@schloss-buldern.com

Name des Trägers: Landschulheim Schloss Buldern GmbH & Co. KG

Internatsleitung: Herr StD Stefan Schrade   **Schulleitung:** Herr OStD Wolfgang Keßler

Schularten:
Gymnasium (G8) u. Aufbaugymnasium (G9)

Schulstatus:
staatlich anerkannt

Gymnasium Sprachenfolge:
Kl. 5: E, Kl. 6: F oder L, Kl. 11: L/F/Sp/Gr
**Aufbaugymnasium
(es beginnt mit Kl. 7) Sprachenfolge:**
ab Kl. 7: E und gleichzeitig L oder F

Internatsplätze: w.: 60, m.: 120

Konfession: nicht gebunden

Klassenstärke: Durchschnitt 12

Externe Schüler: ca. 150

Kosten/Monat: Kl. 5–9: € 1.995,–
Kl. 10–13: € 2.095,–, Tagesschüler € 710,–
Teilstipendien möglich, Aufnahme jederzeit möglich

Nebenkosten/Monat:
€ 60,– für Veranstaltungen und dergleichen

Pädagogische Schwerpunkte/Besonderheiten: Zwei Schwerpunkte sind die Basis des Erfolgs unserer Schüler: Schulische Ausbildung und Entfaltung der individuellen Persönlichkeit. Das Zusammenspiel dieser beiden Aspekte bietet die optimale Ausgangsposition für die Lebensperspektive Ihres Kindes. Der Erfolg zahlreicher Schüler beweist dies. Weitere Besonderheiten: Breites Kursangebot in der Oberstufe, ausgewogene Betreuung neben der Schule durch qualifizierte Silentien, Berufsberatung, individuelle LRS-Förderung, Musik, Kunst, Theater, Kochkurse, Themenabende, Kamingespräche, Dinnertime, breites Sportangebot, eigener Fitnessraum, Reiten, Ski- und Segelfreizeiten, Boxen, Tennis, Schwimmen.

Tag der offenen Tür: 9. Juli 2017

Bischof-Hermann-Kunst-Schulen Privatschul-Internat

Name und Anschrift:
Bischof-Hermann-Kunst-Schulen, Präses-Ernst-Wilm-Str. 2, 32339 Espelkamp
Tel. 0 57 72/5 64-303, Fax 0 57 72/5 64-109
www.ludwig-steil-hof.de, iwan.miene@ludwig-steil-hof.de

Name des Trägers: Evangelische Stiftung Ludwig-Steil-Hof

Internatsleitung: Iwan Miene

Schulleitung: Dieter Gerecke/u.a.

Schularten: Auf dem Campus: Private Förderschule Lernen, Private Hauptschule Im Ort: Sekundarschule, Realschule, Gymnasium, Berufskolleg

Schulstatus: staatlich anerkannte Privatschulen

Schulische Ausrichtung: Sozialwirksame Schulen mit internationaler Ausrichtung

Sprachenfolge: E-L, E-F, E-R

Internatsplätze:
w.: 40, m.: 40

Konfession: nicht gebunden

Klassenstärke: 10–25

Externe Schüler: ca. 300

Kosten/Monat: € 1.300,–

Nebenkosten/Monat: Fahrten und Taschengeld

Pädagogische Schwerpunkte/Besonderheiten: Förderung und Begleitung junger Menschen in Bezug auf Persönlichkeitsbildung und charakterliche Festigung/Übergänge in sämtliche Schulformen möglich, tägliche Hausaufgabenbetreuung, Lernbüro, Motivationsförderung, soziales Lernen, tägliches Schauen und Erörtern einer Nachrichtensendung, interkulturelles Lernen, verpflichtende soziale Dienste, sozialwirksame Schule, Schulsozialarbeit, Berufsberatung, Deutsch intensiv in Grammatik, Sommer- und Skifreizeiten, Täglich: abendliche Sportangebote in eigener Sporthalle, umfangreiche Freizeitangebote: Reiten, Fußball, Kickboxen, Parcour, Malen, Musik.

Tag der offenen Tür: Sonntag, 11. Juni 2017, 12.00–16.00 Uhr

Collegium Augustinianum Gaesdonck

Name und Anschrift:
Collegium Augustinianum Gaesdonck, Gaesdoncker Straße 220, 47574 Goch
Tel. 0 28 23/9 61-0, Fax 0 28 23/9 61-130
www.gaesdonck.de, poststelle@gaesdonck.de, FB: www.facebook.com/Gaesdonck

Name des Trägers: Stiftung Collegium Augustinianum Gaesdonck

Internats- und Schulleitung: Peter Broeders, Direktor; Alois Kisters, Internatsleiter; Doris Mann, Schulleiterin

Schulart: Bischöfliches Gymnasium (G9 und über ein Springermodell auch G8) mit Vollinternat und Tagesinternat

Schulstatus: staatlich anerkannt

Schulische Ausrichtung:
Christlich Leben – Sozial Handeln – Begabungen entfalten

Sprachenfolge: Kl. 5: E, Kl. 6: F, L, Kl. 8: F, Kl. 10: Sp. Weitere Sprachangebote im Rahmen des „Carpe Diem" Programms

Internatsplätze:
w.: 45 Vollinternat; 60 Tagesinternat
m.: 85 Vollinternat; 100 Tagesinternat

Konfession: röm.-kath.

Klassenstärke: ca. 25–30 (LK Oberstufe ca. 15–20)

Externe Schüler: ca. 525

Kosten/Monat: Vollinternat € 1.674,–, Tagesinternat € 515,–, zzgl. Nebenkosten und einm. Aufnahmegebühr; Stipendien möglich

Nebenkosten/Monat: individuell, Kosten für besondere Freizeitangebote

Pädagogische Schwerpunkte/Besonderheiten: Internat ab Kl. 5, enge Zusammenarbeit zwischen Schule und Internat; Begabungsförderung, Junior-Business-School, eigene Kunst- und Musikschule, hauseigenes Tonstudio, Differenzierungskurse im math.-naturwissenschaftlichem Bereich, eigener Priester-Spiritual für die Schul- und Internatspastoral, umfassende Freizeitangebote im „Carpe Diem" Programm, eigene Berghütte in Randa (Schweiz), Tennis-Leistungsklassen, Vertrauensperson für die SchülerInnen, eigene Bibliotheklandschaft, Reithalle vor Ort.

Tag des offenen Internats: 10.06.17, Individuelle Termine und Probewohnen jederzeit möglich

Das Internat ist Mitglied im Verband Katholischer Internate und Tagesinternate (V.K.I.T.) e.V.

> Siehe auch Seite 16–17

Landschulheim Schloss Heessen
Leben und Lernen in einer familiären Privatschule
mit internationaler Prägung

Name und Anschrift: Landschulheim Schloss Heessen, Schlossstraße 1, 59073 Hamm
Tel. 0049 23 81/6 85-0, Fax 0049 23 81/6 85-155,
www.lsh-heessen.de, info@lsh-heessen.de

Name des Trägers: Landschulheim Schloss Heessen e. V. (gemeinnützig)

Internatsleitung: Sebastian Morche
Staatl. anerk. Erzieher/Anti-Gewalt- und
Deeskalationstrainer

Schulleitung/Ansprechpartner:
OStD Jürgen Heimühle

Schularten:
Gymnasium

Schulstatus: staatlich anerkanntes privates
Tagesgymnasium und Internat

Schulische Ausrichtung:
Ganztagsgymnasium mit differenzierter
Oberstufe

Sprachenfolge: 1. Fremdsprache: E
2. Fremdsprache: L oder F
3. Fremdsprache Oberstufe: Sp

Internatsplätze: w.: 35, m.: 65

Konfession: nicht gebunden

Klassenstärke:
Sek I ca. 10–18, Sek II ca. 8–15

Externe Schüler:
Tagesheimschüler/-innen ca. 220

Kosten/Monat:
Internat: Kl. 5: € 1.750,–, Kl. 6: € 1.750,–,
Kl. 7: € 1.800,–, Kl. 8: € 1.850,–,
Kl. 9: € 1.900,–, Kl. 10–12: € 2.100,–

Nebenkosten:
Einmalige Aufnahmegebühr Internat
€ 500,–; Tagesschule € 150,–

Pädagogische Schwerpunkte/Besonderheiten: – Individuelle Hausaufgabenbetreuung
– Förderung im Rahmen des Ganztagsunterrichtes auf der Basis kleiner Klassen und Kurse
(Begabungen fördern und Defizite ausräumen) – Ausgleichs- und Vertiefungskurse in
den JgSt 10/11 – Teilnahme an Wettbewerben und Olympiaden – Berufsorientierung mit
Schwerpunkt Sek II – sorgfältige Erziehung in kleinen Gruppen durch fachausgebildete
Erzieher – neues Oberstufenzentrum für Schule und Internat mit moderner technischer
Ausstattung – Mittagessen aus der hauseigenen Frischküche

Tag der offenen Tür: Individuelle Beratungstermine jederzeit.

LANDSCHULHEIM SCHLOSS HEESSEN

Kompetenzen erweitern.

- Kleine Klassen und kleine Oberstufenkurse
- Individuelle Lernaufgabenbetreuung durch Fachlehrkräfte in den Klassen 5 bis 9
- Verlässliche Ganztagsbetreuung ohne Unterrichtsausfall, täglich von 08:00 Uhr bis 15.40 Uhr (bis Ende Jahrgangsstufe 10)
- Stärkung der Kompetenzen in den Kernfächern durch Ergänzungs- und Förderstunden (Deutsch, Mathematik, Englisch, Französich und Latein)
- Ausbau sozialer Kompetenzen und individuelle Persönlichkeitsentwicklung

Zukunft entwickeln.

- Lernen in einer familiären Privatschule mit internationaler Prägung
- Anerkannte Sprachzertifikate (Englisch, Französisch und Spanisch)
- Mitarbeit in einer etablierten Schülerfirma (ERC eSG)
- Intensive Studien- und Berufsberatung mit Schwerpunkt Oberstufe
- Vielfältige Kooperationen (u.a. Hochschulen und Archive)

Gemeinschaft erleben.

- Qualifizierte pädagogische Betreuung und Erziehung in Internatsgruppen
- Umfangreiche Freizeitmöglichkeiten im sportlichen, kulturellen und künstlerischen Bereich
- Organisation und Koordinierung von individuellen Förderangeboten in Absprache mit der Schule
- Individuelle Betreuung in familiärer Atmosphäre in enger Abstimmung mit den Erziehungsberechtigten
- Wochenendangebote

Landschulheim Schloss Heessen e.V.
Staatlich anerkanntes privates Tagesgymnasium und Internat

Schlossstraße 1
59073 Hamm
Tel   +49 (0) 2381-685-0
Fax   +49 (0) 2381-685-155
Email   info@lsh-heessen.de
Internet www.lsh-heessen.de
Facebook www.facebook.de/lshheessen

Traditionen entdecken. Begeisterung erleben. Zukunft entwickeln.

Privates Aufbaugymnasium Iserlohn VDP

Name und Anschrift: Privates Aufbaugymnasium Iserlohn
staatl. anerk. Aufbaugymnasium für Jungen und Mädchen
Reiterweg 26–32, 58636 Iserlohn, Tel. 0 23 71/90 43-0, Fax 0 23 71/90 43-70
www.aufbaugymnasium-iserlohn.de, info@aufbaugymnasium-iserlohn.de

Name des Trägers: Privatschulgesellschaft mbH Seilersee

Internatsleitung:
Dipl.-Soz.päd. Susanne Hartken-Rohe

Geschäftsführer:
Sandra Walther

Schulleitung: StD Karl-Heinz Marx

Schularten:
Privates Aufbaugymnasium nach G9

Schulstatus:
staatlich anerkannt

Schulische Ausrichtung:
Gymnasium mit 9-jährigem Bildungsgang bilingualer dt.-engl. Zweig

Sprachenfolge: E ab Kl. 5, L/F ab Kl. 7, Sp ab Kl. 11

Konfession: nicht gebunden

Internatsplätze: w.: 70, m.: 80

Externe Schüler:
z. Zt. 30 Tagesschüler

Klassenstärke: bis ca. 20, durchschnittlich ca. 15

Kosten/Monat:
Kl. 7–9 € 2.200,–, Kl. 10–13 € 2.450,–
Einmalige Aufnahmegebühr: € 500,–
ab 2. Schulhalbjahr € 1.000,–

Nebenkosten/Monat:
Taschengeld (nach Jahrgangsstufen gestaffelt), Schreibmaterial, Veranstaltungen: ca. € 75,–

Pädagogische Schwerpunkte/Besonderheiten: Beaufsichtigte Lernzeitbetreuung in allen Klassen durch Betreuer und Lehrer, Förderkurse, fachl. Gruppengespräche, indiv. Förderung, Rechtschreibwerkstatt, Kurs „Lernen lernen" für Kl. 7 und 11, Personalcoaching. Freizeitangebote: Kultur (Theater, Film, Kino usw.), Sport (Golf, Reiten, Tennis, Basket- und Fußball, Schwimmen, Inline- und Eishockey usw.), Betriebsbesichtigungen, AGs (Billard, Multimedia, Kochen, Partylounge, Zeichnen, Instrumentalgruppe, Schülercafe usw.).

Tag der offenen Tür: 10. Juni 2017

Internat Schloss Varenholz VDP

Name und Anschrift: Schloss Varenholz – Jugendhilfeeinrichtung mit Internat und Privater Sekundarschule, Schloss Varenholz, 32689 Kalletal-Varenholz
Tel. 0 57 55/96 20, Fax 0 57 55/4 24, www.schloss-varenholz.de, info@schloss-varenholz.de

Name des Trägers: OWL Gemeinnützige Privatschulgesellschaft mbH und Schloss Varenholz GmbH, Internatsgesellschaft für Kinder- und Jugendhilfe

Gesamtleitung: Thomas Blauschek M. A. und Frederic Blauschek

Schulleitung: Frank Ziegler

Internatsleitung: Dipl. Sozialpädagoge Peter Greitemann

Schulstatus: staatlich genehmigte Ersatzschule

Schularten: Private Sekundarschule in Ganztagsform

Sprachenfolge: E ab Kl. 5, F ab Kl. 6

Schulische Ausrichtung: Mittl. Bildungsweg, Vorbereitung auf die Berufsausbildung und die Sekundarstufe II; alle Abschlüsse der Sekundarstufe I werden vergeben. Extern: Fachhochschulreife oder Hochschulreife an mit Schloss Varenholz kooperierenden Schulen.

Konfession: nicht gebunden

Internatsplätze: w.: 50, m.: 110

Externe Schüler: ca. 15 %

Klassenstärke: ca. 10–22 SchülerInnen

Nebenkosten/Monat: ca. € 50,–

Kosten/Monat: € 2.250; Schloss Varenholz ist ein anerk. Träger der freien Jugendhilfe. Deshalb ist bei Erfüllung der Voraussetzungen eine Kostenübernahme durch öffentl. Kostenträger möglich.

Pädagogische Schwerpunkte/Besonderheiten: Besondere Hilfen bei ADHS, Autismus/ Asperger, Teilleistungsschwächen (z.B. LRS), allg. Lern- und Leistungsproblemen, Entwicklungsverzögerungen oder Verhaltensauffälligkeiten; je nach Eignung können auch Förderschüler mit dem Förderschwerpunkt LES in die Schule aufgenommen und intensiv gefördert werden; Rhythmisierung und Strukturierung des Ganztagsbetriebes durch Blockunterricht, Binnendifferenzierung, verbindliche Kooperationen mit einem Gymnasium und ortsnahen Berufskollegs, mehrwöchige Praxiszeiten zur Vorbereitung auf die Berufsausbildung in den Klassen 8, 9 und 10, großes Freizeitangebot, wöchentliche Heimfahrten möglich.

Tag der offenen Tür: Schlossfest und Tag der offenen Tür: 11. Juni 2017 von 12–17 Uhr

Internationale Friedensschule Köln/Cologne International School

Name und Anschrift: Internationale Friedensschule Köln/Cologne International School, IFK Boarding House, Am Aspelkreuz 30, 50859 Köln
Tel. 02 21/31 06 34-0, Fax 02 21/31 06 34-10
www.if-koeln.de, info@if-koeln.de, FB: www.facebook.com/school.cologne

Name des Trägers: Internationale Friedensschule Köln gGmbH

Internatsleitung:
Frau Cornelia Jane Härle

Schulleitung/Ansprechpartner:
Frau Sonja Guentner

Schulart:
Gymnasium und International School

Schulstatus: staatlich anerkanntes Gymnasium (Ersatzschule) und staatlich anerkannte International School (Ergänzungsschule und IB World School)

Schulische Ausrichtung:
international und mehrsprachig

Sprachenfolge:
E, S, F oder individuelle Sprachlaufbahn

Internatsplätze: 16

Konfession: interreligiös

Klassenstärke: maximal 20, in der Oberstufe derzeit durchschnittlich 8

Externe Schüler:
600 (Stand April 2017)

Kosten/Monat:
€ 3.167,-

Nebenkosten/Monat:
nur persönlicher Bedarf

Pädagogische Schwerpunkte/Besonderheiten: Schüler ab 15 Jahre können das Internat besuchen und entweder ihr Abitur am Gymnasium oder ihr IB-Diplom an der International School ablegen. Die Schule ist international und interreligiös ausgerichtet und hat einen hohen akademischen Anspruch. Neben einer großen Bandbreite extracurricularer Angebote bietet sie Studien- und Berufswahlvorbereitung und Sprachzertifikatskurse. Die hauseigene Küche beliefert auch das Internat. Im IFK Boarding House leben die Schüler in hochwertig eingerichteten kleinen Appartements. Die Zahl von 16 Internatsplätzen macht eine intensive und individuelle Betreuung möglich, auch an den Wochenenden. Mit Ausnahme der Sommer- und Winterferien bleibt das Internat stets geöffnet.

Tag der offenen Tür: Januar und September, aktuelle Daten unter www.if-koeln.de

Siehe auch Seite 33

KRÜGER Internat und Schulen VDP

Name und Anschrift: Krüger Internat und Schulen, Westerkappelner Straße 66, 49504 Lotte
Tel. 05404 9627-0, Fax 05404 9627-60, www.internat-krueger.de, info@internat-krueger.de
www.facebook.com/KruegerInternat

Name des Trägers: Friedrich Krüger Stiftung

Internatsleitung:
Diplom-Sozialarbeiter/Sozialpädagoge (FH)
Jörn Litsche, Petra Mittag-Krüger

Schulleitung:
StD Peter Krüger

Schularten: Haupt- und Realschule, Berufskolleg: Berufsfachschule für Wirtschaft und Verwaltung – Hauptschulabschluss nach Klasse 10/Fachoberschulreife (Realschulabschluss), 2-jährige Höhere Berufsfachschule für Wirtschaft und Verwaltung – Fachhochschulreife (Fachabitur), 3-jähriges Berufliches Gymnasium für Wirtschaft und Verwaltung – uneingeschränkte Hochschulreife (Abitur)

Schulische Ausrichtung: Schwerpunkt Wirtschaft und Verwaltung/ComputerNRW- und ECDL-Computerführerschein/KMK-Sprachenzertifikat

Schulstatus: staatlich anerkannte Ersatzschule

Sprachenfolge: E-Sp

Internatsplätze: w.: 20, m.: 60

Konfession: nicht gebunden

Klassenstärke: 12–25 Schüler

Externe Schüler: 200

Kosten/Monat: ca. € 1.990,–

Nebenkosten/Monat: ca. € 90,–

Pädagogische Schwerpunkte/Besonderheiten: Die Haupt- und Realschule sind unsere Kooperationspartner und befinden sich in unmittelbarer Nachbarschaft unseres Internats. Schüler ohne Hauptschulabschluss, aber mit 10 Schulbesuchsjahren und einem Mindestalter von 18 Jahren können den Hauptschulabschluss nachholen. Generell gehen wir auf individuelle Stärken und Schwächen der Jugendlichen mit Angeboten und Fördermaßnahmen ein und vermitteln durch das Zusammenleben im Internat soziale Kompetenzen, die den Einstieg in ein erfolgreiches (Berufs-) Leben erleichtern. Ein flexibles und durchlässiges Schulsystem unterstützt hierbei unser erfolgreiches Konzept. Ein Dipl.-Psychologe steht für begleitende Maßnahmen zur Verfügung. Breitgefächerte Freizeitangebote sorgen für Abwechslung und stärken den Teamgeist: Tischtennis, Bowling, Tennis, Fußball, Basketball, Badminton, Informatik, Fitness, Musik-AG, Schwimmen, Eislaufen, Kunstatelier. Neigungsgruppen nach Wunsch: Golf, Beachvolleyball etc.

Tag der offenen Tür: Wir beraten Sie gerne individuell nach vorheriger Terminvereinbarung.

Internat Alzen   VDP::::

Name und Anschrift: Internat Alzen – die Schule auf dem Land – 51597 Morsbach-Alzen
Tel. 0 22 94/71 19, Fax 0 22 94/85 79
www.internatalzen.de, sekretariat@internat-alzen.de
Unsere Schule ist Mitglied des Verbandes deutscher Privatschulen/NRW

Name des Trägers: Bernward Uhlenküken M.A.

Internatsleitung:
Anne Steimle

Schulleitung:
Bernward Uhlenküken M. A.

Schularten:
Realschule/Gymnasium

Schulstatus: staatlich anerkannte
Ergänzungsschule

Schulische Ausrichtung:
allgemeinbildend

Sprachenfolge:
E, F

Internatsplätze:
35

Konfession:
nicht gebunden

Klassenstärke: 6–15

Externe Schüler: 50

Kosten/Monat:
Internat: Kl. 5–10 € 1.790,–
Tagesschüler: Kl. 5–10 €   775,–
                 Kl. 11–13 €   865,–

Nebenkosten: keine

Pädagogische Schwerpunkte/Besonderheiten: Ein den Prinzipien der Aufklärung verpflichtetes Welt- und Menschenbild ist Grundlage der Konzeption unserer kleinen Schule. Erziehung zu verantwortlichem Handeln und aktiver Teilhabe an der Gesellschaft sind Ziele unserer pädagogischen Arbeit.

Wir bieten: qualifizierte, sozialpädagogische Betreuung und individuelle Unterrichtsbetreuung in kleinen Lern-Gruppen, Methodentraining, PC-gestützter Unterricht, Wahlpflichtfächer (z.B. Theater, musikpädagogische Projekte, Erlebnispädagogik), Silentien, AGs. Regelmäßige Klassenfahrten nach England und Frankreich etc.

Internat Alzen – „Lernen im Grünen"

Zurückgreifend auf eine jahrzehntelange Erfahrung in Erziehung und Bildung setzen wir auf bewährte Handlungskonzepte in Pädagogik, Didaktik und Methodik. Schule ist ein dynamischer und lebensbegleitender Prozess, der genutzt werden sollte, Kindern und Jugendlichen nicht nur Wissen zu vermitteln, sondern vor allem Orientierung zu geben. Aktive Teilhabe in Selbstbestimmtheit und sozialer Verantwortung ist das große Ziel jeder Persönlichkeitsbildung und der Schwerpunkt unserer pädagogischen Arbeit.

Im Grundsatz geht es darum, zusammen mit den Schülerinnen und Schülern neue Perspektiven zu schaffen, Vorhaben umzusetzen und Ziele zu erreichen. Dabei soll Schule wieder Spaß machen und Neugier wecken, das Denken schärfen und besonders das Selbstbewusstsein stärken, damit man auch Verantwortung übernehmen kann.

Der kleine und überschaubare Rahmen unserer Internatsschule bietet den Kindern und Jugendlichen dabei ein gutes Übungsfeld und sichere Strukturen. Vertrauensvolle Beziehungen helfen ihnen, sich einzulassen und mitzumachen, schließlich ihren Weg zu finden.

Die besondere Atmosphäre unseres Hauses wird vor allem geprägt von engagierten Menschen, die sich fürsorglich zuwenden und zur Seite stehen. Dazu trägt besonders auch die Lage des Internat Alzen bei, das mitten im schönen oberbergischen Land zu finden ist. So wird den Schülerinnen und Schülern ein reizarmer Konzentrationsraum geboten, der ihnen ein Lernen im Grünen ermöglicht.

Die Loburg Collegium Johanneum
Internat für Mädchen und Jungen

Name und Anschrift: Die Loburg Collegium Johanneum, Schloss Loburg, Loburg 15, 48346 Ostbevern, Tel. 0 25 32/8 71 59, Fax 0 25 32/8 71 55 www.internat-loburg.de, internat@die-loburg.de

Name des Trägers: Stiftung Collegium Johanneum

Internatsleitung:
Dr. Oliver Niedostadek

Schularten: Gymnasium und Sprachinstitut auf dem Campus; Aufnahme in die örtliche Sekundarschule möglich.

Schulische Ausrichtung:
Gymnasium mit bilingualem Zweig (Englisch) Bildung und Erziehung auf Basis des christlichen Menschenbildes

Internatsplätze:
w.: 65, m.: 65

Klassenstärke: ca. 30; Sprachunterricht in Kleingruppen

Kosten/Monat:
ab € 1.300,– (deutsche Schüler) bzw.
ab € 1.450,– (internationale Schüler);
Einzelheiten unter www.internat-loburg.de

Schulleitung:
Michael Bertels OStD i.K.

Schulstatus:
staatlich anerkannte
katholische Privatschule

Sprachenfolge: Kl. 5: E, Kl. 6: L oder F, Diff. Kl. 8: F oder Spanisch
Kl. 10 Spanisch,
Abi nach 12 Jahren

Konfession: katholische Erziehung, Kinder anderer christl. Konf. willkommen.

Externe Schüler:
900 koedukativ

Nebenkosten/Monat:
ca € 15,– für kulturelle Veranstaltungen

Pädagogische Schwerpunkte/Besonderheiten: Ganzheitliche Erziehung auf Basis des christlichen Menschenbildes, internationale Gemeinschaft (zurzeit 16 Nationen), individuelle Förderung und Einzelbetreuung durch Lernkoordinatoren, aktive Freizeitgestaltung, breites Sport- und Musikangebot, großzügig angelegtes Internatsgelände inmitten der Münsterländer Parklandschaft, eigenes Schwimmbad, eigene Krankenstation, Schul- und Internatsseelsorger. Unsere internationalen Schüler erhalten im eigenen Sprachinstitut Sprachunterricht und legen Sprachprüfungen ab.

Tag der offenen Tür: siehe Homepage und Führungen nach Absprache möglich.

Das Internat ist Mitglied im Verband Katholischer Internate und Tagesinternate (V.K.I.T.) e.V.

CJD Versmold

Name und Anschrift: CJD Versmold, Ravensberger Straße 33, 33775 Versmold
Tel. 0 54 23/2 09-100, Fax 0 54 23/2 09-101
www.cjd-versmold.de, cjd.versmold@cjd.de

Name des Trägers: Christliches Jugenddorfwerk Deutschland e. V.

Gesamtleitung:
Knud Schmidt, Klaus-Peter Brell

Pädagogische Leitung:
Andrea Klare, Anika Schüler

Schulleitung: GYM: OStD i.E. Hans-Peter Schmackert; Sekundarschule: Klaus Blenk; HS: SL Susanne Beine

Schularten: Gymnasium, Sekundarschule, Hauptschule ab 7. Klasse

Internatsplätze: w.: 50, m.: 50

Schulstatus: staatlich anerkannte Ersatzschulen

Schulische Ausrichtung: GYM: musisch, neusprachlich; Sekundarschule: gemeinsamer Unterricht/Neigungsdifferenzierung; HS: Sprachförderung, Motivationsförderung

Sprachenfolge: GYM: Kl. 5: E; Kl. 6: F/L; Kl. 8: F; Kl. EF L/neu: E, R; Sekundarschule: Kl. 5: E, Kl. 6: F; HS: Kl. 7: E; Kl. 10: R

Klassenstärke: GYM ca. 27–30, Sekundarschule ca. 25, HS ca. 12–20

Konfession: alle Bekenntnisse

Kosten/Monat:
Doppelzimmer € 1.320,–

Externe Schüler: GYM ca. 810, Sekundarschule ca. 480, HS ca. 50

Nebenkosten/Monat: persönliche Ausgaben

Pädagogische Schwerpunkte/Besonderheiten: Am christlichen Menschenbild orientierte Erziehung und ganzheitliche Bildung in differenzierten Wohnformen. Fördermöglichkeiten im außerschulischen Bereich. Intensive, individuelle Förderung und Schulbegleitung. Arbeitsgemeinschaften und Projekte. GYM mit musischer und künstlerischer Ausrichtung mit Chor und Orchester. HS: Überschaubare Schule mit kleinen Klassenverbänden ermöglicht lernen in engen pädagogischen Bindungen. Sekundarschule: Längeres gemeinsames Lernen; FORD-Programm zur Unterstützung des eigenverantwortlichen Denkens und verantwortungsbewussten Handelns in der Schule.

Tag der offenen Tür: Gymnasium immer am Sa. des 1. Advent, Sekundarschule im Januar

Internate in Rheinland-Pfalz

Rheinland-Pfalz

55232 Alzey
Staatliches Aufbaugymnasium Alzey/
Landeskunstgymnasium Rheinland-Pfalz
Ernst-Ludwig-Str. 47–51
Tel. 0 67 31/9 60 10

Aufbaugymnasium ab 10. Klasse
Kunstgymnasium ab 10. Klasse

53474 Bad Neuenahr-Ahrweiler
Carpe Diem
Hardtstr. 3
Tel. 0 26 41/91 81-0

Realschule, Gymnasium

■ ausführliche Angaben: Seite 221

67295 Bolanden
Internat Gymnasium Weierhof
An der Aula 1
Tel. 0 63 52/40 05-39

Gymnasium auf dem Campus,
Realschule+, Grundschule ab Klasse 4,
Berufsbildende Schulen

■ ausführliche Angaben: Seite 222

67663 Kaiserslautern
Staatliches Heinrich-Heine-Gymnasium
Im Dunkeltälchen 65
Tel. 06 31/20 10 40

Aufbaugymnasium, Sportgymnasium
(Fördersportarten: Badminton, Fußball,
Judo, Radsport, Tennis), Eliteschule des
Sports, Eliteschule des Fußballs, Hochbe-
gabtenschule, Internationale Schule

■ ausführliche Angaben: Seite 223

56073 Koblenz
Sportinternat Koblenz
Bahnhofsweg 6
Tel. 02 61/4 15 83

Leistungssportinternat für
ausgewählte Sportarten

76829 Landau
Tagesinternat Maria-Ward-Schule
Cornichonstr. 1
Tel. 0 63 41/92 30 18

Gymnasium und Realschule
(Mitglied im V.K.I.T.)

56410 Montabaur
Landesmusikgymnasium
Rheinland-Pfalz
Humboldtstr. 6
Tel. 0 26 02/13 49 80

Gymnasium

54673 Neuerburg
Staatliches Eifel-Gymnasium
Pestalozzistr. 19–21
Tel. 0 65 64/9 67 30

Gymnasium ab Kl. 7, Aufbaugymnasium,
Sonderklasse für Aussiedler

67105 Schifferstadt
Sportinternat Schifferstadt
Am Sportzentrum 6
Tel. 0 62 35/21 58

Sportinternat für Ringen

Carpe Diem

CARPE DIEM
PRIVATE GANZTAGSSCHULE MIT INTERNAT
BAD NEUENAHR-AHRWEILER

Name und Anschrift:
Privatschule Carpe Diem GmbH, Hardtstr. 3, 53474 Bad Neuenahr-Ahrweiler
Tel. 0 26 41/91 81-0, Fax 0 26 41/91 81-20
www.privatschule-carpediem.de, info@privatschule-carpediem.de

Träger: Privatschule Carpe Diem GmbH

Schulleitung: Luca Bonsignore

Gesamtleitung: Luca Bonsignore

Schularten:
Realschule mit integriertem Gymnasialzweig

Schulstatus:
staatlich anerkannte Ergänzungsschule

Schulische Ausrichtung:
Mittlere Reife und Abitur

Sprachenfolge: 5. Kl. E; 7. Kl. F/L; 9. Kl. und OS. Sp, I, Portugiesisch

Internatsplätze: 45

Konfession: —

Klassenstärke: 4–14

Externe Schüler: 120

Kosten/Monat:
€ 1.150,- Schulgeld externe Schüler (5–13);
€ 2.200,- Internat und Schule (5–13)
Anerkannter Träger der freien Jugendhilfe

Nebenkosten/Monat:
—

Pädagogische Schwerpunkte/Besonderheiten: Staatlich anerkannter Qualifizierter Sekundarabschluss I im eigenen Haus und Abiturprüfung; familienähnliche Strukturen; ganzheitliche Erziehung; Unterricht in Klassen von 4 bis 14 Schülern; internationale Ausrichtung; integrierte Sprachschule; Schulsozialarbeiterin; gesundes und ausgewogenes Essen in Familientradition; Dyskalkulie- und LRS-Training; Konzentrationstraining; Förderunterricht; Entwicklung von Lernstrategien; Erwerb von Sprachzertifikaten und ECDL; Internet-Schulplattform; professionelle IT-Ausstattung; iPad-Klassen; Smartboards; Kursfahrten nach London, Rom, Peking; großes Angebot in den Bereichen Kunst, Musik, Sport, wie Tennis, Bogenschießen, Fußball und Golf.

Tag der offenen Tür: jederzeit, nach persönlichem Termin

Internat Gymnasium Weierhof

Evangelische Internate Deutschlands

Name und Anschrift: Internat Gymnasium Weierhof, An der Aula 1, 67295 Bolanden
Tel. 0 63 52/40 05-39, Fax 0 63 52/40 05-21, www.weierhof.de, internat@weierhof.de

Name des Trägers: Schulverein Weierhof

Internatsleitung: Herr Klag

Schulleitung: OStD Herr Bugiel

Schularten:
G8/GTS-Gymnasium auf dem Campus, Realschule+, Grundschule ab Klasse 4, Berufsbildende Schulen

Schulstatus:
staatlich anerkannte Privatschule, Ganztagsschule

Schulische Ausrichtung:
ganzheitliches Bildungsangebot

Sprachenfolge: E oder F ab Kl. 5, F oder L ab Klasse 6, ab Kl. 8 L, F, Sp oder Japanisch (fakultativ)

Internatsplätze: 90, davon 30 für Kinder & Jugendliche mit Diabetes mellitus Typ 1, chinesische Schüler

Konfession:
nicht gebunden

Klassenstärke:
abhängig von jeweiliger Schulart

Externe Schüler:
850

Kosten/Monat: ab € 1.480,-

Nebenkosten/Monat: —

Pädagogische Schwerpunkte/Besonderheiten: Ein Schwerpunkt des Internats ist die integrative Betreuung von Kindern & Jugendlichen mit Diabetes mellitus Typ 1. Neben einer individuellen schulischen Förderung, einer engen Kooperation mit den umliegenden Schulen und intensiver Betreuung durch pädagogisches und medizinisches Fachpersonal ist uns die psychosoziale Förderung ein besonderes Anliegen. Erziehung zur Selbstständigkeit, Verstärkung sozialer Kompetenzen und viele Freizeitmöglichkeiten (Reiten, Hip-Hop, Bogenschießen, Fußball, Basketball, Tischtennis, Leichtathletik, Schwimmen, Musik, Tierheim, Kreativgruppe etc.) runden unser Angebot ab. Probewohnen ist jederzeit möglich. Das Gymnasium Weierhof ist eine Ganztagsschule mit über 50 Neigungsgruppen/AG`s. Besondere Förderung der Schüler in halben Klassen in den Lernzeiten der Schule. Austauschprogramme mit Frankreich, Kanada, England, Japan, Spanien, China. Schule und Internat bieten ein Sonderprogramm für chinesische Schüler mit dem Bildungsziel Abitur an. Eine zusätzliche Sprachförderung sowie weitere Unterstützung wird geboten.

Tag der offenen Tür: 23.09.17 – Besichtigung des Internats, nach Absprache, jederzeit möglich.

Heinrich-Heine-Gymnasium

Name und Anschrift:
Staatl. Heinrich-Heine-Gymnasium, Im Dunkeltälchen 65, 67663 Kaiserslautern
Tel. 06 31/20 10 40, Fax 06 31/2 01 04 23, www.hhg-kl.de, info@hhg-kl.de

Name des Trägers: Land Rheinland-Pfalz

Schulleitung: OStD Dr. Ulrich Becker

Internatsleitung: Josef Schüller

Schularten: Gymnasium ab Kl. 5

Schulstatus: staatliches Gymnasium

Schulische Ausrichtung:
Aufbaugymnasium, Sportgymnasium (Fördersportarten: Badminton, Fußball, Judo, Radsport, Tennis), Eliteschule des Sports, Eliteschule des Fußballs, Hochbegabtenschule, Internationale Schule

Sprachenfolge:
E, F/L, L/F/Sp
Neu einsetzende Fremdsprachen in der 11. Jahrgangsstufe für Absolventen der Haupt- und Realschulen: F/L

Internatsplätze: gesamt: 172

Konfession: nicht gebunden

Klassenstärke: 15–25

Externe Schüler: 692

Kosten/Monat: € 335,-

Nebenkosten: Taschengeld, Heimfahrten

Pädagogische Schwerpunkte/Besonderheiten: Erziehung zur Eigenverantwortung, Förderklassen für Sportler und Hochbegabte, Unterbringung in 4 Internatsgebäuden ausschließlich in Einzel- und Doppelzimmern mit Dusche und WC, Gruppenräume und Küchen auf jeder Etage. Betreuung durch ausgebildetes pädagogisches Fachpersonal, Lage des Internates und der Schule unmittelbar am Naturpark Pfälzer Wald und der Technischen Universität, Hausaufgabenbetreuung, schulpsychologische Beratung, Mensa, Internetcafé, vielfältige sportliche und musische Freizeitangebote (Reiten, Fußball, Tanzen, Joggen, Schwimmen, Kochen, Basteln, Töpfern, Holzarbeiten etc.), diverse Freizeiträume (Kreativwerkstatt, Holzwerkstatt, Snoezel- bzw. Entspannungsraum, Billard- und Tischtennisraum, Sauna, Sporthalle, Kleinspielfeld, Spielplatz, Grillplatz, Computerräume)

Tag der offenen Tür: jährlich im November

Internate in Sachsen

01773 Altenberg
Internat Altenberg
Fritz-Große-Str. 22
Tel. 03 50 56/3 23 32

Gymnasium, Eliteschule des Sports

09125 Chemnitz
Internat am
Sportgymnasium Chemnitz
Reichenhainer Str. 202
Tel. 03 71/4 88 46 70

Sportgymnasium

01309 Dresden
Sächsisches Landesgymnasium
für Musik Dresden
CARL MARIA VON WEBER
Mendelssohnallee 34
Tel. 03 51/31 56 05-21

Gymnasium

■ ausführliche Angaben: Seite 228

01067 Dresden
Sportschulinternat Dresden
Messering 2a
Tel. 03 51/2 06 22 00

Eliteschule des Sports

01277 Dresden
Kapellknabeninstitut der Kathedrale
St. Trinitatis
Wittenberger Str. 88
Tel. 03 51/3 10 00 60

Internat und musikalische Ausbildungsstätte
des Knabenchores
(Mitglied im V.K.I.T.)

02177 Dresden
Dresdner Kreuzchor
Dornblüthstr. 4

04668 Grimma
Internat St. Augustin
zu Grimma
Klosterstr. 1
Tel. 0 34 37/91 13 09

Gymnasium

08248 Klingenthal
Eliteschule des Sports
Floßgrabenweg 1
Tel. 03 74 65/4 56 80

Mittelschule, Gymnasium, Sportinternat – nordischer Skisport

04109 Leipzig
Internat des Landesgymnasium für Sport
und der Sportoberschule Leipzig
Marschnerstr. 30
Tel. 03 41/9 85 76 50

Eliteschule des Sports und des Fußballs

09484 Kurort Oberwiesenthal
Eliteschule des Sports
Dr.-Jäger-Str. 2
Tel. 03 73 48/2 27 19 und 83 16

Mittelschule, Gymnasium, Sportinternat
– nordischer und alpiner Skisport,
Rennschlitten etc.

01662 Meißen
Sächsisches Landesgymnasium Sankt Afra
Hochbegabtenförderung
Freiheit 13
Tel. 0 35 21/4 56-0

Gymnasium (7.–12. Klasse),
Hochbegabtenförderung

■ ausführliche Angaben: Seite 229

08393 Meerane
Europäisches Gymnasium Meerane
Pestalozzistr. 25
Tel. 0 37 64/23 31

Gymnasium, Oberschule,
Jugendkunstschule

■ ausführliche Angaben: Seite 230

01796 Pirna
Internat des
Friedrich-Schiller-Gymnasiums
Schlossstr. 13
Tel. 0 35 01/46 62 30

Gymnasium

08396 Waldenburg
Europäisches Gymnasium
Waldenburg
Altenburger Str. 44a
Tel. 03 76 08/4 02 00 10

Gymnasium, Oberschule,
Jugendkunstschule

■ ausführliche Angaben: Seite 230

Sachsen

Sächsisches Landesgymnasium für Musik

Name und Anschrift: Sächsisches Landesgymnasium für Musik Dresden
CARL MARIA VON WEBER
Mendelssohnallee 34, 01309 Dresden
Tel. 03 51/31 56 05-0, Fax 03 51/31 56 05-33
Internat: Tel. 03 51/31 56 05-21, Fax 03 51/31 56 05-22
www.landesmusikgymnasium.de
info@musikgym.smk.sachsen.de

Name des Trägers: Freistaat Sachsen

Internatsleitung:
Dipl.-Soz.-Päd. Jens Neutsch

Schulleitung/Ansprechpartner:
Mario Zecher, Ekaterina Sapega-Klein

Schularten:
Gymnasium

Schulstatus:
Gymnasium in staatlicher Trägerschaft

Schulische Ausrichtung:
musisches Profil mit vertiefter
Instrumental- und Gesangsausbildung

Sprachenfolge:
E-F

Klassenstärke: bis 23

Konfession: nicht gebunden

Internatsplätze: 75

Kosten/Monat:
Miete/Betreuung: € 205,–
Verpflegung: ca. € 130,–

Nebenkosten/Monat:
ca. € 50,–

Pädagogische Schwerpunkte/Besonderheiten:
Begabtenförderung, parallele Vorbereitung auf Abitur und Musiker- bzw. musikverwandte Berufe, Verbindung von schulisch-gymnasialer und musikalisch-künstlerischer Ausbildung, kostenfreie musikalische Ausbildung durch die Hochschule für Musik Dresden.

Tag der offenen Tür: 11. November 2017

Sächsisches Landesgymnasium Sankt Afra Hochbegabtenförderung

Name und Anschrift: Sächsisches Landesgymnasium Sankt Afra – Hochbegabtenförderung
Freiheit 13, 01662 Meißen, Tel. 0 35 21/4 56-0, Fax 0 35 21/4 56-1 99
www.sankt-afra.de, mail@sankt-afra.de

Name des Trägers: Freistaat Sachsen

Internatsleitung:
Tino Wiedemann

Schulleitung/Ansprechpartner:
Dr. Ulrike Ostermaier

Schularten: Gymnasium 7.–12. Klasse Hochbegabtenförderung

Schulstatus: Schule in Landesträgerschaft

Schulische Ausrichtung:
Hochbegabtenförderung

Internatsplätze:
w.: 144, m.: 144

Sprachenfolge: 7. Klasse: 3 Fremdsprachen, darunter L/Gr (opt. 9. Kl.: Sp/R). Je nach „mitgebrachten" Fremdsprachen sind individuelle Lösungen möglich.

Klassenstärke: ca. 24; Kursbildung bei geringerer Stärke

Konfession:
ev. u. kath. Religion werden unterrichtet

Kosten/Monat: ca. € 410,–. Der Freistaat fördert sächsische Schüler. Darüber hinaus sind Sozial- und Leistungsstipendien sowie Stiftungsstipendien möglich.

Externe Schüler: keine

Nebenkosten/Monat: —

Pädagogische Schwerpunkte/Besonderheiten: Förderung mehrfach Begabter; Mittelstufe: Jahrgangsprofile – „Exploratives" Wissensverständnis: Grundlagen- und Vertiefungsunterricht – Verstärkter Fremdsprachen- und naturwissenschaftlicher Unterricht – Akzentuierungen von Werkstätten/Sozialen Diensten und Schülermitverantwortung – fünf Vertiefungsschwerpunkte: musikalisch, sprachlich-gesellschaftswissenschaftlich, mathematisch-naturwissenschaftlich, künstlerisch-ästhetisch, vierte Fremdsprache; weitere Vertiefungsmöglichkeiten: Chor und Kammerorchester sowie Theater – regelmäßige Teilnahme an Wettbewerben in allen Vertiefungsbereichen; Oberstufe: 3 Leistungskurse; obligatorisch: „Besondere Lernleistung"; Angebot an fächerübergreifendem Vertiefungswissen; IB World School: International Baccalaureate parallel zum Abitur als zusätzliches Angebot

Tag der offenen Tür: im Januar 2018

Europäisches Gymnasium Waldenburg / Europäisches Gymnasium Meerane

Name und Anschrift:
Europäisches Gymnasium Waldenburg, Altenburger Str. 44a, 08396 Waldenburg, www.eurogymnasium-waldenburg.de /
Europäisches Gymnasium Meerane, Pestalozzistr. 25, 08393 Meerane, www.eurogymnasium-meerane.de

Name des Trägers: Trägerverein Europäisches Gymnasium Waldenburg e.V.

Internatsleitung:
Andrea Scheere /
Sebastian Kopp

Schulleitung/Ansprechpartner:
Karla Schäfer /
Kerstin Sommer

Schularten: Gymnasium, Oberschule, Jugendkunstschule

Schulstatus: staatlich anerkannte Ersatzschulen

Schulische Ausrichtung: sprachliches und wirtschaftliches Profil / naturwissenschaftliches und sprachliches Profil

Sprachenfolge: Kl. 5: E, Kl. 6: F, Sp, L, R, Tschechisch, Kl. 8: F, Sp ,L ,R, Tschechisch oder wirtschaftliches Profil (Waldenburg) / naturwissenschaftliches Profil (Meerane)

Internatsplätze: 100 / 56

Konfession: nicht gebunden

Klassenstärke: max. 22

Externe Schüler: 350 / 140

Pädagogische Schwerpunkte/Besonderheiten: Internationaler Charakter • Fremdsprachenunterricht durch Muttersprachler • Exkursionen in die Zielsprachländer • Ablegen anerkannter Sprachzertifikate • Integration internationaler Schüler ab Klasse 10 • Auszeichnung „Schule ohne Rassismus – Schule mit Courage" • vereinseigene Jugendkunstschule: Gesangs- und Instrumentalunterricht (auch in Freistunden) – Kurse in Bildender und Angewandter Kunst – Ensembles – Chor – Orchester – Bands • Band- und Bläserklassen • Förderangebote in allen Fächern – auch Begabtenförderung • Hausaufgabenbetreuung durch pädagogisches Personal • Schulbibliothek

Tag der offenen Tür: Januar 2018

Internate in Sachsen-Anhalt

06722 Droyßig
CJD Christophorusschule Droyßig
Zeitzer Str. 3
Tel. 03 44 25/2 14 86-7

Gymnasium, Gemeinschaftsschule

■ ausführliche Angaben: Seite 233

06110 Halle
Sportschulen Halle mit Internat
Amselweg 49
Tel. 03 45/13 19 80

Gymnasium und Sekundarschule

06628 Naumburg OT Schulpforte
Landesschule Pforta
Schulstraße 12
Tel. 03 44 63/3 51 71

Gymnasium

■ ausführliche Angaben: Seite 235

39387 Oschersleben OT Hadmersleben
Internatsschule Hadmersleben
Planstr. 36
Tel. 03 94 08/9 31 00

Gymnasium

■ ausführliche Angaben: Seite 234

38871 Veckenstedt
Landschulheim Grovesmühle
Grovesmühle 1
Tel. 03 94 51/60 80

Grundschule, Gymnasium, Realschule, Fachoberschule

■ ausführliche Angaben:
Seite 236–237 und Seite 32

CJD Christophorusschule Droyßig

Name und Anschrift: CJD Christophorusschule Droyßig, Zeitzer Straße 3, 06722 Droyßig
Tel. 03 44 25/2 14 86-7, Fax 03 44 25/2 14 83
www.cjd-droyssig.de, direktion@cjd-droyssig.de

Name des Trägers: Christliches Jugenddorfwerk Deutschlands gemeinnütziger e.V.

Internatsleitung:
Bernhard Schmerschneider

Schulleitung:
Gymnasium: OStD Burkhard Schmitt (M.A.),
Gemeinschaftsschule: Susanne Jugl-Sperhake

Schularten:
Gymnasium, Gemeinschaftsschule

Schulstatus:
staatlich anerkanntes Gymnasium;
staatlich genehmigte Gemeinschaftsschule

Schulische Ausrichtung:
Förderung allgemeiner Hochbegabungen;
neusprachlich, naturwissenschaftlich,
wirtschaftswissenschaftlich; bilinguale Angebote

Sprachenfolge: 5. Klasse: Englisch
7. Klasse: Französisch/Russisch/Latein
9. Klasse: Französisch/Russisch/Latein/
Spanisch

Internatsplätze: w.: 13, m.: 13

Konfession: christliche Grundlage;
überkonfessionell

Klassenstärke: 20–26

Externe Schüler: 560

Kosten/Monat: € 679,– inkl. Schulgeld
(Wocheninternat von Sonntagabend auf
Freitagnachmittag)

Nebenkosten/Monat: Mittagessen,
Taschengeld, Fahrtkosten für Familienheimfahrten, außerordentliche Veranstaltungen

Pädagogische Schwerpunkte/Besonderheiten: ganzheitliche Persönlichkeitsbildung;
Hochbegabtenarbeit (auch mit Underachievern); Lerncoaching; Sozialkompetenztraining;
umfangreiches Angebot an Arbeitsgemeinschaften (vor allem im musischen und sportlichen Bereich); umfangreicher Instrumentalunterricht; Hausaufgabenbetreuung; Projekt- und
Modularbeit; Schullandheimaufenthalt auf Borkum (Jahrgangsstufe 6); Erlebnissportcamp
(Jahrgangsstufe 8); Seminararbeit und Seminarfahrten in der Oberstufe; internationale Kontakte
und Programme (Frankreich, Italien, USA, Armenien, Polen, Malta); Christlicher Jahreskreis;
Wirtschaftswissenschaftliches Teilprofil

Tag der offenen Tür: im Januar

Internatsschule Hadmersleben   VDP

Name und Anschrift:
Internatsschule Hadmersleben, Planstr. 36, 39387 Oschersleben OT Hadmersleben
Tel. 03 94 08/9 31 00, Fax 03 94 08/9 31 02
www.privatgymnasium.de, info@privatgymnasium.de

Name des Trägers:
Internat Hadmersleben GmbH

Internatsleitung:	**Schulleitung:**
Astrid von Smuda	Astrid von Smuda
Frank Melsbach	Frank Melsbach
Schularten:	**Schulstatus:**
Gymnasium Kl. 5–12	anerkannte Ersatzschule
Schulische Ausrichtung:	**Sprachenfolge:**
allgemeinbildend	E-F/R
Internatsplätze:	**Konfession:**
gesamt: 70	nicht gebunden
Klassenstärke:	**Externe Schüler:**
ca. 15	ca. 70
Kosten/Monat:	**Nebenkosten/Monat:**
Kl. 5–9: € 1.780,–	Taschengeld, Fahrtkosten
Kl. 10–12: € 1.850,–	

Pädagogische Schwerpunkte/Besonderheiten:
Erziehung und Bildung als Einheit, intensive schulische Förderung, aktive Freizeitgestaltung, individuelle Betreuung, klar strukturierter Tagesablauf

Tag der offenen Tür: 12.09.2017

Landesschule Pforta

Name und Anschrift: Landesschule Pforta, Schulstraße 12, D-06628 Naumburg OT Schulpforte
Tel. 03 44 63/3 51 71, Fax 03 44 63/2 68 39
www.landesschule-pforta.de, info@landesschule-pforta.de, Facebook: Landesschule Pforta

Name des Trägers: Land Sachsen-Anhalt (bundesweite Bewerbungen möglich)

Schulleitung: Thomas Schödel

Internatskoordination: Ulrich Ixmeier

Schulart: Humanistisches Gymnasium mit Begabtenförderung in drei Zweigen: Musik, Naturwissenschaften oder Sprachen

Schulstatus: 1543 gegründetes staatliches Internatsgymnasium ab Jahrgang 9 (Aufnahme nach Eignungsprüfung)

Schulische Ausrichtung: allgemeine Hochschulreife bei erhöhter Stundenzahl und erweitertem inhaltlichem Angebot in Schwerpunktzweigen:
– im Musikzweig z.B. Stimmbildung, Instrumental- und Chorleiterausbildung
– im Sprachzweig z.B. vier verpflichtende Fremdsprachen und bilinguale Angebote
– im NaWi-Zweig z.B. ein Forschungspraktikum in der Industrie oder in Forschungsinstituten; Informatik/Astronomie

Sprachenfolge: Die Sprachenfolge muss im Einzelfall geprüft werden. Das Sprachangebot umfasst E, F, Gr, L, R und Sp (Hebräisch als AG-Zusatzangebot)

Konfession: überkonfessionell (ev. u. kath. Religionsunterricht sowie Ethik)

Internatsplätze: 320

Klassenstärke: bis 26; variable Kursgrößen

Externe Schüler/-innen: keine

Kosten/Monat: € 250,– für Landeskinder und € 350,– für Nichtlandeskinder (10 Monatsraten pro Jahr, Teil- und Vollstipendien für sozial benachteiligte Schüler und Leistungsträger)

Pädagogische Schwerpunkte/Besonderheiten: • Prinzip der Einheit von Bildung und Erziehung: Die Betreuung im für alle verpflichtenden Internat erfolgt durch die Lehrerinnen und Lehrer der Schule. • Begabungsförderung mit dem Ziel, junge Menschen zu allseitig gebildeten und verantwortungsbewusst handelnden Persönlichkeiten zu bilden und zu erziehen. • Nutzen der Synergien, die sich aus dem gemeinsamen Lernen und dem Zusammenleben von jungen Menschen mit unterschiedlichen besonderen Begabungen und Talenten an einem ganz besonderen Ort ergeben. • Sozialpraktikum in Klasse 10, EnglischPlus-Kurs in den Klassen 11 und 12.

Tag der offenen Tür: Im Januar und September jedes Jahres

Siehe auch Seite 32

Landschulheim Grovesmühle   VDP
die internate
VEREINIGUNG e.V.

Name und Anschrift:
Landschulheim Grovesmühle, Grovesmühle 1, 38871 Veckenstedt
Tel. 03 94 51/608-0, Fax 03 94 51/608-20, www.grovesmuehle.de, info@grovesmuehle.de
FB: www.facebook.de/grovesmuehle, Twitter: www.twitter.com/Grovesmuehle

Name des Trägers: Landschulheim Grovesmühle

Internatsleitung:
Carsten Petersen

Schulleitung:
Dr. Rolf Warnecke

Schularten:
Grundschule, Gymnasium, Realschule, Fachoberschule

Schulstatus:
staatlich anerkanntes Gymnasium und Sekundarschule,
staatlich anerkannte Fachoberschule

Sprachenfolge:
E in GS u. ab Kl. 5; F, Sp und L ab Kl. 7;
R ab Kl. 10 für Realschüler ohne 2. Fremdsprache

Konfession: —

Internatsplätze: w.: 33, m.: 33

Externe Schüler: ca. 250

Klassenstärke: ca. 20

Nebenkosten/Monat: ca. € 80,–

Kosten/Monat: Schuldgeld Gymnasium und Realschule: € 335,–;
Schulgeld Fachoberschule: € 225,–; Internatsbeitrag: € 1.700,–

Pädagogische Schwerpunkte/Besonderheiten: Individuelle Förderung, Talente und Begabungen entdecken und entfalten, Schüleraustausch mit einer deutschen Schule in Mexiko, großes außerschulisches Freizeitangebot wie Reiten, Fußball, Schwimmen, Rettungsschwimmen, Klettern, Mountain-Biken, Ski-Freizeiten, Sanitätsdienst, Musik, Theater..., Professionelle Unterstützung bei LRS und Dyskalkulie, bei Bedarf psychologische Unterstützung, Aufnahme nach § 34 und 35a des KJHG

Tag der offenen Tür: Frühlingsfest: 20. Mai 2017

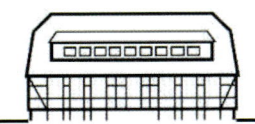

LANDSCHULHEIM GROVESMÜHLE

Dem Einzelnen gerecht werden

Die wichtigsten Vorgaben für unere Schule sind die uns anvertrauten **Kinder - so, wie sie sind**.
An der Grovesmühle werden die Schülerinnen und Schüler in jeder Entwicklungsstufe als selbstständig denkende Persönlichkeiten angenommen und gefördert.
Die gelingt uns durch:
- Einen intensiven Austausch zwischen Schülern, Lehrern und Erziehenden.
- Die Förderung von individuellen Interessen u.a. durch Gilden wie Theater, Sport, Musik, Reiten, Tierpflege uvm..
- Eine intensive Berufs- und Laufbahnbetreuung.

Das andere Lernen

Aus Lernen muss Bildung werden! Der Unterricht an der Grovesmühle soll nicht nur Wissen vermitteln, sondern die Ausbildung der individuellen Persönlichkeit fördern.
Gleichzeitig soll der Unterricht auch ein großes Maß an Praxisbezug und Raum für die Selbsterprobung ermöglichen. Erreicht wird dies durch offene Unterrichtsmethoden wie Stationenlernen, Thementage, fächerübergreifender Unterricht, Wochenplanarbeit sowie einem Methodenkompetenztraining. Handwerkliche Fähigkeiten werden im Unterrichtsfach "Praktische Arbeit" sowie in den Gilden trainiert.
Individualisierte Lernstunden, Förderplangespräche, betreute Lenrzeiten im Internat und kleine Klassen geben den Schülerinnen und Schülern das sichere Gefühl, mit ihrer Individualität angenommen zu werden.

Heranwachsen zu verantwortungsvollen Persönlichkeiten

Das Konzept der Gantagsschule mit Internat vereint Lernen und Zusammenleben in Schule und Freizeit.
Gegenseitige Achtung, Höflichkeit und Verlässlichkeit sind Werte, die zu einem ausgewogenen Klima des Wohlbefindens beitragen. Zu jedem Zeitpunkt des Schul- und Internatsalltags stehen diese Werte im Vordergrund.
Sie werden speziell gefördert durch:
- Sozialkompetenztraining.
- Das Leben in der Heimfamilie.
- Übernahme von Selbst- und Fremdverantwortung, durch z.B. "Schüler helfen Schülern" oder der Vergabe von Privilegien.

Geregelte Tagesabläufe mit einer harmonischen Balance aus Freizeit und Freiraum sowie gemeinschaftlichen Regeln, Verpflichtungen und festen Studiezeiten.

Internate in Schleswig-Holstein

24357 Güby
Stiftung Louisenlund
Internat | Ganztagsgymnasium | IB World School | Grundschule
Louisenlund 1
Tel. 0 43 54/9 99-333

Internat, Ganztagsgymnasium,
IB World School, Grundschule
■ **ausführliche Angaben: Seite 241**

23821 Rohlstorf
Internat Schloss Rohlstorf
Am Gut 1
Tel. 0 45 59/10 56

Hauptschule, Mittlerer Bildungsabschluss
■ **ausführliche Angaben: Seite 242**

25826 St. Peter-Ording
nsi Nordsee-Internat
Pestalozzistraße 72
Tel. 0 48 63/47 11-0

Gymnasium (G9) mit Gemeinschaftsschulteil

■ **ausführliche Angaben: Seite 243 und Seite 20–21**

Stiftung Louisenlund

LOUISENLUND
LERNEN LEISTEN LEBEN

Name und Anschrift: Stiftung Louisenlund, Internat | Ganztagsgymnasium | IB World School | Grundschule, Louisenlund 9, 24357 Güby, Tel. 0 43 54/9 99-333, Fax 0 43 54/9 99-352
www.louisenlund.de, elternberatung@louisenlund.de

Name des Trägers: Stiftung Louisenlund **Leiter:** Dr. Peter Rösner

Schulleitung: Ulrich Steffen (Studienleiter), Susanne Dierck (Pädagogische Leiterin/Leiterin Oberstufe), Frank Dallmeyer (Leiter Einführungsjahrgang), Hauke Nagel (Leiter Juniorenstufe), Damien Vassallo (Stufenleiter IB/IB Diploma Koordinator)

Schularten: Gymnasium in freier Trägerschaft, staatlich anerkannt, IB World School, Round Square-Mitgliedschaft

Schulstatus: Internat, Ganztagsgymnasium, IB World School, Grundschule, plus-MINT Internat

Schulische Ausrichtung: Ganzheitlicher pädagogischer Ansatz in einem internationalen Umfeld. Verantwortlich handeln, kreativ denken, Herausforderungen selbstbewusst begegnen, größtmögliche Eigenständigkeit erlangen und der Gemeinschaft verpflichtet zu sein sind die Schwerpunkte unserer schulischen Ausrichtung.

Sprachenfolge: E: Kl. 5 bis 6 fünf Stunden pro Woche; E immersiv in allen Fächern angestrebt; optional alle Fächer auf Englisch ab Kl. 10; optional als national und international anerkannter Abschluss mit dem International Baccalaureate Diploma ab Kl. 11; F & Sp ab Kl. 6; L als 3. Fremdsprache, optional ab Kl. 8 möglich; Sp, R & Chin., Neubeginn nach Bedarf in der Oberstufe.

Internatsplätze: Gesamt: 350 **Externe Schüler:** 90

Klassenstärke: Ø 18 Schüler/-innen **Konfession:** nicht gebunden

Kosten/Monat: € 1.065,– bis € 3.050,– **Nebenkosten/Monat:** € 200,–

Pädagogische Schwerpunkte/Besonderheiten: Kleine Lerngruppen mit vielseitigen und profilierten, bilingual orientierten Lern- und Erfahrungsmöglichkeiten. Großes Angebot an nachmittäglichen Bildungsangeboten zur Entwicklung persönlicher Stärken und Talente, darunter Segeln in Kuttern und Jollen, eigenes Forschungsschiff, Theater, Orchester, Chor, Freiwillige Feuerwehr, Technisches Hilfswerk, Altenpflege, Debating Society, Politikgilde, Bienengilde, Parkarchäologie, Mediengilde, Hockey oder Tennis. Internationale Austauschmöglichkeiten mit den Round Square-Partnerschulen in über 30 Ländern. Unterstützung durch das Altschülernetzwerk, speziell mit Berufsvorbereitungsveranstaltungen und Unternehmenspraktika. Prüfungszentrum für die offiziellen Zertifikate für Spanisch und Französisch als Fremdsprache (DELE/DELF). Deutsch als Zweitsprache (DaZ). Wirtschaftsenglisch mit Prüfung durch die Londoner Handelskammer. Louisenlund ist ein G8-Gymnasium mit der Möglichkeit eines zusätzlichen Vertiefungsjahres (G8Plus). Stipendienprogramm für überdurchschnittlich engagierte und leistungsfähige Ganztagsschülerinnen und -schüler ab Klasse 5. Plus-MINT Internatsstipendium für Top-Talente im Bereich Mathematik, Naturwissenschaft, Informatik und Technik (Bewerbung notwendig).

Tag der offenen Tür: 6. Mai 2017

Internat Schloss Rohlstorf   VDP⣿

Name und Anschrift: Internat Schloss Rohlstorf, Gut 1, 23821 Rohlstorf
Tel. 0 45 59/10 56, Fax 0 45 59/7 28
www.schloss-rohlstorf.de, info@schloss-rohlstorf.de

Name des Trägers: Verein zur Förderung pädagogischer Initiativen e.V.

Vorstandsvorsitzende:
Annette von Rantzau

Internatsleitung:
Frank Hoier

Geschäftsführer:
Michael Roelofs

Schulleitung:
Inga Rhein

Schulart:
Gemeinschaftsschule

Schulstatus:
genehmigte Ersatzschule (Privatschule)

Schulische Ausrichtung:
Erster allgemeinbildender Schulabschluss
(EAS), Mittlerer Bildungsabschluss (MSA)
Sprachen: Englisch, Spanisch

Internatsplätze: 75

Klassenstärke: max. 18

Internatskosten/Monat: € 2.275,–

Schulkosten/Monat: € 225,–

Pädagogische Schwerpunkte/Besonderheiten:
– Lernen und Leben bedeutet mehr als Schule und Freizeit.
– Hochqualifizierte Pädagogen und Lehrkräfte
– Individuelle Betreuung
– Förderung von Begabungen und Talenten
– „Stärken stärken" – „Schwächen schwächen" (AvR)
– Möglichkeiten für jeden Schulabschluss (in Kooperation mit der Gemeinschaftsschule Schulzentrum in Bad Segeberg)
– Einzigartiges Freizeitangebot
– Reizvolle Umgebung direkt am See

Als Team bieten Lehrer, Lernbegleiter und Sozialpädagogen Ihrem Kind Verlässlichkeit, Halt und Orientierung.
Philosophie: „Wir mögen dich so, wie du bist. Wir vertrauen auf deine Fähigkeiten. Wenn du uns brauchst, sind wir da. Versuche es zunächst einmal selbst!"

Siehe auch Seite 20–21

nsi Nordsee-Internat

Name und Anschrift:
nsi Nordsee-Internat, Pestalozzistraße 72, 25826 St. Peter-Ording, Tel. 0 48 63/47 11-0, Fax 0 48 63/47 11-10, www.nsi-spo.de, info@nsi-spo.de
FB: www.facebook.com/NordseeInternat, Twitter: www.twitter.com/NordseeInternat

Name des Trägers: Verein

Internatsleitung: Rüdiger Hoff (Pädagogischer Leiter), Christian Karow (Kaufmännischer Leiter)

Schulleitung: Nils-Ole Hokamp

Schulstatus: öffentliche Schulen

Schularten: Gymnasium (G9) mit Gemeinschaftsschulteil

Sprachenfolge: Gymnasium: E, L/F, Sp
Gemeinschaftsschule: E, F

Internatsplätze: 150

Konfession: nicht gebunden

Klassenstärke: durchschnittlich 22

Externe Schüler: keine

Kosten/Monat: € 1.500,– monatlich

Nebenkosten/Monat: € 115 bis € 166,– Schulkostenbeitrag für minderjährige Schüler, die mit erstem Wohnsitz nicht in Schleswig-Holstein gemeldet sind.

Pädagogische Schwerpunkte/Besonderheiten:
Erfolgreich lernen und Lernen lernen
Gesund denken und nachhaltig leben
Herausforderungen setzen und Ziele erreichen
Ganzheitliche Unterstützung – rund um die Uhr

Lernen, Lernen lernen und gesund denken – immer gemeinsam und immer mit viel Spaß. Das Konzept des Nordsee-Internats ist angenehm normal. Schule und Internatsleben sind bewusst eigenständig und ermöglichen so ein besonders vertrauensvolles Verhältnis zwischen den Schülern und Pädagogen. Das bedeutet für die Kinder und Jugendlichen viel persönliche Freiheit, aber auch mehr Verantwortung. Dazu gibt es jede Menge Freizeit- und Weiterbildungsmöglichkeiten, frische Seeluft und das gute Gefühl willkommen zu sein – natürlich auch für Kinder mit Diabetes. Eben ein echtes LernZuhause.

Internate in Thüringen

99096 Erfurt
Pierre-de-Coubertin-
Gymnasium
Mozartallee 4
Tel. 03 61/3 48 13

Spezialschule für Sport mit
angegliederten Regelschulklassen

99089 Erfurt
Albert-Schweitzer-Gymnasium
Vilniuser Str. 17a
Tel. 03 61/2 62 83 00

Gymnasium

98663 Haubinda
Internatsdorf Haubinda
Stiftung 01
Tel. 03 68 75/67 10

Grundschule, Hauptschule, Realschule,
Fachoberschule (Informationstechnik,
Wirtschaft und Verwaltung), Berufliches
Gymnasium (Schwerpunkt Wirtschaft)

■ **ausführliche Angaben:**
Seite 247 und Seite 27

98693 Ilmenau
Goetheschule Ilmenau
Staatliches Gymnasium
Herderstr. 44
Tel. 0 36 77/6 75 31

Gymnasium, mathem.-naturwiss. Richtung
und Universitätskolleg, Spezialinternat

07749 Jena
Sportgymnasium Jena
„Johann Chr. Fr. GutsMuths"
Wöllnitzer Str. 40
Tel. 0 36 41/3 81 50

Gymnasium, Eliteschule des Sports

98559 Oberhof
Sportgymnasium Oberhof
Am Harzwald 3
Tel. 03 68 42/26 80

Gymnasium

06571 Roßleben
Klosterschule Roßleben
Klosterschule 5
Tel. 03 46 72/9 82 00

Gymnasium

■ **ausführliche Angaben: Seite 248**

99880 Waltershausen
Salzmannschule Schnepfenthal
Klostermühlenweg 2–8
Tel. 0 36 22/9 13-0

Spezialgymnasium für Sprachen

99425 Weimar
Musikgymnasium
Schloss Belvedere
Staatliches Spezialgymnasium
Schloss Belvedere 1
Tel. 0 36 43/86 63 10

Gymnasium

Thüringen

> Siehe auch Seite 27

Internatsdorf Haubinda

die internate
VEREINIGUNG e.V.

Name und Anschrift:
Internatsdorf Haubinda, Stiftung 01, 98663 Haubinda, Tel. 03 68 75/67 10
www.internatsdorf.de, haubinda@lietz-schule.de, FB: www.facebook.com/hermann.lietz

Name des Trägers: Stiftung Deutsche Landerziehungsheime
Hermann-Lietz-Schule, Im Grund 2, 36145 Hofbieber

Leitung: Burkhard Werner

Schularten:
Grundschule, Hauptschule, Realschule, Fachoberschule (Informationstechnik, Wirtschaft und Verwaltung), Berufliches Gymnasium (Schwerpunkt Wirtschaft)

Schulische Ausrichtung:
Thür. Lehrplan nach ganzheitlicher Pädagogik von Hermann Lietz

Internatsplätze:
w.: 40, m.: 80

Klassenstärke:
ca. 14–18 Schüler

Kosten/Monat: Kl. 1–10: € 2.353,–
Kl. 11–13: € 2.478,–,

Schulstatus:
staatlich anerkannt

Sprachenfolge:
E, Sp

Konfession: nicht gebunden

Externe Schüler:
Regelschule: 160
Grundschule: 60
Fachoberschule: 45
Berufliches Gymnasium: 35

Nebenkosten/Monat:
€ 200,–

Thüringen

Pädagogische Schwerpunkte/Besonderheiten:
- Leben und Lernen im Internatsdorf: eigenes Haus für jede Internatsfamilie, Dorfladen, Backhaus, Schneiderei, Gärtnerei mit Gewächshaus, großer Bauernhof, Werkstatt für Holz- und Metallarbeiten
- Schwerpunkt Landwirtschaft: Fürsorge und Pflege der Hoftiere (Schafe, Pferde, Kaninchen, Schweine, Enten), Einbringen der Ernte, Ökologie im Unterricht
- kultureller Schwerpunkt: Theater- und Chorausbildung, Klavier- und Schlagzeugunterricht

Tag der offenen Tür: einmal pro Jahr, Termin wird auf der Homepage bekannt gegeben

Klosterschule Roßleben   VDP

Name und Anschrift: Klosterschule Roßleben, Klosterschule 5, 06571 Roßleben
Tel. 03 46 72/9 82 00, Fax 03 46 72/9 82 06
www.klosterschule.de, info@klosterschule.de
FB: www.facebook.com/Klosterschule.Rossleben

Name des Trägers:
Stiftung Klosterschule Roßleben, Klosterschule 5, 06571 Roßleben

Internatsleitung:
David Lucius-Clarke, Tel. 03 46 72/9 81 04, david.lucius-clarke@klosterschule.de

Schulleitung:
Gernot Gröppler, Tel. 03 46 72/9 81 00, gymnasium@klosterschule.de

Schularten: Gymnasium	**Schulstatus:** Staatlich anerkannte Schule in freier Trägerschaft
Schulische Ausrichtung: Mathem.-naturw. und neusprachlicher Zweig	**Sprachenfolge:** E, F, L, Sp, R
Internatsplätze: gesamt 110	**Konfession:** überkonfessionell
Klassenstärke: ca. 20	**Externe Schüler:** ca. 300
Kosten/Monat: Kl. 5–10: € 1.850,–, Neuaufnahme in Kl. 11: € 1.950,–	**Nebenkosten/Monat:** ca. € 50,– bis 100,–

Pädagogische Schwerpunkte/Besonderheiten: Deutschlands älteste überkonfessionelle Traditionsschule in freier Trägerschaft. Gegründet 1554 in einem aufgelösten Kloster, daher der Name „Klosterschule". Hausaufgabenbetreuung (Silentium), zwei Fremdsprachen ab Klasse 5, Neigungs- und Förderkurse, Erlebnispädagogik, Schülerfirma, bilinguales Internat, aktive Schülermitverwaltung (Mentorensystem), Sozialdienste, viele Freizeitaktivitäten (Sport- und Freizeitgilden: z. B. Rugby, Hockey, Tennis, Rudern, Reiten, Chor, Geocaching, Theater), Musikakademie als eigenständige musikpädagogische Binnenstruktur.

Tag der offenen Tür: siehe aktuelle Veranstaltungshinweise auf der Website.

Internate in der Schweiz

Deutschsprachige Schweiz

CH-9050 Appenzell
Gymnasium und Internat
St. Antonius
Hauptgasse 51
Tel. 00 41/71/7 88 98 00

■ ausführliche Angaben: Seite 254

CH-3802 Beatenberg
Institut Beatenberg
alpen internat
Glunten 699
(Mitglied des VSP)
Tel. 00 41/33/8 41 81 81

CH-6440 Brunnen
Theresianum Ingenbohl
Schule und Internat
Klosterstrasse 14
(Mitglied des VSP)
Tel. 00 41/41/8 25 26 00

■ ausführliche Angaben: Seite 255

CH-7180 Disentis/Mustér
Gymnasium & Internat Kloster Disentis
Via Sogn Sigisbert 1, Postfach 74

Tel. 00 41/81/9 29 68 68

■ ausführliche Angaben:
Seite 257 und Seite 35

CH-8840 Einsiedeln
Stiftsschule Einsiedeln
Tel. 00 41/55/4 18 63 01

CH-6390 Engelberg
Stiftsschule Engelberg
Benediktinerkloster 5
Tel. 00 41/41/6 39 62 11

■ ausführliche Angaben: Seite 256

CH-7551 Ftan
Hochalpines Institut Ftan
(Mitglied des VSP)
Tel. 00 41/81/8 61 22 11

■ ausführliche Angaben:
Seite 258–259

CH-3814 Gsteigwiler bei Interlaken
Christliches Internat Gsteigwiler
(Mitglied des VSP)
Tel. 00 41/33/8 27 81 00

CH-6085 Hasliberg Goldern
Ecole d'Humanité
(Mitglied des VSP)
Tel. 00 41/33/9 72 92 92

■ ausführliche Angaben: Seite 260

CH-8546 Kefikon
Schule Schloss Kefikon –
Schule und Internat
für Mädchen und Jungen
Schlossweg 1
Tel. 00 41/52/3 75 12 25
(Mitglied des VSP)

CH-3792 Saanen/Gstaad
John F. Kennedy
International School
Chilchegasse
(Mitglied des VSP)
Tel. 00 41/33/7 44 13 72

CH-7503 Samedan
Academia Engiadina
Quadratscha 18
Tel. 00 41/81/8 51 06 12

CH-9000 St. Gallen
Institut auf dem Rosenberg
Höhenweg 60
(Mitglied des VSP)
Tel. 0041 71 277 77 77

■ ausführliche Angaben: Seite 261

CH-6314 Unterägeri
Privatschule Dr. Bossard
Zugerstrasse 15
Tel. 00 41/41/7 50 16 12

CH-6300 Zug
Institut Montana Zugerberg
Schönfels 5
Tel. 00 41/41/729 11 99

■ ausführliche Angaben: Seite 262

CH-6300 Zug
Kollegium St. Michael
Zugerbergstrasse 3
(Mitglied des VSP)
Tel. 00 41/41/7 27 12 10

CH-7524 Zuoz
Lyceum Alpinum Zuoz
(Mitglied des VSP)
Tel. 00 41/81/8 51 30 00

Französischsprachige Schweiz

CH-1807 Blonay
Ecole Chantemerle
Chemin de Chantemerle 7
(Mitglied des VSP)
Tel. 00 41/21/9 43 11 93

CH-1885 Chesières/Villars
Aiglon College
(Mitglied des VSP)
Tel. 00 41/24/4 96 61 61

CH-1885 Chesières/Villars-sur-Ollon
La Garenne International School
Ch. Des Chavasses N°23, CP. 65
(Mitglied des VSP)
Tel. 00 41/24/4 95 24 53

CH-1885 Chesières/Villars
Pré Fleuri International Alpine School
Chemin de Curnaux
(Mitglied des VSP)
Tel. 00 41/24/4 95 23 48

CH-1815 Clarens/Montreux
St. George's School in Switzerland
Ch. de St. Georges 19
(Mitglied des VSP)
Tel. 00 41/21/9 64 34 11

CH-3963 Crans-sur-Sierre, Crans-Montana
Le Chaperon Rouge
(Mitglied des VSP)
Tel. 00 41/27/4 81 25 00

CH-1470 Estavayer
Centre de Formation du
Sacré-Coeur
(Mitglied des VSP)
Tel. 00 41/26/6 63 96 63

CH-1206 Genève
Privates Gymnasium Rudolph Töpffer
21, avenue Eugène-Pittard
(Mitglied des VSP)
Tel. 00 41/22/7 03 51 20

CH-1823 Glion sur Montreux
Institut Villa Plierrefeu SA
Route de Caux 28
(Mitglied des VSP)
Tel. 00 41/58/7 50 07 50

CH-1663 Gruyères
Institut „La Gruyère"
(Mitglied des VSP)
Tel. 00 41/26/9 21 82 00

CH-1005 Lausanne
Brillantmont
International School
16, avenue Charles-Secrétan
(Mitglied des VSP)
Tel. 00 41/21/3 10 04 00

CH-1001 Lausanne
École Lémania
Chemin de Preville 3
(Mitglied des VSP)
Tel. 00 41/21/3 20 15 01

CH-1010 Lausanne
École française de Lausanne Valmont
Route d'Oron 47
(Mitglied des VSP)
Tel. 00 41/21/6 52 37 33

CH-1000 Lausanne 12
Ecole Nouvelle de la Suisse Romande
Chemin de Rovéréaz 20
Case postale 161
(Mitglied des VSP)
Tel. 00 41/21/6 54 65 00

CH-1854 Leysin
Leysin American School in
Switzerland
(Mitglied des VSP)
Tel. 00 41/24/4 93 37 77

CH-1820 Montreux-Territet
Institut Monte Rosa
Avenue de Chillon 57
(Mitglied des VSP)
Tel. 00 41/21/9 65 45 45

CH-1290 Versoix (Genève)
Collège du Léman
74, route de Sauverny
(Mitglied des VSP)
Tel. 00 41/22/7 75 55 55

CH-1820 Montreux
Surval Montreux
56, rte de Glion
(Mitglied des VSP)
Tel. 00 41/21/9 66 16 16

CH-1884 Villars-sur-Ollon
Collège Alpin Beau Soleil
Route du Village 1
(Mitglied des VSP)
Tel. 00 41/24/4 96 26 26

CH-1009 Pully
Collège Champittet
Ch. de Champittet
Postfach 622
(Mitglied des VSP)
Tel. 00 41/21/7 21 05 05

CH-1180 Rolle et 3780 Gstaad
Institut Le Rosey
Château du Rosey
(Mitglied des VSP)
Tel. 00 41/21/8 22 55 00

Internate in der Schweiz mit internationalem Programm

Gymnasium und Internat St. Antonius

Name und Anschrift:
Gymnasium und Internat St. Antonius, Hauptgasse 51, CH-9050 Appenzell
Tel. 00 41/71/7 88 98 00, Fax 00 41/71/7 88 98 01
www.internat-appenzell.ch, info@internat-appenzell.ch

Name des Trägers: Stiftung Internat St. Antonius

Internatsleitung: Barbara Hartmann

Schularten:
Langzeitgymnasium (6 Jahre) mit Schwerpunktfächern:
– Latein, Wirtschaft und Recht,
– Philosophie/Pädagogik/Psychologie, Physik und Anwendungen der Mathematik
und Wahlpflichtfächern:
– Theater, Schülerzeitung bravda, Schachkurs, Floristik, Fotografieren, Kochen, Bewegungslehre

Schulische Ausrichtung: Christlich-Humanistisches Gymnasium und Internat

Kosten/Monat: sFr. 2.000,– bis 2.840,– (€ 1.670,– bis 2.370,–)
abgestuft nach dem Einkommen der Eltern

Schulleitung: Markus Urech-Pescatore

Schulstatus: Öffentliches Gymnasium mit eidgenössisch anerkannter Matura

Sprachenfolge: E und F (ab 1. Kl. verpflichtend), L (1.+ 2. Kl. verpflichtend), I und Sp (ab der 3. Kl. als Freifach wählbar)

Internatsplätze: w.: 25, m.: 25

Klassenstärke: ca. 20

Externe Schüler: 280

Konfession: offen für alle Konfessionen. Geprägt von einem offenen, christlich-humanistischen Geist.

Nebenkosten/Monat:
sFr. 40,– bis 80,– (€ 34,– bis 67,–)

Pädagogische Schwerpunkte/Besonderheiten: Gründliche Vorbereitung auf die Hochschulreife; Lernbetreuung, Lerntechnikkurse, beaufsichtigtes Studium (verpflichtend für die 1. und 2. Klasse, im Internat je nach Notendurchschnitt verschiedene Studienzeiten); Gemeinschaftsförderung als hohes Ziel, Persönlichkeitsförderung durch Internatsteam (4 Erzieher/innen), Förderung von Verantwortungsbewusstsein, Förderung von Begabungen, großes Freizeitprogramm sowohl im musischen als auch im sportlichen Bereich.

Tag der offenen Tür: auf Anfrage

Internate in der Schweiz mit internationalem Programm

Theresianum Ingenbohl

Name und Anschrift: Theresianum Ingenbohl, Schule und Internat, CH-6440 Brunnen
Tel. 0041/41/825 26 00
www.theresianum.ch, info@theresianum.ch

Name des Trägers: Stiftung Theresianum Ingenbohl

Internatsleitung: Sylvia Guggisberg

Rektorin: Christine Hänggi-Widmer

Schularten:
Sekundarschule: 7. bis 9. bzw. 10. Schuljahr, Gymnasium: Schweizer Matura (zweisprachig D/E, bilingual und bilingual+), Fachmittelschule: Fachmittelschulausweis, Fachmaturitäten: Pädagogik, Gesundheit und Soziale Arbeit

Schulstatus:
Privatschule und 5-Tages-Internat

Sprachenfolge: D, E, F

Klassenstärke: ca. 20

Externe Schüler: ca. 400

Internatsplätze: 50 Einer- und 35 Doppelzimmer für junge Frauen

Konfession: nicht gebunden

Kosten/Monat: Schulgeld ab CHF 2'125 und Pensionsgeld ab CHF 1'125

Nebenkosten/Monat: ca. CHF 100

Pädagogische Schwerpunkte/Besonderheiten: Wir fördern die Eigeninitiative und das selbstverantwortliche Handeln. Dabei schenken wir Aspekten wie Frauen in Beruf, Gesellschaft, Politik und Familie grosse Beachtung. Darum behalten wir unsere Eigenheit bei, die Sekundarschule (7.–9. Schuljahr bzw. 10. Schuljahr), das Gymnasium und das Internat nur für junge Frauen anzubieten. Weltweite Untersuchungen und unsere eigenen Erfahrungen zeigen, dass junge Frauen an geschlechtsspezifischen Schulen deutlich selbstsicherer heranwachsen. Entsprechend selbstbewusst bestimmen sie ihre Studienziele. Gerade in den naturwissenschaftlichen MINT-Fächern (Mathematik, Informatik, Naturwissenschaft und Technik) beweisen junge Frauen ihre Intelligenz und Kompetenz überzeugend, wenn sie entsprechend gefördert und motiviert werden. Ein grosses Anliegen des Theresianums ist zudem die fachkundige und begeisternde Vermittlung von Kunst, Kultur und Theater.

Tag der offenen Tür: Informationsveranstaltungen siehe www.theresianum.ch/agenda

Internate in der Schweiz mit internationalem Programm

Stiftsschule Engelberg

Name und Anschrift: Stiftsschule Engelberg, Benediktinerkloster 5, CH-6390 Engelberg
Tel. 00 41/41/6 39 62 11, www.stiftsschule-engelberg.ch, info@stiftsschule-engelberg.ch

Name des Trägers: Benediktinerabtei Engelberg

Internatsleitung:
P. Andri Tuor (Internatsleiter)

Schulleitung:
Matthias Nüssli (Rektor)

Schularten: Gymnasium mit Internat: International Baccalaureate (IB) und Zweisprachige Matura (Deutsch/Englisch) mit Doppelabschluss, Sekundarschule (Integrierte Orientierungsschule)

Schulstatus: Staatlich anerkannte Privatschule, Regionale Mittelschule, IB World School

Sprachenfolge: D, E, F, L

Schulische Ausrichtung: Zeitgemässe Klosterschule mit internationaler Prägung, christliche Wertevermittlung im benediktinischen Geist, Gemeinschaftbildung, Schwerpunktfächer: Physik und Anwendungen der Mathematik, Wirtschaft und Recht, Latein und Griechisch, Ergänzungsfächer: Chemie, Religionslehre, kombinierter Abschluss der zweisprachigen Schweizer Matura und des International Baccalaureate.

Internatsplätze: w.: 40, m.: 60

Externe Schüler: 70

Klassenstärke: Durchschnitt 18

Konfession: offen für alle Konfessionen und Religionen

Kosten/Monat:
sFr. 3.250,– (Untergymnasium),
sFr. 3.500,– (Obergymnasium)

Nebenkosten/Monat: gem. Verbrauch, Wochenendbetreuung sFr. 460,–

Pädagogische Schwerpunkte/Besonderheiten: Individuelle Betreuung, familiärer Schulgeist, Lerncoaching, geregelter Tagesablauf mit festen Studienzeiten, vielfältiges Freizeitangebot (Sport, Musik, Gesang, Theater). Alpine Landschaft (1.000 m), Sommer- und Wintertourismusort, gute Erreichbarkeit im Zentrum der Schweiz (40 Minuten von Luzern), grosszügige und bestens unterhaltene Infrastruktur

Tag der offenen Tür: Schnuppertage nach Vereinbarung während des ganzen Jahres möglich.

Siehe auch Seite 35   Internate in der Schweiz mit internationalem Programm

Gymnasium & Internat Kloster Disentis

Hier ist Disentis.

Struktur, Werte, Perspektiven. Verbindlich!
der-weg-nach-oben.ch

Name und Anschrift: Gymnasium & Internat Kloster Disentis
Via Sogn Sigisbert 1, Postfach 74, CH-7180 Disentis
Tel. 00 41/81/9 29 68 68, Fax 00 41/81/9 29 68 01, www.der-weg-nach-oben.ch, matura@gkd.ch

Name des Trägers: Benediktinerabtei Kloster Disentis

Schulleitung: Roman Walker

Internatsleitung: Hans-Jürgen Müller

Schulart:
Gymnasium inkl. Weekend-Vollbetreuung

Schulstatus: Staatlich anerkannte Privatschule mit internationalem, renommiertem Internat inkl. überregionale Mittelschule

Internatsplätze: 80; w.: 40, m.: 40

Sprachenfolge: D, E, I, L, F, Sp, (Romanisch)

Schulische Ausrichtung: Struktur, Werte, Perspektiven – Verbindlich! Gemeinschafts- und verantwortungsorientierte Maturitätslehrgänge, benediktinisch christlich-humanistische Werteprägung. Schwerpunktfächer: Biologie & Chemie, Musik, Physik und Anwendung der Mathematik, Wirtschaft & Recht, Spanisch. Option: zweisprachige Matura (Abitur) Deutsch/Englisch. Einzigartiger Zugang zu den besten Universitäten: Unser International Pre-University-Program (Pre-U^{GKD})

Klassenstärke: 20

Externe Schüler: 130

Konfession: neutral

Kosten/Monat: CHF 3.700,– (Unterricht, Betreuung, Wohnen, Verpflegung)

Nebenkosten/Jahr: CHF ca. 100,– (Schulbücher, Exkursionen)

Pädagogische Schwerpunkte/Besonderheiten: • Struktur, Werte, Perspektiven • Verbindlichkeit! • zweisprachige Matura (= Abitur) Deutsch/Englisch (als Option) • nach abgeschlossener Gymnasialausbildung (= Matura): prüfungsfreier Zugang u.a. an international führende Schweizer Universitäten und Hochschulen (ETH, HSG, EPFL, Uni Zürich, Uni Basel etc.) • Pre Medical Certificate als optimale Vorbereitung für Medizinstudium • beaufsichtigte Studienzeiten, täglich individuelle Lernunterstützung • Betreuung inkl. Weekendaktivitäten durch sozialpäd. ausgebildetes Fachpersonal • Persönlichkeitsbildung durch regelmässige Feedbackgespräche • gemeinschaftlicher Essenstisch in familiärer Atmosphäre • moderne, architektonisch international prämierte Wohnbereiche mit baulich klarer Trennung zwischen Knaben und Mädchen, Einzelzimmer mit je eigener Nasszelle, grosszügige Gemeinschaftsräume • jährliche Chor-Tournee und hochklassige Auftrittsorte der rund 100 Sänger/-innen des Gymnasiums • rund 1/4 benediktinisches Lehrpersonal (Mönche) • bald 1400-jährige Lehrerfahrung mit erstklassigem Erfolgsausweis • ideale Entfaltungsmöglichkeiten für Sport, Kultur und Musik in inspirierender Umgebung

Tag der offenen Tür: jederzeit nach Vereinbarung inkl. Schnuppertage; offene Klassenzimmer (ohne Voranmeldung): 01./02. Mai 2017, 7.45–16.30 Uhr, 13 Uhr Internat-Rundgang

Internate in der Schweiz mit internationalem Programm

Hochalpines Institut Ftan

Name und Anschrift: Hochalpines Institut Ftan, CH-7551 Ftan
Tel. 00 41/81/8 61 22 11, Fax 00 41/81/8 61 22 12, www.hif.ch, info@hif.ch

Name des Trägers: Hochalpines Institut Ftan AG mit ca. 570 Aktionären

Schulleitung: Prof. Dr. Elisabeth Steger Vogt, Direktorin/CEO

Internatsleitung: Joe Zangerl

Schularten:
Gymnasium mit Schweizer Matura
Fachmittelschule mit Fachmatura
Chancenjahr als Mittelschulvorbereitung
Sekundarschule
Deutsch als Fremdsprache

Schulstatus:
Staatl. anerkannte Privatschule mit Internat, regionale Mittelschule des Unterengadins, Trainingsstützpunkt der regionalen Wettkampfsportförderung und Regionales Leistungszentrum RLZ Swiss Ski

Schulische Ausrichtung:
Schwerpunktfächer: u.a. Physik und Anwendung in der Mathematik, Wirtschaft und Recht, *Ergänzungsfächer:* u.a. Informatik, Sport, Musik

Sprachenfolge: D, E, F, I, L

Konfession: neutral

Klassenstärke: Im Durchschnitt 15

Internatsplätze:
w.: 50, m.: 50

Externe Schüler:
ca. 50 in allen Schultypen

Kosten/Monat: CHF 3.900,–, (Unterricht, Betreuung, Beherbergung, Verpflegung); Sportklasse Wettkampf- oder Funsport CHF 400,– (Änderungen vorbehalten)

Nebenkosten/Monat:
ca. CHF 100,– bis CHF 200,–; Schulbücher, Unterrichtsmaterial, Exkursionen etc.

Pädagogische Schwerpunkte/Besonderheiten: Fach Leadership – Persönlichkeitsbildung, individuelles Beratungs- und Betreuungskonzept, individuelle Lernförderung und Lerncoaching, familiäres Klima, geregelter Tagesablauf mit betreuten Studienzeiten, Internatsbetreuung während 7 Tagen und rund um die Uhr, 5-Tage-Schulwoche, kleine Klassen, gemeinsamer Unterricht mit einheimischen Jugendlichen. Hochalpine Lage (1.700 m.ü.M.) auf einer Sonnenterrasse mit herrlichem Panoramablick auf die Bergwelt des Unterengadins, vielfältige Freizeitmöglichkeiten, Sportförderung auf höchstem Niveau für Leistungs- und Freizeitsportler/-innen in den Disziplinen Langlauf, Snowboard Alpin/Freestyle, Ski Alpin/Freestyle, Eishockey, Golf.

Tag der offenen Tür: Besichtigungen, individuelle Beratungsgespräche sowie Schnuppertage sind jederzeit möglich.

HOCHALPINES INSTITUT FTAN-SCUOL (SCHWEIZ)
DIE SPORT- UND TALENTSCHULE

Das Hochalpine Institut Ftan (HIF), auf der Sonnenterrasse oberhalb der bekannten Schweizer Ski- und Wellnessregion Scuol gelegen, ist die internationale Sekundar-, Mittel- und Sportschule des Unterengadins mit regionaler Verankerung. Das HIF versteht sich als Lebensschule und Lerninstitut für leistungsorientierte Schülerinnen und Schüler aus der ganzen Welt, die sich in der traumhaften Bergwelt des Engadins auf eine erfolgreiche Zukunft vorbereiten. In sämtlichen Schulsegmenten werden hier Jugendliche individuell gefördert und gefordert von hochqualifizierten Lehrkräften – in einem familiären, stilvollen Umfeld inmitten der Natur, nur zweieinhalb Stunden von Zürich, München oder Innsbruck.

Das HIF bietet mit seiner Sportklasse jungen Talenten und sportbegeisterten Jugendlichen die Möglichkeit, Schule und Leistungssport ohne Verlängerung der Schulzeit zu kombinieren.

HOCHALPINES INSTITUT FTAN AG
INSTITUT OTALPIN FTAN SA
Chalchera 154 • CH-7551 Ftan
Tel. +41 (0) 81 861 22 11
info@hif.ch • www.hif.ch
facebook.com/HochalpinesInstitutFtan

UNSER ANGEBOT

GYMNASIUM
Optimale Vorbereitung auf ein Studium

FACHMITTELSCHULE
Mit Fachmatura

SEKUNDARSCHULE
Grundausbildung mit vielseitigen Perspektiven

10. SCHULJAHR/BRÜCKENANGEBOT

DEUTSCH ALS FREMDSPRACHE
Making language come alive.

PERSÖNLICHKEITSBILDUNG/LEADERSHIP

SPORTKLASSE
Ski Alpin/Freestyle, Snowboard Alpin/Freestyle, Ski Langlauf, Biathlon, Eishockey und Golf

INTERNATSLEBEN
- Grosszügige Doppel- oder Einzelzimmer im Mädchen- oder Knabentrakt
- 5-Tage-Schulwoche und betreute Wochenendaktivitäten
- Geregelte und beaufsichtigte Studienzeiten
- Lerntreffs in Kleingruppen
- Vielseitige Freizeitgestaltung

Internate in der Schweiz mit internationalem Programm

Ecole d'Humanité

die internate
VEREINIGUNG e.V.

Name und Anschrift: Ecole d'Humanité, CH-6085 Hasliberg Goldern
Tel. 00 41/33/972 92 92, Fax 00 41/33/972 92 11, www.ecole.ch, ecole@ecole.ch

Name des Trägers: Ecole d'Humanité Genossenschaft

Internatsleitung:
Michael Schreier

Schulleitung:
Mike May

Schulart:
Internationale Gesamtschule

Schulstatus:
Staatlich anerkannte Privatschule

Anerkannte Abschlüsse (bzw. Qualifikationen):
• Schweizer Sekundarabschluss • Vorbereitung auf weiterführende Schulen z.B.: Fachmittelschulen (FMS), Berufsmittelschulen (BMS) oder Zugang zu Vorkursen an Schulen für Gestaltung • 10. Schuljahr als Vorbereitung auf den Berufseinstieg • Abschluss mit der Schweizer Matur, die den Zugang zu Universitäten in ganz Europa ermöglicht • US-High-School-Abschluss; Zugang zu Studienplätzen an Universitäten in den USA und Europa • Advanced Placement International Diploma (APID), ermöglicht das Studium an Universitäten in Europa • Anerkanntes Prüfungscenter für SAT-, AP- und PTE General-Prüfungen

Internatsplätze:
140 intern, 10 extern

Sprachenfolge: D und E als Alltagssprache, u.a. F, L sowie temporär Sp und I

Alter: zwischen 12 und 20 Jahren

Konfession: —

Kursstärke: ca. 6–8 SchülerInnen

Kosten/Monat: sFr. 5.000,– bis sFr. 7.000,– (10 Monate)

Nebenkosten/Monat: ca. sFr. 300,– für Schulbücher, Taschengeld, Exkursionen etc.

Pädagogische Schwerpunkte/Besonderheiten: • Soziales Lernen in einer internationalen Lebensgemeinschaft durch Mitverantwortung und Gestaltung des Schullebens • Individuelle Förderung und Coaching im Kurssystem sowie durch TutorInnen; morgens akademische Kurse, nachmittags handwerkliche, musische und sportliche Ausrichtung des Unterrichts • 6-Tage-Schulwoche, MitarbeiterInnen wohnen mit den Jugendlichen in Wohngruppen auf dem Campus • Individuelle Berichte anstelle von Noten • Tanz- und Theaterprojekte • Erlebnispädagogische Ausrichtung durch Schneesport, alpine und hochalpine Wanderungen, Mountainbiking, Ski- und Snowboardtouren sowie Klettern • Ökologisch orientierte Lebensweise

Tag der offenen Tür: Wir bitten Sie um Absprache von individuellen Aufnahmegesprächen.

Internate in der Schweiz mit internationalem Programm

Institut auf dem Rosenberg

Name und Anschrift:
Institut auf dem Rosenberg, Höhenweg 60, 9000 St. Gallen / Schweiz
Tel. 0041 71 277 77 77
www.instrosenberg.ch, info@instrosenberg.ch

Name des Trägers:
Institut auf dem Rosenberg

Internats- und Schulleitung: Bernhard O.A. Gademann

Schularten:
Deutsche Abteilung (Abitur), International Section (IGCSE, GCE A Level, High School Diploma, Advanced Placement-AP), Sezione Italiana (Maturità Italiana), Schweizer Abteilung (Vorbereitung zur Schweizer Maturität). Summer & Winter Camp: Digital Media, Art & Fashion, Leadership & Public Speaking, Junior Leadership & Survival Skills.

Schulstatus: staatlich anerkannte Privatschule mit eigenem Prüfungsrecht

Schulische Ausrichtung:
in der deutschen Abteilung: sprachlich und naturwissenschaftlich

Sprachenfolge:
E-F oder E-L, Variationen mit 2. Fremdsprache möglich

Internatsplätze:
w.: 120, m.: 120

Konfession:
neutral

Klassenstärke:
Ø 8, max. 12

Externe Schüler:
30

Kosten/Monat:
CHF 7.000,–

Nebenkosten/Monat:
ab CHF 3.000,–

Pädagogische Schwerpunkte/Besonderheiten:
Ausgezeichnete, individuelle Förderung. Führendes Sport & Co-Curricular Programm. Internationales Umfeld.

Internate in der Schweiz mit internationalem Programm

Institut Montana Zugerberg

Kanton Zug

Name und Anschrift: Institut Montana Zugerberg, Schönfels 5, CH-6300 Zug
Tel. +41(0)41 729 11 99, Fax +41(0)41 729 11 78
www.montana-zug.ch, admissions@montana-zug.ch
FB: www.facebook.com/InstitutMontanaZugerberg

Name des Trägers: Institut Montana Zugerberg AG

Internatsleitung:
Garry Jackson

Schulleitung:
Dr. Nils Remmel

Schularten: Zweisprachige Primarschule (DE/EN), Schweizer Gymnasium (Matura in DE oder DE/EN), Internationale Schule (Cambridge IGCSE, IB Diplom), Zweisprachiges Mittelschulprogramm (DE/EN)

Schulstatus:
Private Internats- und Tagesschule

Sprachenfolge: D, E, F, I, R, Sp, Mandarin

Internatsplätze: w.: 90, m.:90

Konfession: neutral

Klassenstärke: max. 15

Externe Schüler: 150

Kosten/Monat:
extern sFr. 2.408,–
intern sFr. 4.742,–

Nebenkosten/Monat:
ca. sFr. 300,–
Wäsche, Unterrichtsmaterial etc.

Pädagogische Schwerpunkte/Besonderheiten: Das Institut Montana Zugerberg ist ein Internat mit Schweizer und internationalen Wurzeln. Wir betreuen ca. 300 Schüler aus über 40 verschiedenen Ländern von der 1. bis zur 12. Klasse (Internat ab 10 Jahren). Die individuelle Förderung jedes einzelnen Schülers ist seit 90 Jahren ein Eckpfeiler unserer Schul- und Internatsphilosophie. Durch kleine Klassen (max. 15 Schüler), engen Austausch mit den Klassenlehrern sowie einer Vielzahl von persönlichen Beratungs- und Fördermöglichkeiten stellen wir sicher, dass unsere Schüler die Unterstützung erhalten, die sie brauchen, um ihr akademisches und persönliches Potenzial voll auszuschöpfen und sich auf ein erfolgreiches Universitätsstudium vorzubereiten – in der Schweiz und weltweit. Unser Campus auf dem wunderschönen Zugerberg liegt im Herzen der Schweiz, idyllisch abgeschieden in der Natur, und doch gleichzeitig zentral. Die Stadt Zug ist 15 Minuten entfernt, Zürich erreicht man in weniger als 1 Stunde. Montana Summer Sessions: LEARN.GROW.MOVE.MEET Finden statt vom 15. Juli bis 12. August 2017. Es besteht die Möglichkeit, zwischen zwei und vier Wochen zu wählen.

Internate in
Großbritannien

EF Academy Oxford

Pullens Lane Headington
Oxford OX3 0DT, UK

Kontakt in Deutschland:
Tel. 02 11/6 88 57-350, privatschulen.de@ef.com

Privatschulen mit Internatsunterbringung
- **ausführliche Angaben: Seite 265**

EF Academy Torbay

EF House, Castle Road
Torquay TQ1 3BG, UK

Kontakt in Deutschland:
Tel. 02 11/6 88 57-350, privatschulen.de@ef.com

Privatschule mit Internats- und Gastfamilienunterbringung
- **ausführliche Angaben: Seite 266**

EF Academy Oxford

Name und Anschrift: EF Academy Oxford
Pullens Lane Headington, Oxford OX3 0DT, Großbritannien
Tel. 02 11/6 88 57-350, Fax 02 11/6 88 57-101
www.ef.com/academy, privatschulen.de@ef.com, FB: www.facebook.com/EFAcademyGermany

Name des Trägers: EF International Academy Limited.
In Deutschland: EF Education (Deutschland) GmbH, Königsallee 92a, 40212 Düsseldorf

Akademische Leitung:
Dona Jones/Michael Liggins

Schulleitung:
Dr. Paul Ellis

Schulart:
A-Levels, IB World School

Schulstatus:
Privatschulen mit Internatsunterbringung

Schulische Ausrichtung:
sprachlich, hum.-naturw., wirtschaftswissenschaflich, künstlerisch

Sprachenfolge:
Unterrichtssprache: Englisch,
Sprachunterricht anderer Sprachen wählbar

Klassenstärke: 10–15

Konfession: für alle Konfessionen offen

Kosten/Jahr:
Klasse 11/12 (A-Levels):   ab GBP 28.800
Klasse 11/12 (IB):   ab GBP 28.800

Pädagogische Schwerpunkte/Besonderheiten:
Schüler aus mehr als 75 Ländern, gezielte Englischvorbereitung, Universitätsvorbereitung und -vermittlung, enge und individuelle Betreuung durch Tutoren, international ausgerichtete Lehrer, Netzwerk aus drei Schulstandorten, internationale Projekte und Praktika, Ganztagsprogramm mit Balance zwischen akademischen und außerschulischen Aktivitäten (Theater, Business Club, Literatur Club, Debattierclub, Model UN, Musik-Band, TOEFL, Football Club u.v.m.), Teilnahme am Duke of Edinburgh Programm.

Aufnahme der Schüler und persönliche Betreuung durch Mitarbeiter der EF Academy in Deutschland.

EF Academy Torbay

Name und Anschrift: EF Academy Torbay
EF House, Castle Road, Torquay TQ1 3BG, Großbritannien
Tel. 02 11/6 88 57-350, Fax 02 11/6 88 57-101
www.ef.com/academy, privatschulen.de@ef.com, FB: www.facebook.com/EFAcademyGermany

Name des Trägers: EF International Academy Limited.
In Deutschland: EF Education (Deutschland) GmbH, Königsallee 92a, 40212 Düsseldorf

Akademische Leitung:
Debbie Chatterton

Schulleitung/Ansprechpartner:
Mark Howe

Schulart:
IB World School, A-Levels, IGCSE

Schulstatus:
Privatschule mit Internats- und Gastfamilienunterbringung

Schulische Ausrichtung:
sprachlich, hum.-naturw., wirtschaftswissenschaftlich, künstlerisch

Sprachenfolge:
Unterrichtssprache: Englisch,
Sprachunterricht anderer Sprachen wählbar

Klassenstärke: 10–15

Konfession: für alle Konfessionen offen

Kosten/Jahr:
Klasse 9/10 (IGCSE): ab GBP 23.850
Klasse 11/12 (A-Levels): ab GBP 24.450
Klasse 11/12 (IB): ab GBP 24.450

Pädagogische Schwerpunkte/Besonderheiten:
Schüler aus mehr als 75 Ländern, gezielte Englischvorbereitung, Universitätsvorbereitung und -vermittlung, enge und individuelle Betreuung durch Tutoren, international ausgerichtete Lehrer, Netzwerk aus drei Schulstandorten, internationale Projekte und Praktika, Ganztagsprogramm mit Balance zwischen akademischen und außerschulischen Aktivitäten (Fußball, Basketball, Fotografie-Club, Cooking Club, Schülerzeitung, Musik-Club, TOEFL u.v.m.), Teilnahme am Duke of Edinburgh Programm.
Aufnahme der Schüler und persönliche Betreuung durch Mitarbeiter der EF Academy in Deutschland.

Internat in den USA

EF Academy New York

582 Columbus Avenue
Thornwood
New York 10594, USA

Kontakt in Deutschland:
Tel. 02 11/6 88 57-350, privatschulen.de@ef.com

Privatschule mit Internatsunterbringung

■ **ausführliche Angaben: Seite 268**

EF Academy New York

Name und Anschrift: EF Academy New York
582 Columbus Avenue, Thornwood, NY 10594, USA
Tel. 02 11/6 88 57-350, Fax 02 11/6 88 57-101
www.ef.com/academy, privatschulen.de@ef.com, FB: www.facebook.com/EFacademyGermany

Name des Trägers: EF International Academy Limited.
In Deutschland: EF Education (Deutschland) GmbH, Königsallee 92a, 40212 Düsseldorf

Akademische Leitung:
Dr. Sandra Comas

Schulleitung:
Dr. Brian Mahoney

Schulart:
IB World School, IGCSE,
American High School Diploma

Schulstatus:
Privates Internat

Schulische Ausrichtung:
sprachlich, hum.-naturw., wirtschaftswissenschaflich, künstlerisch

Sprachenfolge:
Unterrichtssprache: Englisch,
Sprachunterricht anderer Sprachen wählbar

Klassenstärke: 10–15

Konfession: für alle Konfessionen offen

Kosten/Jahr:
Klasse 9/10 (IGCSE):   ab USD 41.850
Klasse 11/12 (IB):   ab USD 47.250

Pädagogische Schwerpunkte/Besonderheiten:
Schüler aus mehr als 75 Nationen, Unterbringung auf dem Campus, Universitätsvorbereitung und -vermittlung, enge und individuelle Betreuung durch Tutoren, international ausgerichtete Lehrer, Netzwerk aus drei Schulstandorten, internationale Projekte und Praktika, Ganztagsprogramm mit Balance zwischen akademischen und außerschulen Aktivitäten (Tennis, Golf, Fußball, Basketball, Musical AG, Art Club, Business Club, Debattierclub, u.v.m.)
**Aufnahme der Schüler und persönliche Betreuung durch Mitarbeiter der
EF Academy in Deutschland.**

Ausgewählte Internate in Österreich

A-5500 Bischofshofen
Tourismusschulen Salzburg-
Bischofshofen
Südtiroler Straße 75
Tel. Schule: 00 43/64 62/34 73
Tel. Internat: 00 43/64 62/26 85

Schule für Tourismus und Hotelfach

A-6900 Bregenz
Collegium Bernardi
Privates Gymnasium und Internat Mehrerau
Mehrerauerstr. 68
Tel. 00 43/(0)55 74/7 14 38

Gymnasium

A-8010 Graz
Bischöfliches Seminar Graz
Lange Gasse 2
Tel. 00 43/316/8 03 19-90

Gymnasium und weiterführende Schulen
(Mitglied im V.K.I.T.)

A-1040 Wien
Stiftung „Theresianische Akademie"
Favoritenstraße 15
Tel. 00 43/1/5 05 15 71

Gymnasium

A-1130 Wien
Bundesinternat Wien
Himmelhofgasse 17–19
Tel. 00 43/1/8 77 12 45

Realgymnasium

Internat in den Niederlanden

NL-7731 PJ Ommen
International School Eerde
Kasteellaan 1
Tel. 00 31/5 29/45 14 52

Grundschule, Mittlere Reife, (ICGSE) Abitur, (IB), Post Graduated Sport program

Internat in Tschechien

CZE-36001 Karlovy Vary
Carlsbad International School
Slovenska 477/5
Tel. +420 353 22 73 87

Gymnasium, IB World School, IB Diploma Programme

Ausgewählte
HOCHSCHULEN
im „INTERNATE-FÜHRER"

Die beste Ausbildung für eine sichere Zukunft

Hochschulen im Internate-Führer

Junge Menschen, die für ein paar Jahre im Internat gelebt haben, bringen die idealen Voraussetzungen für ein anschließendes Studium mit. Das im Internat erworbene selbstständige Arbeiten, die Teamfähigkeit, Kreativität, Eigenverantwortung und das hohe Maß an sozialer Kompetenz befähigen insbesondere ehemalige Internatsschüler/-innen zu einem Studium an einer Hochschule. Und diese Hochschulen können auf Grund ihrer ausgezeichneten Qualität den einzelnen Studenten/-innen eine optimale Förderung und Ausbildung garantieren.

Selbst im Zeitalter des Internets haben die zukünftigen Studenten auf der Suche nach dem „idealen Studienplatz" nur unzureichende Möglichkeiten, um einzelne Hochschulen gut und übersichtlich vergleichen zu können.

Diese Vergleichbarkeit hat sich bei über 300 Internaten mit dem Buch „Der große Internate Führer" seit vielen Jahren bestens bewährt.

Zahlreiche Anfragen von Schülern und Eltern haben uns auf die Notwendigkeit eines ähnlichen Buches für den Bereich Hochschulen hingewiesen. Und so möchten wir nun diese Lücke im Bereich Hochschulen schließen, um in Zukunft all die Anfragen von motivierten und zielorientierten jungen Menschen positiv beantworten zu können.

Wir stellen im Folgenden von uns ausgewählte Hochschulen vor. Die Reihenfolge wurde nach dem Ortsnamen vorgenommen und stellt keinerlei Präferenz dar.

10827 Berlin
EBC Hochschule
Campus Berlin
Altes Postamt
Hauptstraße 27
Tel. 0 30/3 15 19 35-0

10963 Berlin
Berliner Technische Kunsthochschule (btk)
Bernburger Str. 24–25
Tel. 0 30/25 35 86 98

Fachhochschule

10999 Berlin
Design-Akademie Berlin, Hochschule für Kommunikation und Design (FH)
Paul-Lincke-Ufer 8e
Tel. 0 30/61 65 48-0

Fachhochschule

10367 Berlin
H:G Hochschule für Gesundheit und Sport
Vulkanstraße 1
Tel. 0 30/57 79 73 70

Hochschule

10587 Berlin
OTA Hochschule
Ernst-Reuter-Platz 10
Tel. 0 30/92 25 35 45

Hochschule

14055 Berlin
Touro College Berlin
Am Rupenhorn 5
Tel. 0 30/30 06 86-0

College

13156 Berlin
ECLA European College of Liberal Arts
Platanenstraße 24
Tel. 0 30/4 37 33-0

College

14059 Berlin
ESCP-EAP European School of Management Berlin
Heubnerweg 6
Tel. 0 30/32 00 71 33

Hochschule

44227 Dortmund
International School of Management (ISM)
Campus Dortmund
Otto-Hahn-Str. 19
Tel. 02 31/97 51 39-0

Hochschule

40237 Düsseldorf
EBC Hochschule
Campus Düsseldorf
Grafenberger Allee 87
Tel. 02 11/17 92 55-0

45141 Essen
FOM
Hochschule für Oekonomie & Management
Leimkugelstraße 6
Tel. 02 01/8 10 04-0

Hochschule für Oekonomie & Management

60598 Frankfurt/Main
International School of Management (ISM)
Campus Frankfurt/Main
Mörfelder Landstraße 55
Tel. 0 69/66 05 93 67-0

Hochschule

20354 Hamburg
EBC Hochschule
Campus Hamburg
Esplanade 6
Tel. 0 40/32 33 70-0

20457 Hamburg
International School of Management (ISM)
Campus Hamburg
Brooktorkai 22
Tel. 0 40/3 19 93 39-0

Hochschule

80333 München
International School of Management (ISM)
Campus München
Karlstraße 35
Tel. 0 89/2 00 03 50-0

Hochschule

80339 München
EU Business School
Theresienhöhe 28
Tel. 0 89/55 02 95 95

Internationale Wirtschaftshochschule

■ **ausführliche Angaben:
Seite 276–278**

CH-9000 St.Gallen
Universität St.Gallen (HSG)
Dufourstr. 50
Tel. 00 41/71/2 24 21 11

Universität

L-2981 Luxembourg-Kirchberg
eufom European University for
Economics & Management
7, rue Alcide de Gasperi
Tel. 00352/27 99 26 03

University for Economics & Management

EU Business School

Name und Anschrift: EU Business School Munich
Theresienhöhe 28, D-80339 München, Tel. 0 89/55 02 95 95, Fax 0 89/55 02 95 04
www.euruni.edu

Ansprechpartner: Barcelona: info.bcn@euruni.edu
Geneva: info.gva@euruni.edu
Montreux: info.mtx@euruni.edu
Munich: info.muc@eumunich.com

Voraussetzungen/Zugang:
- 1 certified copy of high school diploma and transcripts
- Proof of English level: TOEFL score 80 (internet-based), 213 (computer-based); IELTS 6.0; CAE C; PTE 57; English native or equivalent.
- Submit two letters of recommendation from academic advisors familiar with your academic performance and potential for leadership. Any letter not written in English must be accompanied by a certified English translation.
- Write an essay or record a 2–3 minute video essay to be included in your application package that will help the EU Admissions Committee become acquainted with you
For more detailed instructions, please go to our website: www.euruni.edu

Studiengänge:
BSc – Bachelor of Science (Hons) in International Business with a certificate of specialization in one of 10 minors:
Business Administration, Communication & Public Relations, Leisure & Tourism Management, International Relations, Sports Management, Business Finance, Digital Media Management, Business & Sustainability Management, Business & Design Management, Family Business Management

BA – (Hons) in Business Management, BA – (Hons) in Business (Marketing), BA – (Hons) in Business (Finance), BA – (Hons) in Business (Enterprise), BA – (Hons) in Business (HRM)

Anmeldefristen: –

Beginn: October, January, May, July   **Dauer:** 6 semesters

Kosten: € 5,900 per semester

Siehe auch folgende Seite 278

EU Business School – Creating the Entrepreneurs of Tomorrow

EU Business School's innovative approach to international business education is shaping the careers of future entrepreneurs.

Established in 1973, EU Business School (EU) is an international, professionally accredited, high-ranking business school with campuses in Barcelona, Geneva, Montreux and Munich. We provide small, dynamic classes in English, with the best of both North American and European academic curricula. EU's pragmatic approach to business education prepares students for a career in today's rapidly evolving and globalized business world.

EU campuses are located on the Mediterranean coastline, among the Swiss Alps, and in the economic capital of Germany, offering students the opportunity to live in four distinct and enriching environments. Students can transfer between EU campuses and explore the diversity of Barcelona, Geneva, Montreux and Munich. In addition, students can participate in exchanges to our partner institutions in the U.S.A., China, U.K., Spain, Thailand, Malaysia, Taiwan, Mexico, Brazil, Kazakhstan, Canada and Russia, among others.

On the Munich campus, students are offered degree programs in partnership with renowned academic institutions. EU Munich students can complete a Bachelor of Science (Hons) in International Business, graduating with a U.K. state-recognized undergraduate degree awarded by the University of Roehampton. They can also complete a Bachelor of Arts (Hons) in one of five tracks, earning a U.K. state-recognized undergraduate degree from the University of Derby.

"I always say that the experience at EU Business School has taught me independence. I've made friends from around the world and we've shared this amazing experience of living abroad and learning about new cultures and stories together."

Dina Mattar
Bachelor of Arts

Business School
www.eumunich.com

Viktor Göhlin
Founder,
Nokadi
Alumnus 2006

Emilija Petrova
Managing Director,
Trade Resource GmbH
Alumna 2002

Bart van Straten
General Manager,
Van Straten Medical
Alumnus 1996

YOU!

At EU Business School, you don't just learn from entrepreneurs, you become one!

MUNICH | BARCELONA | GENEVA | MONTREUX | ONLINE

Besuchen Sie auch im Internet unser **internate-portal.de**

INTERNATE-PORTAL
Hol dir die App!

jetzt NEU

Schnell | Einfach | Übersichtlich
Der schnelle Weg zum besten Internat

- Standortkarte mit allen sich präsentierenden Internaten
- Stichwortregister. So finden Sie schneller das richtige Internat
- Übersichtliche Vorstellung von Internaten und bequemes Anfordern von Infomaterial

TÖCHTER und SÖHNE
Educational Consultants

IN GUTEN HÄNDEN

(oder: wie Sie sich bei der Vielzahl der Internate orientieren)

**TÖCHTER UND SÖHNE
HAT UNTER FÜHRENDEN INTERNATEN
AUSGEWÄHLT**

Wir unterstützen Sie, damit Sie den Überblick behalten und das Internat auswählen können, das für Ihr Kind am besten passt: die Schule, die seine individuellen Talente fördert, sein Selbstvertrauen stärkt und ihm dabei hilft, eine selbstbewusste Persönlichkeit aufzubauen.

**Ihr Kind ist einzigartig.
Das Internat, das Sie suchen, muss es auch sein.**

Wir hören Ihnen zu, wir verstehen Ihre Sorgen und Bedenken und sind – wenn Sie das wünschen – während der gesamten Bewerbungsphase, oft sogar darüber hinaus, Ihr Ansprechpartner.